Edition Akzente
Herausgegeben von
Michael Krüger

Gerd Henniger

# Spuren ins Offene

## Essays über Literatur

Carl Hanser Verlag

ISBN 3-446-14139-1

Umschlag: Klaus Detjen
Abbildung: Auerhahngeläufe aus P. Bang/P. Dahlström
»Tierspuren«, München, 1976
Satz: LibroSatz, Kriftel/Taunus
Druck und Bindung: Pustet, Regensburg
Printed in Germany

# Inhalt

# Vorwort

Zu welchem Zweck liest man Essays? Der Information wegen, die meist subjektiv ausfällt? Um neuester Deutungen willen, die allzu rasch vergilben? Um irgendwie Zugang zu Büchern, Autoren zu finden, selbst wenn die Unmittelbarkeit, durch Übernahme einer andren Perspektive, darunter leiden sollte? Zugegeben, das Lesen von Essays wirft Probleme auf, dieselben übrigens, die den Essayisten bedrängen. Seine Leidenschaft für die Entzifferung und Aneignung von Literatur vermag sein kritisches Bewußtsein nicht darüber hinwegzutäuschen, daß sein Versuch vorläufig ist und bleibt, daß ihm der Mangel des Eigenwilligen, Unsystematischen anhaftet, kurzum, daß er sich eher als Dichter aufführt denn als Literaturwissenschaftler. Natürlich wird er sich gern auf Friedrich Schlegel berufen, der postulierte, daß alle Urteile über Kunst wiederum Kunst sein sollten; aber läuft diese Forderung nicht darauf hinaus, den schönen Schein über die Wahrheit zu stellen und den Essay seiner Sachlichkeit zu entbinden?

Was mich betrifft, so muß ich gestehn, daß erst die Einordnung des Essays in die literarische Praxis mich (leider nicht immer) vor ängstlicher Sachtreue und zu schöner Willkür bewahrt hat, den beiden Klippen, durch die jeder Essay hindurch muß, will er nicht in Form einer Abhandlung oder als falsche Poesie scheitern. Doch das Akzeptieren von Beschränkungen, wie Buchkritiken, Vor- und Nachworte, Publikationen in Zeitschriften sie von Umfang und Verständlichkeit her gebieten, macht noch keinen Essay. Nur die Schubkraft des geistigen Antriebs, der durch dies Regulativ gefordert wird, seine Intuitionen um so hartnäckiger durchzusetzen, besser gesagt, es im selben Augenblick zu unterwandern, zu umspielen oder zu überflügeln, in dem er sich ihm unterwirft, ertrotzt dem Essay Freiheit und Souveränität. Aber selbst das glückliche Zusammenspiel von äußeren und inneren Bedingungen genügt schwerlich, um einen Essay hervorzubringen, der diesen Namen verdient. Es muß etwas Unwägbares, Geheimnisvolles, nicht zu Erzwingendes hinzukommen, eine Wahlverwandtschaft oder zutiefste Abneigung zwischen Essayist und Gegenstand, sei er ein Text, eine Gestalt oder ein Problem; eine Spannung muß zwischen beiden Polen herrschen, die eher schicksalhaft als sachlich spürbar wird, eine Notwendigkeit, die im Essay als fragender, horchender Gestus weiterwirkt und bei aller Schärfe der Analyse unauflösbar bleibt. Erst dieses Numinosum macht den Essay zur offenen Form und markiert seinen grundsätzlichen Unterschied zum bloßen Aufsatz; seine Wahrheit liegt im Außerlogischen, sie wird von Richtig oder Falsch kaum tangiert, insofern zählt er zur Kunst.

Was übrigens zwei Dinge erklärt: daß der Essayist von seinem Thema gewählt wird, nicht umgekehrt, und daß kein echter Essay je überholt ist, selbst wenn er in der Sache nicht mehr stimmt.

Dubios mag es Leser anmuten, warum Essayisten gerade von dieser Figur oder jenem Problem angesprochen werden, zumal wenn deren Aktualität und literarischer Stellenwert nicht unbedingt einleuchten. Ist da Interesse am Seltsamen, Entlegenen am Werke, das eher ein Sammelsurium zustandebringt als ein Ensemble organischen Zuschnitts liefert, möglichst bitte mit rotem Faden? Wiederum muß ich gestehn, daß erst die literarische Praxis, nämlich die Veröffentlichung dieser Essaysammlung, mich dazu veranlaßt hat, über die Affinität meines Ichs zu gewissen Dingen nachzudenken. Ob es sich um Humor oder Sexus, Poesie oder Theater, Ding- oder Geistbegriff handelt – immer beschäftigen diese Essays die Unter- und Oberlängen der Literatur als unendlicher Schrift, ihre anarchische Fähigkeit, gestiftete Konventionen zu sprengen, um ins Unter- wie Überbewußte vorzustoßen. Daß dabei, in der Mehrzahl der Fälle, nicht Gestalten unsrer Literatur, sondern der französischen im Mittelpunkt stehen, ist kein Zufall. Die Grundlagenforschung der Literatur über sich selbst, jene Suche und Sucht, sich der eigenen Axiome, Methoden und Extreme bewußt zu werden, ihre Möglichkeiten, ja sogar Unmöglichkeiten zu provozieren, und zwar bis zur Aufhebung des Ichs, die in Wahnsinn, Dingwerdung oder Meditation umschlagen kann – diese leidenschaftliche und zugleich nüchterne Option *für* das Unbekannte und *gegen* alle Konvention ist nirgendwo sonst so intensiv, wobei gerade Außenseiter, ein Artaud, Ponge oder Daumal, sich von kapitaler Bedeutung erweisen. Solche Erfahrungen aufzuzeigen, womöglich ihren Sinn und Impuls unsrer Literatur einzuverleiben (zunächst durch Übersetzungen, die allen Essays der Gruppe II vorangingen), schien eine um so dringlichere Aufgabe, als die deutsche Literatur der letzten anderthalb Jahrzehnte fast ausnahmslos auf die Gesellschaftlichkeit des Menschen fixiert war, seine horizontale Ausrichtung gleichsam, wogegen die vertikale, seine tellurische wie kosmische Bestimmung, rundweg verdrängt wurde.

Schon in den sechziger Jahren war diese Verengung des Blickfeldes, die schließlich zur Krise der neudeutschen Aufklärung führte, offenkundig geworden; dem subversiven Zweck, ihre Widersprüche zu enttarnen, dienten jene drei Fallstudien, die nunmehr die Gruppe I bilden. Um Eingang ins allzu logische Gehör jener Epoche zu finden, mußten sie psychologisch-soziologischer Mittel sich anbequemen, was der heutige Leser ebenso entschuldigen möge wie das Pathos dieser Aufbruchsjahre, das unwillkürlich auf sie abfärbte und das auf die Formel gebracht werden könnte: Je gordischer die Knoten, desto kühner die Alexander.

Einem der Wunschkinder dieser Aufklärung, der konkreten Poesie, verdanke ich die Einsicht, daß unterm Gewand ihrer Muse, der Ratio, längst »überholte« Wahrheiten weiterleben: ihre sprachlichen Reduktionen legten bei Analyse ihrer Eigenmittel bloß, daß unterm Triumph aufklärerischen Geistes traumatisch seine Abtrennung vom Absoluten sich meldet. Dieser indirekte Fingerzeig hätte, geduldig befolgt, zu einer Symptomkunde so mancher literarischen Gebilde führen können, die heillos in der Dialektik der Aufklärung sich verstrickten; statt dessen lockten gewisse, bezeichnenderweise von Amerika aus unternommene Versuche, sich hausgemachter Zwickmühlen zu entledigen, mit Cage und Paz in jenes Freie, Offene, das abendländische Vernunft übersteigt. Denn daß unsre Probleme, die wesentlichen, nicht mehr vom Logos-Begriff her auflösbar sein dürften, wie unsre Weltregion ihn ausgeheckt hat, wird selbst in Deutschland schon kolportiert.

Denkanstöße in diese Richtung wollen die drei Essays der letzten Gruppe geben, bereits in Dimensionen übergreifend, die allein metaphysischer Erfahrung sich öffnen. Bestenfalls konnte der

Essay ihren Widerhall, ihre Brechung in der Sprache vermitteln, weshalb der Duktus dieser letzten Arbeiten zunehmend vom esprit de recherche in Bewandtnisforschung übergeht. In Verfolgung gewisser Lebensprobleme, die keiner willentlich erleidet, wandeln sich Stil und geistige Haltung; nicht jedermann dürfte die Wendung ins Metaphysische, die das Denken hier nimmt, sympathisch sein. Ohne Ausschließlichkeit zu beanspruchen, behauptet sie dennoch ihre Berechtigung. Woher kommen wir? Wer sind wir? Wohin gehen wir? – dieser Bildtitel Gauguins könnte zum Motto einer Zukunft werden, die sich »unsinnige« Fragen von neuem auferlegt, nachdem eine ganze Generation, die durch Kritik und Sozialutopie sich käfigte, sie einfach wegdefiniert hat.

Es gehört zum Schicksal des Essays, daß ihm nach ein- oder mehrmaliger Lektüre, die möglicherweise Anstöße, Klärung, Bescheidwissen erbringt, im Geist des Lesers, ja sogar seines Schreibers eine Verdauung beschieden ist, die einer anderen Physiologie gehorcht als die Einverleibung von Gedicht oder Roman. Während diese, ganz oder teilweise, ihre Integrität im fremden Denken selbst dann wahren, wenn sie aufs Innigste anverwandelt werden, ist ihm Ausschlachtung bis zur Unkenntlichkeit vorbestimmt. Ob Eigenstes ihm abgeluchst oder, groteske Rache, solches Diebesgut wieder abgenommen wird, das Inspektionen bei meist Älteren, Größeren sich verdankte – zurück bleibt trotz äußerlicher Unversehrtheit ein Wrack, das kaum noch Faszination ausstrahlt, weil er im Idealfall sein Bestes auf seine Leser übertragen hat. Überholt er sich also doch? Im Sinne der Selbstaufgabe schon. Die Kunst des Essays ist eine dienende, wider Willen demütige, aus Denknotwendigkeit. Ihren Gegenständen verschwistert, die sie überholt, nämlich neu macht, damit Literatur gegenwärtig bleibe, überholt sie verschwindend sich selbst. Mögen andere dies Paradox zu Ende sinnieren, für mich ist klar, daß Essayisten und ihre Leser sich in ihm wiedererkennen. Schließlich gab es diesen Montaigne, unsern Ahnherrn, der schon vor Jahrhunderten alle Literatur durchschaute und, obwohl er sie liebte, dennoch befand, daß Sprechen und Schreiben beide nichts wert sind.

Gerd Henniger

# I

# Zur Genealogie des schwarzen Humors

Seitdem Schwarz zur geistigen Modefarbe geworden ist, seitdem *man* Schwarz trägt zum Zeichen, dem Flirt mit dem Entsetzen nicht abgeneigt zu sein, steht die Lust am Makabren, Frivolen, Schockierenden und anderen Branchen gespielter Aggressivität beim literarischen Publikum in hoher Gunst – und das nicht nur im selbstgefällig-dekadenten Westen, sondern unter anderen Vorzeichen auch im sogenannten fortschrittlichen Lager. Dieses Phänomen, zunächst paradox anmutend bei einer Gesellschaft, die noch einmal davongekommen ist und ihren Schrecken über Auschwitz, Hiroshima und stalinistischen Terror mit einigem Erfolg unter den Deckmantel sei's des Wohlstands, sei's des ideologischen Zweckoptimismus verdrängt hat, interessiert vom literatursoziologischen wie psychologischen Standpunkt aus gleichermaßen.

Der Fall läge verhältnismäßig einfach, wenn es sich, wie bei einem erheblichen Teil der Literatur zur Zeit der Französischen Revolution, allein um die Darstellung des Makabren und Schockierenden handelte, um Hervorbringungen für eine Leserschaft also, deren Nerven durch den übermächtigen Reiz gräßlicher Wirklichkeiten so weit abgestumpft worden waren, daß sie nur durch äußerste Mittel zum Genuß über den Umweg der Letter überredet werden konnten.

Was repräsentative Schichten der Nachkriegsliteratur von solchen Schauererzeugnissen unterscheidet, ist ein wesentliches Element: die Verfremdung des Schocks durch Humor. Ob bei Arrabal, Dürrenmatt, Beckett oder Mrožek – um nur einige Namen zu nennen –, überall wird das Entsetzliche als das Komische dekretiert. Der im echten Wortverstand unheimliche Erfolg dieses schwarzen Humors macht nachdenklich. Wie kommt es, daß der Genuß des Bösen im Bereich des ästhetischen Scheins fröhliche Urständ feiert, wo doch seine ideologische Maskerade nur unter millionenfachen Opfern und vielleicht nicht einmal endgültig herabgerissen werden konnte? Wie kommt es, daß gerade das Publikum der Deutschen, mit denen die Kollektivschuld rang wie Jakob mit dem Engel, so vielen Technokraten des schwarzen Humors ihre Sendung bescheinigte?

Psychologisch könnte man folgendermaßen argumentieren: Unterschwelliges Unbehagen, das aus verdrängten Schreck-, Schuld- oder Minderwertigkeitsgefühlen herrührt, sucht nach einem Ausweg und vermeint ihn durch Bewußtmachung an ästhetischen Modellen zu finden, die jene Komplexe widerspiegeln und deren Urheber mit gutem Recht als Komplizen angesprochen werden dürfen, da sie selbst mit ihnen behaftet sind. Sublimierung und Ableitung erfolgen allerdings nur scheinbar, weil durch Analogie – und zwar durch eine spezifische, noch näher zu erläuternde – bewirkt. Aus dem Wissen um diese Scheinlösung resultiert einerseits Lustgefühl, andrerseits Komik, beide verbunden mit intellektuellem Schuldbewußtsein. Das Lustgefühl dient im psychischen Haushalt zur befristeten Kompensierung des Unbehagens, das sonst nur allzu leicht in Aggressionsdrang ausarten und zu handfesten Konfliktsituationen führen könnte; es ist gern mit einer Umgehung realer Alternativen wie Revolte, Boykott oder Selbstmord zufrieden. Die Komik rührt daher, daß sich der Zuschauer oder Leser beim Konsum des ästhetischen Modells nicht restlos mit dessen Inhalt identifizieren kann, sondern sich gleichsam von außen zusieht wie ein Voyeur. Er muß erkennen, daß er sich aus dem Sumpf zieht wie weiland Münchhausen am eignen Zopf; gleichzeitig aber ist er gezwungen, das objektiv Komische dieses Vorgangs wieder aus dem Bewußtsein zu verdrängen, damit es die Kompensation nicht etwa in Mitleidenschaft ziehe.

Diese Verdrängung des objektiv Komischen und die Störung der Identifikation leistet nun aber das ästhetische Modell selbst, indem es den Kausalzusammenhang zwischen den Komplexen und ihren entsetzlichen Ursachen auf absurde Weise zugleich bloßlegt und verfremdet, so daß Autor wie Publikum, die in geistiger Promiskuität zueinander stehen, sich beliebig mit dem analogischen Geschehen identifizieren oder von ihm distanzieren können. Sie, die beide nicht mehr an die Möglichkeit oder Wirksamkeit einer ästhetischen Katharsis glauben, erhalten so die dankenswerte Gelegenheit, über die triste Komik der Scheinlösung ihrer Komplexe lachen zu können, anstatt sich ihnen stellen zu müssen. Freilich, und das gehört zu den Spielregeln, darf keiner bei diesem Lachen die Zähne zeigen: schwarzer Humor ist, wenn man trotzdem nicht lacht.

Ein Schulbeispiel für diesen Mechanismus gibt Sławomir Mrożeks Einakter *Karol*, in dem die lebensgefährlich attackierte Intelligenz der fast erblindeten und übrigens analphabetischen Macht die eigene Brille aushändigt, damit diese ihr Opfer, die ewige Unschuld, ausfindig machen und abschießen kann. Auf die kürzeste Formel gebracht, heißt das: Augenarzt Intelligenz überweist Patient Unschuld an Großpapa Macht. Auch der Zuschauer kommt im Spiel vor: es ist Enkel Mitmacher. Der verdrängte Komplex des moralischen Versagens der Intellektuellen gegenüber der Gewalt wird in diesem dialektischen Bravourstückchen zwar schonungslos aufgedeckt, durch die Transponierung ins Absurde, ins Spiel zwischen Großpapa und Augenarzt, aber auch ins Lächerliche verzerrt und nolens volens sogar gerechtfertigt, denn: Besteht nicht der schwarze Humor der Historie eben darin, daß die ihrem Wesen nach böse Macht ohne den Geist blind und somit zu ihrer mörderischen Herrschaft gar nicht in der Lage wäre?

Die Zweideutigkeit dieser Technik hat schon Thomas de Quincey erkannt: »Die Forcierung des Absurden ist das sicherste Mittel, wirkliches Grauen fernzuhalten, denn sie hält ihm den Unernst der Betrachtung immer gegenwärtig.« Einerseits sagt dies schlichtweg, daß nur eine gewisse Scharlatanerie ganz sichergehe, Grauen fernzuhalten; andrerseits weist es dem schwarzen Humor eine Funktion an. Zur wichtigsten Voraussetzung aber wird gemacht, daß *wirkliches* Grauen vorhanden sein müsse und als solches empfunden werde. Bei verfehlter Funktion gerät die Abwehr zur Selbstgefälligkeit; bei vorgespiegeltem Grauen kommt's nur zum Trick. Allemal gilt es, die zum Kompromiß bereite Leistung landläufigen Humors von dieser Abwehrreaktion zu unterscheiden, die aus dem Wissen um ihren Scheinsieg Lustgewinn zieht. Mit ihrer Hilfe bewerkstelligt der vermeintlich oder tatsächlich Betroffene die Umwandlung des Traumas in Lust.

Dafür ein vertrautes Beispiel. Im Märchen von der Frau Trude wird der durch schwarzen Humor erzielte Lustgewinn, weil als Schadenfreude unanständig, auf das Böse, nämlich die Hexe, projiziert und in dieser indirekten Weise nur um so nachhaltiger genossen. Der Hergang ist leicht zu entschlüsseln. Die Eltern verbieten der neugierigen Tochter, ins Haus der Frau Trude zu gehen, ins Freudenhaus offensichtlich. Das Mädchen übertritt das Gebot, fürchtet sich aber vor den unheimlichen Freiern. Zuletzt ruft es aus: »Ach, Frau Trude, mir grauste, ich sah durchs Fenster und sah Euch nicht, wohl aber den Teufel mit feurigem Kopf.« – »Oho«, sagte sie, »so hast du die Hexe in ihrem rechten Schmuck gesehen: ich habe schon lange auf dich gewartet und nach dir verlangt, du sollst mir leuchten.« Da verwandelte sie das Mädchen in einen Holzblock und warf ihn ins Feuer. Und als er in voller Glut war, setzte sie sich daneben, wärmte sich daran und sprach: »Das leuchtet einmal hell!«

Mit anderen Worten: Wenn sich die gierige Unschuld nicht vom Feuer der Lust verzehren lassen will, muß ihr das Laster einheizen, um sich an der Flamme der Tugend wärmen und erleuchten zu können! Diese Moral von der Geschicht' bestätigt unverhofft eine Einsicht, die Sade, einer der Großmeister des schwarzen Humors, unzählige Male in seinen Romanen propagiert hat: daß nämlich vom Bösen vernichtet wird, wer es nur unvollkommen begeht. Genauer gesagt wird er nicht vom Bösen vernichtet, sondern von seinen Hemmungen gegenüber dem Bösen, das im Falle des Märchens nichts anderes ist als der von der Moral verteufelte Geschlechtstrieb. Psychologisch gesprochen ist der schwarze Humor der Hexe tendenziös; er ist *auf* oder besser *gegen* etwas gerichtet; sein feindseliger, lüsterner Charakter deutet auf das Bestreben, einen Trieb gegen Hemmungen zu befriedigen.

Diese beiden zeitlich weit auseinanderliegenden Beispiele beruhen auf einer gemeinsamen Grundstruktur: 1) Das moralische Versagen in der Konfrontation mit dem Trieb wird schuldhaft erlebt. 2) Das Trauma wird verdrängt und kehrt, in die Dimension des ästhetischen Scheins verschoben, ins Bewußtsein zurück. 3) Es wird wiedererkannt und infolge seiner absurden Verfremdung als komisch empfunden. Das faktische, in moralischer Hinsicht aber als unvereinbar empfundene Zusammenfallen von wiedererwecktem Schuldbewußtsein und Lustgefühl, das durch die Komik hervorgerufen wird, erzeugt, was wir schwarzen Humor nennen.

Im Gegensatz zur ersten Analyse, die der Wirkung des schwarzen Humors auf den Verbraucher galt, dreht es sich hier um seine Entstehung im Urheber. Um den psychologischen Tatsachen vollauf gerecht zu werden, müßten beide gewissermaßen aufeinander kopiert werden; denn der Urheber ist ja sein ursprüngliches Publikum, ist Selbst-Verbraucher, indem er sein ästhetisches Modell versteht, während der Zuschauer oder Leser potentieller Urheber ist, sonst könnte er den schwarzen Humor überhaupt nicht zu sich nehmen. Diese als geistige Promiskuität bezeichnete Vermischung von Autor und Publikum hat ihre Wurzeln nicht allein in der psychischen Schuldgemeinschaft, sondern vor allem im schlechten Gewissen hinsichtlich der Hervorbringung bzw. dem Verbrauch des Modells, das auf Grund seiner Absurdität eine kathartische Auflösung des Schuldkomplexes nicht zu leisten vermag. Dies liegt an der Art und Weise, wie das Trauma in die ästhetische Dimension verschoben wird. Zunächst ist eine solche Verschiebung weder komisch noch absurd; daß sie bei schöpferischen Menschen erfolgt, darf als unbezweifelbar, wenn auch unerklärlich gelten. Wird sie aber als Idiosynkrasie gegenüber der ursprünglichen Konfliktsituation empfunden, so kommt keine parallele, sondern eine überzwerche Versetzung des Traumas in ästhetischen Schein zustande, wobei es irrelevant ist, ob die Konfliktsituation persönlich erfahren oder durch Identifikation anerworben worden ist. Diese Versetzung nun wirkt nicht mehr reell, sondern absurd, weil das Ausgangsgeschehen in ihr gleichsam auf dem Kopf steht.

Ein Beleg findet sich bei Lewis Carroll. Durch die konsequente Verkehrung der Logik entsteht das Wunderbare auf synthetische Weise; doch ist es keineswegs idyllisch, es zeigt eher Folgen, die sehr bedenklich anmuten. Wenn die Königin in *Alice hinter den Spiegeln* laut zu schreien beginnt, weil sie sich gleich in den Finger stechen wird, so wirkt das durch seine Hypochondrie komisch;

wenn sie aber auf die Frage, warum sie nun, nach eingetretenem Unheil, nicht schreie, zur Antwort gibt: »Aber mit dem Schreien bin ich doch schon fertig, wozu noch einmal von vorn damit anfangen?«, so ist das schwarzer Humor. Sie gibt nämlich damit zu erkennen, daß der Schmerz lediglich eine kausale Auswirkung des Unheils ist und so wenig mit ihm zu tun hat, daß er ihm ebensogut vorausgehen könnte – was hier ja tatsächlich geschieht. Der Schrei wird als eine Konvention der Zeitordnung entlarvt. Hinter der Liebenswürdigkeit des viktorianischen Fabulierers verbirgt sich die bittere Einsicht des Philosophen, daß sich die Dinge, um mit Anaximandros zu sprechen, gemäß der Schuldigkeit, gemäß der Verordnung der Zeit abspielen. Daß Carroll die Schuldigkeit im Sinne des Anstands auffaßt, würzt mit zusätzlicher Ironie.

Was aber bewirkt, daß die Verschiebung ins Ästhetische als Idiosynkrasie erlebt wird, und warum drängt diese auf absurde Umwandlung des Traumas? Die Beantwortung dieser entscheidenden Frage wird schon dadurch erschwert, daß beide Vorgänge wohl nur begrifflich als voneinander verschiedene erfaßbar sind. Bei »schwarzhumorig« Veranlagten mögen zwei widersprüchliche Komponenten miteinander streiten: die mehr oder minder bewußte Klarsicht, daß die Verschiebung des Traumas ins Ästhetische gegenüber dem ursprünglichen Antagonismus von Trieb und Moralität paradox ist, und die Erkenntnis, daß sie als psychischer Mechanismus unaufhebbar und somit für die eigene Persönlichkeit konstitutiv ist.

Nun dient jede Verschiebung, auch die im Traum stattfindende, der Entlastung durch Distanzierung vom Konflikt, was wiederum voraussetzt, daß dieser nicht nur seinem Wesen, sondern auch seiner Form nach, eben ästhetisch, erfahren werden kann. Und darin besteht das Parodoxe: Die ästhetische Distanzierung hintergeht die moralische Bewältigung, indem sie den Stachel des Gewissens gleichsam vom Herzen ins Bewußtsein verpflanzt, wo er, anstatt zu stechen, Scheinblüten treibt. Das absurde Analogieverhältnis, in dem der Konflikt jetzt erscheint, entschärft und konserviert zugleich die Gewissensbisse; daher das Zusammenfallen von Lust- und Schuldgefühl.

Absurdität ist demnach für schwarzen Humor unabdingbar. Das zeigt sich schon bei der Betrachtung des Ausdrucks selbst, der eher Bild als Begriff zu sein scheint. »Schwarz« bedeutet für uns soviel wie Trauer, Verzweiflung, Tod, auch Sünde, das Böse und überhaupt alles Widrige; »Humor« hingegen Versöhnung mit Widrigem, Unlust Erregendem, durch den Affekt des Lachens. Schwarzer Humor ist aber *als* Humor unversöhnlich, *als* Lachen Verzweiflung. Während aller Humor – von Niveau wohlverstanden – sich der Moralität wenigstens gefühlsmäßig versichert, indem er auftretende Störungen, ja selbst das Entsetzen vor ihrem Versagen nicht ganz und gar ernst nimmt, während er an ihrer Ordnung festhält und den Menschen durch Ent-setzen vom Widrigen auf sie verpflichtet, verleugnet sein schwarzer Zwilling sich selbst und harrt in der Hoffnungslosigkeit aus. Die Funktion, durch Lachen zu befreien, wandelt er in die, durch eine Lache zu schockieren, wobei die düstere Doppelbedeutung des Wortes durchaus am Platze ist. Insofern könnte man ihn geradezu als uneigentlichen, pervertierten Humor bezeichnen, als Kunst, das Lachen zu töten.

Die Genealogie des schwarzen Humors, soweit er Bestandteil der Literatur ist, hat neben der psychologischen auch eine historische Wurzel; wann er als Kunstmittel das Tageslicht erblickt hat, dürfte aufschlußreich genug sein. In Einzelfällen mag es ihn, wie das Märchen von der Frau Trude zeigt, schon lange gegeben haben; massiert läßt er sich erst in der Neuzeit nachweisen, und das nicht ohne Grund. Der Konflikt zwischen Trieb und Moralität ist ein spezifisch moderner, insofern er ins Bewußtsein gerufen und als Problem angesehen wird. Er setzt voraus, daß die religiös verankerte Moralität im gesellschaftlichen oder zumindest individuellen Bewußtsein als fragwürdig erfahren und dem Triebleben ein gewisser Eigenwert zugestanden wird. Andrerseits darf die Säkularisation noch nicht so weit fortgeschritten sein, daß eine moralinfreie, das heißt wissenschaftliche und im übrigen gleichgültige Erforschung beider eingesetzt hat, so daß der zwischen ihnen herrschende Antagonismus von vornherein rationalistisch gedeutet wird. Dies käme und kommt einer Verminderung der Leidensfähigkeit des einzelnen an ihm gleich. Es ist nicht verwunderlich, daß die nach-nietzscheschen Erscheinungsformen des schwarzen Humors oft die seelischen Tiefendimensionen vermissen lassen, die wir gerade an seinen Großmeistern, einem Swift, einem Sade, schaudernd bewundern. Auch psychische Mechanismen verbrauchen mit ihrer historischen Entwicklung die Fähigkeit, Kunst zu leisten.

Die zweite Voraussetzung ist das erwachende Bewußtsein der Antinomie von Moralität und Ästhetik. Antike und Mittelalter kennen es nicht; erst an der Schwelle zur Neuzeit wird es überhaupt möglich. Solange Thomas von Aquinos These, daß Schönheit der Glanz der Wahrheit sei (wobei er unter Wahrheit allein die geoffenbarte verstand), durch die Kunstproduktion unbestritten blieb, konnte es diese Antinomie nicht geben; solange das Schöne über das Gute mit dem Wahren in hierarchischer Verbundenheit blieb, war Widerspruch zwischen den Gliedern innerhalb der Klimax ausgeschlossen.

Der Zusammenstoß von Triebleben und Moralität einerseits und von Moralität und Ästhetik andererseits ist eine Grundbedingung aller modernen Literatur. In ihm spiegelt sich der unversöhnliche Konflikt zwischen der alten, idealistischen Wahrheit und der neuen, die ihre Geltung auf nichts als Wirklichkeit gründen möchte. Mit dem Aufkommen der kasuistischen Theologie und Jurisprudenz, die in der politischen Moral des Machiavellismus ihren konsequentesten Ausdruck finden, und mit der Entwicklung bzw. dem Wiederauftauchen einer nichtaristotelischen, manieristischen Ästhetik, die sich dem scholastischen Ordnungsbegriff entzieht, brechen die Gegensätze auf. Im sechzehnten Jahrhundert, im Werk eines Rabelais, Shakespeare oder Cervantes, wird die Zersetzung der mittelalterlichen Mentalität offenkundig. Offenkundig wird aber auch der Versuch, dem als Zerreißprobe empfundenen Konflikt durch eine entsprechende psychische Leistung zu begegnen – den Humor. Wahrscheinlich muß der Mensch das Widerspiel von Glauben und Zweifel zur Genüge erschöpft haben und durch Abnutzung seiner Gefühle in abstrakten Bereichen für das Erleben der Einmaligkeit des Wirklichen unerträglich lust- wie schmerzempfindlich geworden sein, daß er mit Humor darauf reagiert. Kennzeichnend ist es, daß sich die Versöhnung der Antinomien, also geistiger Zerreißkräfte, im Affekt abspielt und daher nur vorübergehender Natur sein kann. Humor ist allemal die Fähigkeit, dem Schicksal ein Schnippchen zu schlagen. Das faktisch an den Gegebenheiten nichts ändernde Überspielen der Umstände tut den blinden Mächten mit einem Augenzwinkern kund, ihr Walten sei durchschaut und werde gnädigst für die Dauer einer Handvoll sprühender Worte nicht ernst genommen. Insofern rührt er natürlich aus tiefem Pessimismus her.

Doch Humor ist noch nicht schwarzer Humor. Erst wenn die Dissoziierung ihrem Höhepunkt zustrebt und die geistigen Erdbeben Schluchten zeitigen, die kein Lachen mehr überbrückt, erst wenn der Humor seiner selbst bewußt wird und der Tatsache ins Auge sehen muß, daß seine Versöhnung nur Geste, nur Schein bedeutet, erst wenn seine Kompromißbereitschaft durch entschlossene Auflehnung ersetzt wird, kann es zum Umschlag ins Schwarze kommen. Die Idiosynkrasie auf die Verschiebung des Traumas ins Ästhetische, die sich in dessen absurder Verfremdung kundgibt, bedeutet nichts anderes als den Protest des aus seinen fiktiven Bindungen freigesetzten Bewußtseins gegen die nun unauflösbar gewordene Antinomie von Moralität und Ästhetik. Das geschärfte Bewußtsein lehnt sich dagegen auf, daß der Konflikt zwischen Triebwelt und Moralität durch einen Waffenstillstand vertuscht werden soll, der am grünen Tisch der Ästhetik geschlossen wird; es greift zu dem subversiven Mittel, den Humor, das aestheticum aus schlechtem Gewissen, in seiner Uneigentlichkeit darzustellen, indem es seine versöhnlerische Haltung ummünzt in Revolte.

Diese akute Phase wird im Zeitalter der Aufklärung erreicht. Mit der Krise des Humors schlägt die Geburtsstunde des schwarzen Humors als einer Fundamentalkritik an den menschlichen Dingen. Unerhörtes muß geschehen, ein Trauma epochalen Ausmaßes sich ereignen, bis ein lebenserhaltender psychischer Mechanismus wie der Humor seine Züge ins Unkenntliche abwandelt. Dies Unerhörte ist die Konfrontierung des Menschen mit der Freiheit, nicht mit einer inhaltlich bestimmten, etwa der rechtlichen oder politischen, sondern mit der durch Vernunft bewirkten Freiheit des Bewußtseins. Ihre Verfügbarkeit, die alsbald Zwang bedeutet, löst einen Taumel von Angst und Lust aus; von Angst, weil sie dem Bedürfnis des Menschen widerspricht, sich mit seiner Unmittelbarkeit zu identifizieren; von Lust, weil ebendiese Unmittelbarkeit seit jeher härteste Fessel des Menschengeschlechts war, insofern sie es festschmiedet an Schuld und Leid. Nun spiegelt sich aber die Dialektik der Freiheit, des Wovon und Wozu, im schwarzen Humor getreulich wider als Wechselspiel von Schuld und Lust: die Zwangsidentifizierung mit dem Schulderleben und das Transzendieren in die wirkungslose Freiheit des ästhetischen Scheins ist ihr Abbild.

So macht der schwarze Humor nur frei, *indem* er den Zwang spürbar werden läßt; die Lust, die er bereitet, entpringt der Unmöglichkeit, sich seiner faktisch zu entledigen. Er nimmt gewissermaßen eine Rückkoppelung von Freiheit und Zwang, Lust und Schuld vor; in seinem Teufelskreis gibt es nur diabolische Wohltaten. Oft läßt er sich geradezu als eine Art von Schmerz-Wollust an, bei der die ästhetische Rache um so sublimer gerät, je nachhaltiger die Züchtigung durch den Zwang verspürt wird. Paradebeispiel hierfür sind Leben und Werk des Marquis de Sade, und zwar in einer Vielschichtigkeit, die ihresgleichen sucht. Indem Sade die Aufklärung, das heißt die Vernunftidolatrie, bis zur äußersten Absurdität vervollkommnete, schlug ihm die Freiheit des Geistes unter der Hand in den ehernen Zwang der Lust um. Der objektive, weil in der Natur der Sache liegende schwarze Humor besteht darin, daß die unabdingbare Freiheitlichkeit der Lust (nicht umsonst hießen ihre Parteigänger Libertins) dabei zur Zwangsarbeit wird, folglich aber auch die Konsequenz der Lust, das Verbrechen. So daß Lust, Laster und Verbrechen, anstatt ihr lockendes Parfüm zu wahren, un-menschlich werden durch ihre strenge Observanz und ihre Unmenschlichkeit von eben dem erwiesen wird, der sie durch Reinkultur aus der Lauge der Schuld auszukristallisieren trachtete ... Literarisch gesehen hat das zur Folge, daß die eifernde Monotonie seiner didaktischen Romane nur dort in Heiterkeit umschlägt, wo ihr Irrsinn offenkundig wird – und diese Heiterkeit ist schwarzer Humor. Nicht minder zweideutig ist der subjektive, in seinem Leben begründete schwarze Humor. Nicht genug, daß die Apologie der extremen Irregularität den Zwingturm zum Kindbett hatte; auch wurde der Einpeitscher des Verbrechens während der Revolution unter anderem wegen Moderantismus mit einem Todesurteil bedacht; und später endete der Vernunftapostel, der er war, geistig völlig normal im Irrenhaus. Wie die Lust des ästhetischen Scheins in diesem Lebensmuster Freiheit vorspielt und bei ihrer Rache an den Umständen die Zwangsidentifizierung mit der Schuld, welche die Umstände ja erst hervorruft, gewissermaßen seitenverkehrt durchpaust, wird dabei ebenso deutlich wie das Umschlagen des ästhetischen Scheins in neuerlichen Zwang. Dies und die Tatsache, daß seine Problematik und ihr historischer Auftritt paradigmatisch sind, machen den Marquis zum Klassiker des schwarzen Humors.

Sein Fall lehrt außerdem, daß die Idiosynkrasie, der Eingriff des freiheitlichen Bewußtseins in den seelischen Entlastungsvorgang des Humors, den Affekt des Lachens in sein Gegenteil verkehrt. Durch diesen Eingriff werden Konfliktsituation wie Verschiebung zumindest partiell bewußt und stören den selbsttätigen Ablauf der heilsamen Entschärfung; noch während das Lachen ins Rollen kommt, gerinnt es zur Grimasse. Während Mangel an Humor auf tiefe psychische Störung schließen läßt oder, wie bei Heiligen, auf eine Seelenfestigkeit, die lösender Affekte nicht bedarf, weist mangelnder Sinn für schwarzen Humor auf ein gering entwickeltes freiheitliches Bewußtsein. Dies nämlich wird, als eine Art von Gleichgewichtsorgan des seiner Bezüge zur Welt entfremdeten und damit auch instinktunsicher gewordenen Menschen, dem unbemessenen Lachen des Humors, seiner sprudelnden Feuchtigkeit, seiner konvulsivischen Frische Mißtrauen, ja Kritik entgegensetzen und es stilisieren wollen zu jenen feinen, doch Gefährdung verratenden Zügen, die für charaktervoll gelten. Sein gutes Recht hierfür meint es in den fragwürdigen Grundlagen allen Humors selbst zu erblicken; und da es sich ihrer nicht entschlagen, infolgedessen auf Humor nicht verzichten kann, schafft es sich durch Kritik an ihm seinen eigenen, den kritischen, den schwarzen Humor. Der heißt im Vergleich zum normalen künstlich und verderbt, weil seine bionegativen Seiten wenn nicht verstanden, so doch erspürt werden.

In der Tat ist das Vorherrschen ausgeprägt bionegativer Züge für die meisten schwarzen Humoristen auffällig. Bei Sade spielt die pathologische Veranlagung eine entscheidende Rolle; bei Büchner, Lautréamont und Jarry wirkt der frühe Tod wie eine Verdinglichung der unheimlich letalen Schatten, die ihr Werk so beharrlich durchziehen; Baudelaire geht an Paralyse zugrunde, Poe im Delirium; Swift und Panizza verlöschen in geistiger Umnachtung; de Quincey ist rauschgiftsüchtig; Bierces Ende liegt im Dunkeln; der Verfasser der *Nachtwachen des Bonaventura* hat seine Spuren bezeichnenderweise sorgfältig verwischt. Selbst vergleichsweise bürgerliche Existenzen tragen saturnische Ringe um die Augen. Allenthalben sind es die nächtigen Spielformen des Lebens, die produktiven Zwang bewirken oder in die das Produktive mündet. Häufig sind es Werk *und* Geschick, die in arglistigem Zusammenspiel schwarze Blüten treiben, und oft läßt das Literarische allein, ohne Wissen um die biographischen Umstände, das ganze Ausmaß des schwarzen Humors gar nicht ermessen. Dies ist der Fall bei Panizza, der, streng herrnhuterisch erzogen und als Psychiater Verfasser einer Studie über Genie und Wahnsinn, selbst zum Opfer jener *Visionen der Dämmerung* wurde, in denen der schwarze Humor durch die Konfrontation von Religion und Sexus entsteht.

Zum Wesen dieses Humors gehört ein weiteres, sein eigentümliches Ethos. Die verfremdende und zugleich bloßstellende Absurdität versteht sich selbst als unhaltbares Benehmen gegenüber dem ursprünglichen Konflikt, um ihm auf diese Weise illusionslos begegnen zu können. Indem sich das freiheitliche Bewußtsein dem doppelten Antagonismus von Triebwelt und Moralität und von Moralität und Ästhetik entzieht, pocht es auf die Uneigentlichkeit seiner negativen Freiheit als auf einen Wert und behauptet die Lust des schwarzen Humors als die einzig mögliche. Verallgemeinert sich der Antagonismus dahingehend, daß Menschensphäre und Sphäre der Ordnung zwar aufeinander angewiesen sind, einander jedoch nicht nur widersprechen, sondern sogar ausschließen, so daß kein wie auch immer geartetes moralisches oder ästhetisches Verhalten von Belang sein kann, dann wird diese Lust zum Gradmesser für die Intensität des Scheiterns. So kulminiert der schwarze Humor bei Kafka in Szenen, da sich das Schicksal des absurden Helden in Nebenfiguren wie Boten oder Wächtern, wie dem Maler Titorelli oder dem Kaufmann Block auf groteske Weise bricht und er, von aller direkten Fährnis für Augenblicke befreit, seine eigenen Gefühle der Angst, des Ekels, des Entsetzens mit quälender Lust am anderen erfährt. Je unheimlicher und grotesker das Geschehen wird, desto größer wird auch seine aussichtslose Klarheit und mit ihr die beklemmende Lust, daß es ja nicht anders sein kann. Aber Josef K. *hat* nicht etwa schwarzen Humor; er erfährt ihn durch das, was ihm zustößt. In dem Maße, in dem er den Prozeß innerlich annimmt und sich mit der ihm unbekannten Schuld identifiziert, wächst zwangsläufig der schwarze Humor des Ganzen; denn die einzig mögliche Freiheit angesichts des unerklärlichen Scheiterns besteht darin, eben dies Scheitern als Lust auszukosten. Trägt die Lust des schwarzen Humors bei Sade stets aggressive Züge, so bei Kafka stets passive; in beiden Fällen aber handelt es sich um Lust als geistige Rache am Zwang, den die Schuld auferlegt.

Obwohl schwarzer Humor die gesamte neuere Literatur durchzieht, wäre es müßig, wenn nicht unangemessen, seine Themen und Formen zu klassifizieren, da es sich nicht objektiv feststellen läßt, ob und wann Humor schwarz ist oder nicht. Besser als von Themen spricht man wohl von Motiven, in die sich das Trauma übersetzt, weil der psychische Vorgang Beweggrund und Gegenstand unlösbar miteinander verkettet. Daraus wird auch ersichtlich, daß schwarzer Humor nicht an bestimmte Themen gebunden ist, wenn auch eine Anzahl von Motiven über Jahrhunderte hinweg mit großer Beharrlichkeit variiert und miteinander kombiniert werden. Ein paar Beispiele mögen zur Veranschaulichung genügen.

An allererster Stelle findet sich der Tod, das Trauma der Menschheit schlechthin. Meist besitzt der natürliche Tod keine ausreichende Initialkraft für schwarzen Humor; ihn bewegt der Tod durch das Verbrechen, im Grenzfall der Selbstmord sowie die Konfrontation der Todessphäre mit unangemessenen Affekten, Betrachtungs- oder Verhaltensweisen. Hierher gehört Swifts berühmter Vorschlag, die Kinder der Armen Irlands zu Pasteten zu verarbeiten, hierher die ungeheuerliche Minski-Episode aus Sades *Juliette*, hierher der Abschnitt »Ein Galgen erhob sich« aus den *Gesängen des Maldoror*. In den beiden ersten Fällen geht es um Kannibalismus (wobei Minski, der Lustmörder, der nur von dem lebt, was er durch Vergewaltigung tötet, eine Art von geschlossener Hauswirtschaftsform betreibt), im letzten um die Koppelung von Lustmord mit einem Tabu, dem Verbot des Verkehrs zwischen Mutter und Sohn. Eine besondere Variante ist der Selbstmord. In den *Nachtwachen des Bonaventura* könnte man ihn als Selbsthilfe bezeichnen angesichts der Tatsache, daß das Nichts die Wahrheit ist. Bleibt seine Wirksamkeit unbezweifelt, diese Wahrheit zu erreichen, so stellt sie sich in *Leonce und Lena* als bloße Farce heraus, weil der Selbstmord keine Identifizierung mit dem eigenen Geschick erlaubt. Für die unangemessene Betrachtung des Todes steht Quinceys Abhandlung *Der Mord als schöne Kunst betrachtet* sowie Villiers de l'Isle-Adams Erzählung *Der Apparat zur chemischen Analyse des letzten Seufzers*.

Dem Tod ist der Wahnsinn als Motiv benachbart. Als gelinde Vorstufe dürfen manche Prosagedichte Baudelaires aus dem *Spleen de Paris* gelten. Daß der Wahnsinn das Normale sei, exemplifiziert Poes Burleske *Das System des Doktors Pech und des Professors Feder*. Eigentlicher Aberwitz findet sich in Panizzas *Verbrechen in Tavistock-Square*, wo die Polizei als Exekutivorgan der göttlichen Weltordnung ins Irrenhaus eingeliefert werden muß, weil sich ihr Schnüffeln nach der Sünde sogar auf die Pflanzenwelt auszudehnen droht. Metaphysischen Rang erreicht der schwarze Humor in der vierzehnten der *Nachtwachen des Bonaventura*, in der Liebesgeschichte im Tollhaus. Alles persönlich Bedingte wird hier so stark überhöht, daß hinter dem Gleichnis die Brücken zusammenbrechen und beklemmende, unentrinnbare Faszination herrscht. Verbunden mit Tod und Wahnsinn erscheint die Liebe als drittes tiefgreifendes Trauma auf der Bühne des schwarzen Humors, so in den genannten Beispielen bei Büchner, Lautréamont und Panizza. Zu unterscheiden davon wäre der schwarze

Humor mit dem Sexus, etwa bei Sade, weil da die seelische Dimension völlig fehlt.

Damit ist der eigentliche Motivkreis abgeschritten. Ein Sonderfall ist der Konflikt mit der Ordnung, wie er – weil es sich um eine (versteckte) religiöse handelt – am schärfsten bei Kafka zum Ausdruck kommt, in soziabler Form in Swifts *Anweisungen für die Dienerschaft*, aber auch bei dem utopischen Sozialisten Charles Fourrier sowie bei Carroll. Entweder schlägt die überanstrengte Ordnung in ihr Gegenteil um, oder sie wird zum subversiven Verteidigungsmittel gegen ihren eigenen unmenschlichen Charakter, oder sie enthüllt Sinn als Un-Sinn. Schließlich gibt es noch eine Anzahl verschiedener Motive wie den Zusammenstoß des einzelnen mit einer Gemeinschaft, die Entlarvung von Ideen und Idealen, die Apologie von Lastern und Verbrechen, die sich jedoch meistens auf die Grundmotive zurückführen lassen.

Was nun die Formen betrifft, in denen sich der schwarze Humor ergeht, so sind es Reaktionsformen auf das Trauma: Doppelzüngigkeit, Zynismus, Frivolität, Understatement, Heuchelei und viele andere. Sie sind, als solche betrachtet, für den schwarzen Humor genausowenig von Bedeutung wie die Motive; erst ihre spezifische Verbindung mit diesen schafft schwarzen Humor. Dabei werden vorhandene literarische Formen als Einkleidung benutzt; Ansprache, Statut, Bitt- oder Mahnschrift, Predigt, dramatische Rede, Erlebnisbericht, Abhandlung und Erzählung sind die häufigsten. Der Zeitgeschmack spielt bei der Wahl eine gewisse Rolle; es ist sicher kein Zufall, daß im philosophischen achtzehnten Jahrhundert Swift die Formen der Anweisung oder der Eingabe, Sade die des Statuts oder der Vorlesung gebraucht, während im neunzehnten Jahrhundert im allgemeinen erzählerische Formen überwiegen. Daß im zwanzigsten Jahrhundert der schwarze Humor die Szene erobert und durch Theater und Fernsehen weiteste Verbreitung findet, dürfte symptomatisch sein für eine Massengesellschaft, die mit ihren Gebresten Schwarzer Peter spielt.

Eine Anmerkung noch zur Frage der Authentizität. Sie zu ergründen, bleibt kein anderes Mittel, als nachzugraben, wie weit die Pfahlwurzel des Schmerzes hinabreicht in die geschundene Seele. Dies Kriterium, das einzig sichere, sollte auch das statthafte Maß des Genusses bestimmen. Eleganz im Umgehen von Alternativen, die geflissentliche Dialektik der Unwahrhaftigkeit, sie haben nichts zu schaffen mit der mutigen Kunst, noch das Herz in der Kehle zum Lachen zu bringen. Wo, wie bei so manchem Autor unsrer Tage, die Rechnung durch makabre, frivole oder schockierende Tricks stimmend gemacht werden soll, wo sie aus Angst vorm Zahlen ins Lächerliche gezogen wird, sind verächtliche Mundwinkel eher am Platze als die komplexe Kunst des Lachens, wie sie der schwarze Humor erfordert. Wer über ihn lachen *will*, wird überhaupt nur an seichten Stellen, wo das Wasser nicht bis zum Halse steht, Gelegenheit dazu finden; ja, er wird ihn überhaupt nur an seinen Untiefen erkennen. Ohne Zweifel aber sucht aller schwarze Humor das Lachen zu wahren, wenn das Lachen vergeht, und das heißt: *es nicht zu veräußern.* Sonst würde gar die Katastrophe Mensch so ernst, daß wir ihr glaubten. Nicht zuletzt verdanken wir ihm die Fähigkeit, das Lachen ernst zu nehmen und den Ernst zu spielen, die das Zeremoniell des Lebens berichtigt, wenn es in bloße Wirklichkeit abzugleiten droht. Diese Fähigkeit gerade dann zu üben, wenn sie mißfällt, ist sein Privileg.

# Manierismus als Kulturideologie

Wenn stilgeschichtliche Begriffe Faszinationskraft erlangen und eine Aura um sich bilden, verwandelt sich ihr wissenschaftlicher Wert in einen kulturideologischen. Für den Manierismus läßt sich dieser Zeitpunkt mit einiger Genauigkeit ermitteln; er fällt zusammen mit der Restauration der bürgerlichen Gesellschaft nach ihrem abermaligen Schiffbruch. Während der Manierismus vor dem Zweiten Weltkrieg in der Fachwissenschaft als zwar interessante, doch umstrittene Erscheinung in der Kunst des 16. Jahrhunderts galt, avancierte er in den späten vierziger und in den fünfziger Jahren zu einem Phänomen, das die europäische Kulturgeschichte von der Antike bis zur Moderne in wiederholten Schüben heimsuchte. Parallel zu diesem Vorgang verlief ein anderer, ihm komplementärer: die Integration der modernen Kunst und Literatur ins Geschichtsbewußtsein der bürgerlichen Welt, die beide während deren revolutionärer Entwicklung als traditionsfeindlich, will sagen der eignen Kulturherrschaft bedrohlich, verfemt hatte. Daß beide Vorgänge in einem inneren Zusammenhang stehen und in Deutschland ihren markantesten Ausdruck fanden, ist nicht zufällig. Die Manierismus-Forschung war von der deutschen Kunstwissenschaft begründet und entscheidend vorangetrieben worden; von ihr hatte die deutsche Romanistik den Begriff wie auch methodische Impulse entlehnt. Mittlerdienste leistete dabei die Psychologie, vornehmlich die C. G. Jungs. Auch dies ist nicht zufällig. Als idealistische Spielart der Freudschen Tiefenpsychologie, die für ihre Begrifflichkeit, die Archetypik, objektive Realität beansprucht, eignete sie sich besonders für die Vermittlung psychoanalytischer Erkenntnisse an die Geisteswissenschaften, indem sie ihnen neue Denkkategorien lieferte. Die kulturpsychologische Untermauerung des ursprünglich rein formalistischen Stilbegriffs war der erste Schritt zu seiner Ideologisierung, die schließlich durch Einarbeitung soziologischer Bezüge ihren Abschluß fand.

Diese Entwicklung wird durch drei Namen gekennzeichnet. Ernst Robert Curtius übertrug in seinem epochalen Werk *Euro-*

*päische Literatur und lateinisches Mittelalter* (1948) den Begriff des Manierismus auf die Literatur: »Zu diesem Zweck müssen wir das Wort freilich aller kunstgeschichtlichen Gehalte entleeren und seine Bedeutung so erweitern, daß es nur noch den Generalnenner für alle literarischen Tendenzen bezeichnet, die der Klassik entgegengesetzt sind, mögen sie vorklassisch oder nachklassisch oder mit irgendeiner Klassik gleichzeitig sein. In diesem Sinne verstanden ist der Manierismus eine Konstante der europäischen Literatur. Er ist die Komplementär-Erscheinung zur Klassik aller Epochen.« Während Curtius bei seinen Untersuchungen streng formal vorging und das Gegensatzpaar Klassik-Manierismus als rein »begriffliches Instrument« gehandhabt wissen wollte, stellte sein Schüler Gustav René Hocke in seinen Büchern *Die Welt als Labyrinth* (1957) und *Manierismus in der Literatur* (1959) bereits einen »manieristischen Menschentypus« fest, den er als »psychologische Voraussetzung« für den künstlerischen Manierismus ansieht. »Es wird versucht, die Wesenszüge eines Menschentypus in einer spezifischen Geistesgeschichte des *homo europaeus*, in einer bestimmten Tradition des ›irregulären‹ Europa phänomenologisch, anhand literarischer Sprachdenkmäler sichtbar zu machen.« Hockes Denken ist kulturkritisch, und zwar christlich-konservativer Provenienz; er spricht von »*geistigen Abgründen* der Menschheit« und möchte aus seinen Betrachtungen »ethische Folgerungen« ziehen. Nüchterner gibt Arnold Hauser in seinem Werk *Der Manierismus – Die Krise der Renaissance und der Ursprung der modernen Kunst* (1964) eine komplette »Theorie des Manierismus«. Er denkt primär soziologisch und sieht den Manierismus als »Kunst in der Welt der Entfremdung«. Folgerichtig schließt er sich nicht Hockes These von der Periodizität an und läßt den Manierismus mit der Krise der Renaissance beginnen, d. h. zu dem Zeitpunkt, da die Ablösung des Feudalismus durch den Frühkapitalismus sich im Bewußtsein widerspiegelt. Hauser entwickelt eine »Psychologie der Entfremdung« als Ausdruck der Reaktion des Menschen auf seine veränderten Daseinsbedingungen und findet im Narzißmus ihren Schlüsselbegriff. Der auf diese Weise konstituierte »manieristische Mensch« gilt für ihn als Prototyp des modernen Menschen.

Diese Verdinglichung des Manierismus vom Begriff zur Realität weist eine Tendenz auf, die erst dann verständlich wird, wenn man sie zu der ihr komplementären einer Integration der modernen Kunst und Literatur ins Geschichtsbewußtsein in Beziehung setzt. Schon bei Curtius findet sich der Hinweis auf die Verwandtschaft zwischen manieristischer und moderner Kunstübung; Hockes erklärtes Ziel ist die Deutung der gegenwärtigen Kulturkrise samt ihren ästhetischen Ausdrucksformen als neuerlichen Schub des europäischen Manierismus; Hauser determiniert die Abhängigkeit der Moderne vom Manierismus des 16. Jahrhunderts. Diesen Bestrebungen ist *objektiv* eines gemeinsam. Was die (hierfür relevante) Kulturgeschichte durch Aktualisierung gewinnt, verliert die (hierfür relevante) Kulturmoderne durch Historisierung. Die negative Affektivität, mit der das Bildungsbürgertum einst diese »Moderne« besetzte, wird dieser entzogen und kommt beim »Manierismus« positiv, als Reizwert, wieder zum Vorschein. Beide befinden sich in einem Ergänzungsverhältnis; weil gewisse progressive Tendenzen der künstlerischen Moderne verdrängt worden sind, kommt es zur Reaktivierung gewisser bislang ebenfalls verdrängter kulturgeschichtlicher Momente. Was es damit auf sich hat, zeigt das Gegensatzpaar Klassik-Manierismus, verallgemeinerter Nachfahr desjenigen von Klassik-Romantik, schon von Goethe biologisch gedeutet als Gegensatz von Gesundheit und Krankheit. In dieser Deutung steckte, wenngleich durch Parteinahme verzerrt, ein Neuansatz ästhetischen Denkens und Wertens, der zuerst von Novalis dahingehend formuliert wurde, daß alle Ästhetik in die Psychologie gehöre. In der geschichtlichen Entwicklung seit 1800 ging dieser Neuansatz in Deutschland verloren *, wo das Bildungsbürgertum ein auf die idealistische Philosophie und die literarische Klassik gestütztes Menschenbild behauptete, mit dem es die in moderner Kunst und Literatur verkörperten anthropologischen Visionen als abartig zu disqualifizieren glaubte. Weil Kunst weltanschau-

* Er fand seine Entfaltung in der französischen Dichtung des 19. und 20. Jahrhunderts, strahlte von dort nach Spanien und Italien aus, und so ist es nur folgerichtig, daß gerade die deutsche Romanistik seinen Impuls in kulturideologischer Übersetzung heimholte.

lich aufgefaßt wurde, wurden ihre modernen Erscheinungsformen, die sich gerade gegen solche Weltanschauung richten, als bedrohlich abgelehnt und ihre anthropologischen Impulse verdrängt. Diese Ablehnung der »Moderne« seitens des Bildungsbürgers, von anfänglicher Unduldsamkeit zu offnem Terror führend, verlor nach dem Fiasko von Faschismus und Krieg, als das idealistische Menschenbild sich als ohnmächtiger Götze erwies, ihre moralische Stichhaltigkeit. Mit ihrem Verlust mußte zwangsläufig die in Stellvertretung für ein neues Menschenbild verdrängte »Moderne« wieder wach werden. Ein solches Dilemma zwang zu einer Umbildung zumindest des kulturellen Geschichtsbewußtseins in Gestalt einer neuen Kulturideologie, die infolge der ausgebliebenen Revolution und der Restauration der christbürgerlichen Gesellschaft nur regressiv sein konnte. In ihr, als einer Alibi-Bildung, kommen Kulturmoderne und Kulturgeschichte derart zusammen, daß erstere historisiert und letztere modernisiert wird, beide in einem gemeinsamen, also relevanten Punkt: dem bislang von der Klassik verdrängten anthropologischen Moment. Die Aufgabe dieser Alibi-Bildung zeigt sich im psychischen Mechanismus einer entschärfenden Einverleibung moderner Kunst und Literatur in ein Geschichtsbewußtsein, das durch ebendiesen Prozeß bislang von der moralischen Instanz Klassik verdrängte kulturgeschichtliche Momente aktualisiert und diese, da sie in ihm den Stellenwert der nunmehr entlasteten Moderne einnehmen, auf euphemistische Weise dämonisiert. Die Folge ist die Bildung einer Aura um den ursprünglich formalistischen Stilbegriff. Sie ist das Ergebnis einer unbewußten Abwehrtendenz, die zum Ausgleich eine Sphäre von Affektivität und Spekulation ausstrahlt, die fasziniert, das heißt *bannt*, und den wahren Impuls moderner Kunst und Literatur zum Schock stilisiert.

## *Exkurs: Manierismus alias Romantik*

Der Vorgang einer Alibi-Bildung ist für Deutschland nicht neu, er hat in der Auseinandersetzung mit Aufklärung und Revolution schon einmal eine Kulturideologie hervorgebracht, die Romantik. Wenn das bürgerliche Geschichtsbewußtsein Romantik und Manierismus mit Recht einunddieselbe Rolle aufgenötigt hat, die eines Gegenspielers zur ästhetisch-weltanschaulichen Autorität der Klassik, so weil diese in der Tat verinnerlichte Macht darstellt. Worum es bei beiden geht, ist der Kampf gegen zu Schein verinnerlichte Herrschaft; während aber die Romantik gegen solche Autorität angeht, weil diese als Scheinalternative das wahre Problem der Auseinandersetzung mit der Macht verschleiert, die, einmal zu positiver geschichtlicher Totalität gelangt, wo sie in Gleichheit umschlägt, nur von innen her, durch praktische poetische Anarchie zu Freiheit und Brüderlichkeit geführt werden kann, stellt die Kulturideologie des Manierismus als ein bloß intellektueller Mythos dem klassischen Ideal ein ebensowenig der Fortentwicklung fähiges, nur eben unklassisches gegenüber. Romantik verinnerlicht nicht Herrschaft, sondern den Kampf gegen sie, die Revolution; Manierismus ersetzt verinnerlichte Macht durch interessante Ohnmacht. Während die Stellung der Romantik zur Macht eine dialektische ist und sie infolgedessen die Revolution wieder nach außen kehren kann, indem ihre ästhetischen Forderungen sich in das zurückverwandeln, was sie ihrem Impuls nach sind, eine anthropologische Alternative zur menschlichen Verfassung im Zeichen der Herrschaft, hat der Manierismus keine Zukunft, entschärft er doch gerade die gleichlaufenden Impulse moderner Kunst und Literatur, die nicht zuletzt von der Romantik herrühren, indem er sie von allem Anfang an nach rückwärts statt nach vorwärts begreift. Augenfällig gewinnt er dadurch an historischer Divinationskraft, was ihm an Sehergabe fehlt; daß er nicht die revolutionären, sondern die reaktionären Entwicklungslinien der Romantik auszieht, zugegebenermaßen fruchtbar, und ans romantische Gelehrtentum in Novalis und Schlegel anknüpft, das sich der Revolution widersetzt, statt an ihr romantisches Künstlertum, das sie visionär ausweitet, zeugt von der Gegenläufigkeit deutscher Geistesgeschichte, die, zur Synthese unfähig, an Bedeutung gewinnt, was sie an Wirklichkeit verliert.

Was wir anthropologischen Impuls nennen, die Wirkungsgemeinschaft gesellschaftlicher und künstlerischer Triebkräfte, findet sich in der manieristischen Ideologie aufgespalten wieder; erstere werden entweder verdrängt oder verwissenschaftlicht, letztere tauchen, zum Schock entfremdet, gleichsam spiegelverkehrt an geeigneten Stellen der Kulturgeschichte wieder auf; soweit sie von der modernen Poesie über sprachliche Triebgebärden empfangen werden, in Gestalt einer Umdeutung und Neubewertung manieristischer Lyrik. Weil dieser Vorgang ideologiebildend wirkt, muß durch Rückübersetzung seines Ergebnisses der im geschichtlichen Manierismus zweifellos, wenn auch allein künstlerisch enthaltene anthropologische Impuls wieder verlebendigt werden; sein Anruf muß, fern jeder Aufschönung durch ebenso bizarre wie ratlose Begrifflichkeit, wieder Gehör finden. Da er sich als dichterische Sprache äußert, rückt deren damalige Zelle, das Concetto, in den Mittelpunkt unsrer Aufmerksamkeit, vor allem die Kräfte, die es bilden.

Baltasar Gracián, bedeutendster manieristischer Traktatist Spaniens im 17. Jahrhundert, hat als erster das seit über zwei Jahrtausende gültige System der antiken Rhetorik für ungenügend erklärt und durch eine neue Disziplin ergänzt. In seinem Werk *Agudeza y Arte de Ingenio (Geistesschärfe und Kunst der Erfindungskraft)* betrachtet er das alte Gebäude von Vernunftschlüssen und redewirksamen Sprachfiguren lediglich als Fundament, als Formenkanon, der zum Zwecke des Concettos nach bestimmten Regeln, eben denen der Geistesschärfe, gehandhabt werden sollte. Dabei beschränkt er sich nicht auf den regulären, nach schlüssigen Regeln gebildeten Kanon der rhetorischen Figuren, er bezieht auch die irregulären, auf logischen Trugschlüssen beruhenden mit ein und behauptet das Recht einer Pararhetorik, einer Scheinrhetorik, gegenüber der herkömmlichen »richtigen«. Bemerkenswert ist seine Rechtfertigung hierfür. Anders als der nüchterne Quintilian, der die Erfindungskraft der Urteilskraft unterwirft, ist Gracián der Ansicht, die Urteilskraft müsse ausgeschaltet werden, sie dürfe die Entfaltung der Erfindungskraft nicht hemmen, wenn diese zu ihren schönsten Blüten, Seltsamkeit, Überraschung und Verblüffung, gelangen solle. Wir erkennen in dieser attizistischen bzw. asianischen Einstellung zur Redekunst das Gegensatzpaar Klassik-Manierismus wieder, wollen es jetzt aber von der Ästhetik in die Psychologie überführen. Urteilskraft, d. h. Vernunft, ist die oberste Instanz der alten Rhetorik; Erfindungskraft, d. h. Triebhaftigkeit, mit der sie über die Phantasie verbunden ist, die der neuen. Die lakonische Rhetorik hat mit Hilfe der Logik ein umfassendes System der Redefiguren aufgestellt und mit Hilfe der Urteilskraft die irregulären, trügerischen verpönt, weil sie sich dem Primat der Vernunft widersetzen; die kulterane Rhetorik ist ihrem Wesen nach Überschreitung der Vernunftgesetze, sie ist irregulär wie die triebhafte Phantasie, deren Ausdruck die sprachliche Erfindungskraft ist.

Die Beweggründe für eine solche manieristische Rhetorik kann man bei einem anderen Traktatisten der Zeit, dem Italiener Tesauro, nachlesen. Er unterscheidet zwischen dialektischer Rhetorik, die auf Überzeugung und Belehrung ausgeht, und poetischer, die erfreuen und unterhalten soll, und zwar »ohne Hindernis des Wahren«. Die poetische Rhetorik soll demnach ohne Rücksicht auf die Übereinstimmung von Sprach- und Seinsformen, denn darin besteht nach Aristoteles das Wesen des Wahren, im Hörer oder Leser verkleidete Lustgefühle hervorrufen. Tesauro gibt dazu eine Anleitung in seinem Werk *Il Cannocchiale Aristotelico o sia Idea dell' arguta e ingegniosa Elocutione (Das aristotelische Fernrohr oder Idee von der scharfsinnigen und erfindungsreichen Redekunst)*. Tesauro dreht das Fernrohr um, er stellt Aristoteles und mit ihm die attizistische Rhetorik, die vom Grundsatz der Mimesis ausgeht, auf den Kopf. Was bedeutet das? Nach Aristoteles ist eine objektive Erkenntnis der Realität nur möglich, wenn die Sprachformen nach solchen Regeln miteinander verknüpft werden, daß ihnen Beziehungen zwischen Seinsformen entsprechen. Nur unter dieser Bedingung sind Sätze, das heißt Urteile, wahr. Damit wird die Logik inhaltlich gedeutet; sie ist eine Seinslogik und keine Formallogik. Ob es Systeme von Sprachformen geben könne, für die Objektsysteme überhaupt nicht existieren, ist für sie eine müßige, ja unmögliche Frage.

Immerhin räumt sie ein, daß es vernunftwidrige Schlüsse gibt, die den Anschein von Realität vorspiegeln. Dieser Bereich des Paralogischen ist für sie rein fiktiv; sie begnügt sich damit, seine Fehlerhaftigkeit aufzudecken; für sein Zustandekommen ist nicht sie, sondern die Psychologie zuständig.

Fehlerhaftes Sprechen beruht demnach auf seelischer Realität. Schon Quintilian hat in diesem Zusammenhang von »krankhaften, ungesunden Bildern« gesprochen, die aus unzulässiger, sich der Urteilskraft entziehender Einbildung hervorgehen. Umgekehrt vermag alogischer Gebrauch der Sprache willentlich alogische Realität zu provozieren; die Wahrheit solcher Sprache liegt dann nicht in der Übereinstimmung mit objektivem Sein sondern in der Abweichung von ihm. Wird die Übereinstimmung vom allgemeinen Bewußtsein zur natürlichen statuiert – woraus folgt, daß es sich bei dieser vermeintlichen Natur um eine gesellschaftliche Konvention handelt, die Ordnung verbürgen soll – so gilt die Abweichung als künstlich und die ihr entsprechende Wirklichkeit, das Reich der Phantasie, als bloßer Schein. Entmündigt werden durch diese Unverbindlichkeitserklärung jene Ausschweifungen vom geordneten Sein, die dem Menschen nur durch die Unterhaltsamkeiten der Poesie gestattet werden sollen: Traum, Trieb und Wahn mitsamt ihrer rauschhaften Energie. Doch gerade die poetische Rhetorik, die zwecks Besänftigung unleugbarer Schattenmächte zum Genuß »ohne Hindernis des Wahren« anleiten soll, verführt insgeheim zu einem viel folgenschwereren Aufstand, als es die zeitweilige Erholung von der Ordnung wahrhaben will. Zunächst einmal zeigt sie, daß normiertes Sein durch Sprache wenn nicht aufgehoben, so doch überschritten werden kann, daß Sein von Sprechen bedingt wird; dann weitergehend, daß durch irregulären Gebrauch von Sprache ein Sein zutagetritt, das sonst im Unbewußten schläft.

Darin besteht die durch den Gegensatz von Mimesis und Phantasiai nur oberflächenhaft gekennzeichnete Wende, die der Manierismus in der Tat vollzieht: Obgleich intellektualistisch aufgefaßt und gebraucht, ist seine Rhetorik der erste konsequente Versuch einer Umformung des durch regulären Sprachgebrauch objektivierten und damit von der Psyche abgespaltenen Seins.

Im Dienst der *agudeza* kürt diese Rhetorik vornehmlich jene Redefiguren zu Concetti, die als Ausdrucksschemata irregulären Denkens, Fühlens oder Verhaltens gleichsam Hohlformen für Triebfigurationen liefern. Hyperbel, Ellipse, Katachrese, Synekdoche, Zeugma und andere mehr – sie alle stammen aus vernunftwidrigem, doch nicht unvernünftigem Sprachgebaren, das mittels rhetorischer Provokationen Triebschichten heraufbeschwört und sie, mit Bildern besetzt, die der verordneten Natürlichkeit zuwiderlaufen, in dem Maße ausdrucksfähig macht, in dem es sie konventionalisiert. Dieser paradoxe Vorgang entfesselt Überraschung, Verblüffung, denn was kraft Erfindung an äußrer Korrespondenz die Phantasie erregt, offenbart ihren Ursprung, die Arbeit des Unbewußten. Nichts andres ist der seelische Auftrag jener bildgeladnen Redefiguren, als daß sie mit Sprache versöhnen, was sie an Triebhaftem bewußtmachen; ihre Gewaltsamkeit steht nicht von ungefähr zuweilen dem Komischen nahe, weil durch Kunst beglichen, was künstlich beschworen wird. Indem die Sprache ihre Formen übertreibt oder verkürzt, vermengt, vertauscht oder doppeldeutig gebraucht, tut sie's mit Signifikanz und psychischer Ladung, deren Wert zwischen Unendlich und Null oszillieren kann; so droht ihr das eigne Pathos mit Lächerlichkeit. Der tautologischen Gefahr einer Technik, die durch Sprache entschärft, was sie durch Sprache herausfordert, ist nur durch Gefährdung des Ichs zu entgehen, durch seine Spiegelung und Brechung im Text, wodurch er, Donne und Marvell bezeugen es, subjektiv und zum Ausgleich mit Humor eingefärbt wird. Aber auch ohne ihn bedeutet das Zusammenwirken von grammatischer und metaphorischer Figur einen Kompromiß; das Concetto, worin es gipfelt, bürgt mit seiner Pointe für den erlebten Widerspruch von Sprache und Sein, indem es formale und semantische Bezüge in ihr zum Austrag bringt. So beispielhaft im Schlußsatz jenes Sonetts, mit dem Marino den Maler seines Bildnisses ermahnt: »Ma, se tu vuoi / farla viva parer, non le dar vita!«* Der Scheintod des Lebens

* »Doch soll es leben, / so darfst du ihm Lebendigkeit nicht geben.« (Übersetzt von Edward Jaime)

zeugt hier das Scheinleben der Kunst, und im Scheitel des artistischen Übergangs zu solcher Transzendenz steht, Schluß- wie Grabstein, die Pointe. Sie gehört deshalb unabdingbar zum Concetto; mehr oder minder reflektiert, entlädt sich in ihr jener fundamentale Widerspruch, im Geiste nur, der die Trauer mit einem Freudenfeuerwerk überstrahlt. Das plötzliche Erkennen der Unvereinbarkeit, eben noch Lust, weil es im Wortspiel geschah, befremdet mit Leere; die Geistesschärfe fördert Schwermut zutage. Das vernünftig Beschworene rächt sich am Schein, der es bannt; die Sprache gewordene Phantasie behält zwar sein Bild, nicht seinen Impuls; dies Kunststück entlarven die Triebspannungen, indem sie ihre motorische Teilhabe an ihm widerlegen durch mangelnden Widerhall im Leser oder Hörer; sie bleiben unübertragbar, sie stecken nicht an. Seiner Geburt nach intellektuell, wirkt das Concetto auch nur auf den Intellekt; was sich ihm aber entzieht und ihn gerade deshalb aufreizt zum Spiel, verleiht dem Concetto erst Überzeugungskraft; seine paralogische Schlüssigkeit, die aus der Implikation von Vernunft und Psyche herrührt, bedeutet deren forcierte sprachliche Kommunikation. Figur also ist das Wesen des Concettos, eine teils logische, teils psychische, die aus ihrem Widerspruch in sich selbst lebt und jenen existentiellen widerspiegelnd zu überwinden sucht, wobei die im künstlichen Streit aufeinanderprallenden Energien von Urteils- und Erfindungskraft im *stupore* abbrennen.

## *Bildtrieb und Triebbild*

Ganz Artefakt zu sein, gelingt der widersprüchlichen Schönheit des Concettos am verblüffendsten in der Oppositionsmetapher, der Figur aller Figuren, deren inkohärenter, bei größter Schärfe widersinniger Sachzwang auf sprachlicher Ebene zusammennötigt, was auf psychischer auseinanderstrebt. Neuigkeit durch Verkehrung des Natürlichen, Normalen verrückt den semantischen Bezug ins Innere, entwirklicht das Bezeichnete und gibt ihm Tiefenwirkung; der Artefakt ist Wunsch- oder Schreckbild, herausgestellt als Projektion triebhafter Phantasie, als Sprachgegenstand mehr seelischer als sachlicher Bedeutung. Folgerichtig am meisten dort, wo innere Erfahrung sich der nach außen gerichteten Bezeichnungskraft der Sprache anvertrauen muß, um sich zu artikulieren, und deshalb Gefahr läuft, sich selbst zu veräußern: im Glauben, in der Liebe, in der Todeserfahrung, wenn sie in Dichtung umschlagen. Die Blasphemie des Gedichts ist die Verbildlichung solcher inneren Erfahrung, die erfassen möchte, statt zu reden, und aus der Unmöglichkeit sprachloser Bemächtigung sich in Kunst übersetzt, die ihr als Schein gewährt, was sie ihr an Wirklichkeit entzieht. Andrerseits, was ist sie außerhalb von Sprache? Nur als Bildtrieb lebt sie, und der ist Triebbild. Wenn Tasso das Concetto ein »inneres Sprechen« nennt, auf der Grenzscheide stehend zwischen dessen platonischer und psychologischer Auffassung, kennzeichnet er es als Zwitter von Sein und Werden; im Bild kommt das Treibende zum Stillstand, scheinbar, denn nun wird das Bild zum Getriebenen. Die Sprache des Concettos tritt, wie die Kaskade, auf der Stelle; ihr Fluß ist zur Arabeske erstarrt. Zwar beschreibt die Sprache ein Bild, aber das Bild bleibt stets Sprache. Indem es, kraft rhetorischer Maßnahmen, fortwährend die Signifikanz mit der psychischen Ladung rückkoppelt, verhindert es Objektivität, zerstört es das Draußen, während der psychische Antrieb umgekehrt sich der verinnerlichten Bedeutung bemächtigt, im Kurzschluß gleichsam, wodurch das Bild zum Effekt gerät. Doch was es an Bedeutung verschluckt, schwellt es mit Bewandtnis; gerade dies lehrt die Oppositionsmetapher. In Hofmannswaldaus »Der Schultern warmer Schnee wird werden kalter Sand« erfüllt das Oxymoron den ganzen Vers noch über den im Sonett-Titel *Die Vergänglichkeit der Schönheit* gegebenen Sinn hinaus mit geheimer Bewandtnis: angesichts ihres künftigen Todes wird gegenwärtige Schönheit als mortifizierte genossen. In Lohensteins *Rede der sich, um die bösen Lüste zu fliehen, mit einem glühenden Brande tötenden Maria Coronelia* stehen die beiden Oxymora des Schlußverses »Mit Glut die Flamm auslösch und durchs Geburtsglied sterbe« gleichfalls im Dienst solcher Ambivalenz, sie verkörpern die Triebfigur gegen sich selbst gerichteter Haßliebe, die in einer konsequenten Verkehrung der Wollust in Selbstmordlust endet. Im *Narziß* entwickelt er die Inversion sogar zu einer dialektischen Gedankenkette; Todeswasser wird zu Lebenswasser. Auch bei Marino finden sich Beispiele für ein Zusammenwirken von Eros und Thanatos zur Triebfigur, die im Triebbild Ausdruck findet, so in dem Madrigal *Salome mit dem Haupt des Täufers*, dessen abschließendes Concetto den Sachverhalt scheinheilig zur Sentenz umbildet, so in *Venus entkleidet sich vor Mars*, wo die polare Spannung von Lust am Sehen und Gesehenwerden dreifach gebrochen wird: im Verhältnis von Venus und Mars, Maler und Modell, Betrachter und Bild.

Die Beispielreihe wäre fortzusetzen und führte zu einem Komplex von Triebbildern, vergleichbar denjenigen, die Aby Warburg für die Kunstgeschichte mit dem glücklichen Ausdruck Pathosformeln genannt hat; festzuhalten bleibt, daß die Opposition der Strebungen oft genug schon in der Triebfigur selber steckt und von der rhetorischen Figur nur repräsentiert wird. In eins gesehen, als Triebbild, meldet das künstliche Schicksal so das natürliche, nun aber nicht mehr im theologischen Verstand erfahrene. In der Kunstübung spricht sich die Schicksalserfahrung aus, als motivierte Sprache. Daher auch das Auftauchen von Humor, wenn deren Spannungen unlösbar scheinen. Im *Zwiegespräch zwischen Seele und Körper* schwärzt dieser seine Widersacherin an, daß sie es gewesen sei, die ihn so vortrefflich zur Sünde geschaffen habe, und in einem witzigen Concetto läßt Marvell ihn klagen: »And, wanting where its spite to try, / has made me live to let me die.«* Das ist dieselbe Erfahrung, wie sie in jenem Sonett Marinos sich ausspricht, nur ins Verspielte gewendet. Überhaupt gehört Humor zu der dem Concetto eigenen, von ihm aus den ganzen poetischen Text durchgreifenden Sensibilität, die sich aus der Zweideutigkeit von Bildtrieb und Triebbild entwickelt. Die Ambivalenzen und Wiederholungszwänge, der Drang zum Umschweifen und Wuchern, der Hang zur trugschlüssigen Etymologie, wie sie in Zeugma und Anapher, in der Periphrase und der Paronomasie wirken, sind durch den bloßen

* »Recht boshaft aus auf mein Verderb, / gab Leben mir, nur daß ich sterb.« (Übersetzt von Werner Vordtriede)

Kontrast zu diesen ihren rhetorischen Hülsen dem Pathos wie der Komik gleich nahe. Während sie in der Umgangssprache meist Hinweise auf verdeckte Zwänge sind, also auf Schicksal deuten, trennt der Übertritt ins Reich des Scheins die rhetorische Figur von ihrer Legitimation. Der Eindruck von Vernünftigkeit und Manie, den solche manieristische Poesie oft vermittelt, rührt daher, daß die in sich geschlossene poetische Welt durch Verdrängung der objektiven eine Freiheit vortäuscht, die von versteckten Zwängen lebt. Wie Umspringbilder verborgene Figuren als Negativformen beherbergen, wird sie stets von der unbewußt gehaltnen Objektivität bedroht, die, wenn sie durch Wiedererkennen mit einem Male hervorbricht, die Phantasiewelt als Kulisse entlarvt. Das poetische Bewußtsein balanciert auf dem Grat zwischen zwei Welten. Zurecht ruft Góngora aus: »Großer Jammer, daß so viel Schönheit nicht auch Wahrheit ist!«

## *Manierismus und Moderne*

Zu erinnern wäre in diesem Zusammenhang, daß Thomas von Aquino der Kunst einen durchaus aristotelischen Platz im christlichen Ordo anwies, als er definierte, Schönheit sei der Glanz der Wahrheit. Daß die Sprachformen ihre Schönheit von den Seinsformen beziehen, die kraft göttlicher Ordnung wahr, ontologisch wahr sind, – wie weit hat sich Góngora aus dieser Bindung gelöst. Seine wie Marinos Formel deckt mit ihrer Paradoxie eine Geistesverfassung, die sich selbst aufhebt, und legitimiert sich zugleich als deren ästhetische Transzendenz; so gründet die Pararhetorik ihr Recht zu leben auf die Unmöglichkeit des Lebens selbst. Die Sprache hebt in dem Maße ein Eigenleben an, in dem ihr Gebrauch nicht mehr dem objektivierten Sein gilt. Die Pararhetorik ist ein Symptom für die Umwandlung der seinsgebundenen Logik in eine aus der Sprache lebende; wenn sie vornehmlich die Poesie, die Sprache als Kunst, durchwirkt, so weil dieser praxisfreie Raum unmittelbar in den seelischen übergeht. Die bewußte Zurücknahme der Bezeichnungskraft zugunsten selbstherrlicher Formulierungskunst bedeutet mit der Vorherrschaft der syntaktischen Wahrheit über die semantische auch die der Psyche über das Sein, wodurch die Sprache eigenmächtig Seinsqualität erlangt und nicht länger mimetisch handelt. In doppeltem Bezug wird Sprache problematisch: einmal zum Sein, zum andern für sich selbst. Ersterer zielt auf Ordnung als Inbegriff des Seins, der sich die problematische Sprache widersetzt, ohne sich ihr gänzlich entziehen zu können. Wird Ordnung als Norm erachtet, zur metaphysischen Unveränderlichkeit entrückt und somit als »natürlich« empfunden, reflektiert sie nun die menschlichen Beziehungen auf sie, mithin Subjektivität, Wandelbarkeit und Kultur. Ordnung ist absolut, statisch und regelmäßig; die problematische Sprache bezogen, dynamisch und irregulär. Als solche wird Sprache problematisch, weil sie im »widernatürlichen« Aufruhr gegen geordnetes Sein ihre unbotmäßigen Formen auszuleben beginnt, weil sie die triebhaften Phantasien in Formen übersetzt, die sie selbst zu sprengen drohen. Daß die Initialkraft der Sprache, ihre Fähigkeit zu assoziieren, in eigenmächtiger Bildlogik und Rhetorik sich von der Vernünftigkeit des Seins zu entfernen, dem Werden überantwortet, der Zeit statt der Ewigkeit, daß sie das gestiftete Sein unterminiert, damit aber den Menschen als Geschöpf, um ihn sich selber auszuliefern, – darin meldet sich ohne Zweifel ein progressiver anthropologischer Impuls. Auch ist nicht zu verkennen, daß bei den manieristischen Traktatisten, als ästhetische Technik, anthropologische Methodik im Keim angelegt ist; doch sind wir noch weit entfernt von der Intuition eines Novalis, wonach Rhetorik »die angewandte oder psychologische Dynamik und die angewandte, spezielle Menschenlehre in sich begreift«. Davon trennt die Manieristen ihre technokratische Sprachauffassung, ihr Glaube an die Verwaltbarkeit des sprachlichen Impulses und seine Bannung in vernünftige Kunstgebilde, kurzum ihre Artistik. Bei aller Nutzung der sprachlichen Initialkraft bleibt bei ihnen die Herrschaft des Geistes über die Sprache ungebrochen, besteht die alte Hierarchie fort, derzufolge die Sprache Mittel und Ausdruck des Geistes zu sein hat. Sie stehen noch vor der kopernikanischen Wende der Dichtung, die Hölderlin vollzog und die in einem Satz zum Ausdruck kommt, den Bettina überliefert hat: »Die Sprache bilde alles Denken, denn sie sei größer als der Menschengeist, der sei ein Sklave nur der Sprache, und solange sei der Geist im Menschen noch nicht der vollkommene, als die Sprache ihn nicht alleinig hervorrufe.«

Demgegenüber entspringt der Versuch der manieristischen Kulturideologie, gerade anthropologisch progressive Strebungen moderner Poesie, wie etwa den Surrealismus, als Sparte sich einzugemeinden, dem unbewußt gehaltenen Zwang nach Abwehr ihres Selbst-verändernden Impulses, der auf Durchbrechung, Überflügelung oder Unterwanderung der Herrschaft jeglicher Konvention, flagrant als Sprache, mittels totaler, das heißt poetischer Sprache zielt. Dieser Impuls gehorcht nicht dem Geist, sondern entspringt als Überschreitung schlechthin dem Trieb; dadurch ist moderne Poesie revolutionär – anthropologisch revolutionär. Indem sie das Prinzip Herrschaft im Namen jener nach gestaltendem Leben verlangenden Triebfigurationen bestreitet, durch die wir sogar gegen unseren Willen, sogar wenn sich unsre gesellschaftliche Organisation gegen sie stemmt, statt sich ihnen anzuvertrauen, mit Kosmos wie Chaos verbunden bleiben, überschreitet sie die Konvention des homo sapiens. Unnötig zu sagen, daß diese Gebärde, die Sprachtrieb wie Triebsprache in eins ist, mit dem Geist jene Vergleiche schließen muß, die man Gedichte nennt; aber allein das tätige oder theoretische Verständnis ihrer Dialektik von Energie und Form entscheidet über das Verhalten zur modernen Poesie. Tätig, im Sinne von Täter, wäre ihre Rückübersetzung ins Leben des einzelnen wie der Gesellschaft, theoretisch ihre bloße Beschreibung.

Der Prozeß solchen Beschreibens, der nicht objektiv sein kann, sondern psychischer Tendenz untersteht, führt zwar ebenfalls zum Menschen, aber nur als einer Fiktion; den symbolischen, den Kunstformen wird ein Wesen untergeschoben, der manieristische Mensch oder Menschentypus. Ein solcher Vorgang hat sich wiederholt abgespielt und inzwischen entlarvte Gespenster wie den barocken oder den Renaissancemenschen hervorgebracht; neu an ihm ist, daß er diesmal die ganze abendländische Geschichte statt nur eine Epoche betrifft, was darauf hindeuten könnte, daß in Entsprechung zum politischen Europa-Mythos das bürgerliche Kulturverständnis, das stets Selbstverständnis war, in der manieristischen Kulturideologie seinen Gipfel und Endpunkt erreicht hat. Bemerkenswerterweise beansprucht das Geisterwesen im Gegensatz zu seinen Vorfahren gegenwärtiges Dasein, weil es statt aus zwar ungerechtfertigter Selbstbestätigung aus sich rechtfertigender Selbstentschuldigung hervorgegangen ist; diese schlüssige Zweideutigkeit beinhalten Verdrängung und Wiederkehr. Zum sistierbaren Ausdruck gelangt sie im manieristischen Vokabular, im Idiom des sogenannten manieristischen Menschen, der als erschlossener Urheber der ihn bedeutenden Symbolformen lediglich *verbale Existenz* besitzt, eine Antinomie, die auf den Widerspruch von Sprache und Sein weist. Sie lehrt, daß dieses Substrat selbst eine Aussage ist, deren objektive Realität lediglich eine Projektion darstellt. Der manieristische Mensch ist nicht der Vorläufer des modernen Menschen, er ist sein Nachbild in der verinnerlichten Geschichte.

Die manieristische Wortwelt, ihre schillernde, vieldeutige Aura, ihr Synkretismus aus Ästhetik und Psychologie, ihre emotionale, hochgeputschte Begrifflichkeit, der es mehr auf Erzeugung geistiger Schwingungen, geistiger Stimmungen ankommt als auf exakte Bezeichnung, ihr beschwörender, absichtsvolle Dunkelheit verbreitender Lyrismus, ihre intellektuelle Lustbetontheit, die sich narzißtisch-kokett am eignen Zeremoniell berauscht, ihr gestischer Prunk, der Geheimnis und Gefahr ausjongliert, kurzum ihr *Reizwert* zeigt zur Genüge, daß sie ein Sublimat ist; wieviel mehr aber ihre mechanistische, jeder Dialektik unfähige Dynamik, dies starre, zwanghafte Kreisen in sich selbst, dieses bloße Verschieben und Austauschen von Begriffen, dies Hin und Her ohne Perspektive. Man würde dieser Wortwelt in die Falle gehen, bezöge man sie einseitig auf die gemeinte geschichtliche Wirklichkeit, nur weil sie in ihr vorkommt; entgegen aller möglichen Kritik, die sie trotz Wenn und Aber für objektiv nähme, gilt es ihren Aussagewert zu ermitteln, indem psychische Ladung und Signifikanz nicht voneinander getrennt werden. Ihre Euphemismen ergeben erst dann Sinn, wenn man sie mit ihren Ergänzungsbildern vergleicht, jenem Sammelsurium „negativer Kategorien«, welche die Impulse moderner Poesie verdunkeln.

In einem der gewissenhaftesten Bücher, die sich um Aufhellung moderner Dichtung bemühen, Hugo Friedrichs *Die Struktur der modernen Lyrik* (1956), heißt es: »Das Erkennen moderner Lyrik steht vor der Aufgabe, Kategorien zu suchen, mit denen sie zu beschreiben ist. Man kann der Tatsache nicht ausweichen, und die gesamte Kritik bestätigt es, daß sich vorwiegend negative Kategorien einstellen. Entscheidend ist allerdings, daß sie nicht abwertend, sondern definitorisch angewendet werden.« Von welchem Standpunkt da verneinend beschrieben wird, ergibt sich mit Deutlichkeit: »Ohne Rücksicht auf geschichtliche Verhältnisse setzen wir als normal diejenige Seelen- und Bewußtseinslage an, die etwa einen Text von Goethe oder auch von Hofmannsthal zu verstehen vermag. Dies gestattet, um so deutlicher diejenigen Erscheinungen zeitgenössischer Lyrik zu erkennen, die so weit von einem Dichten in der Art der Genannten abweichen, daß sie als abnorm bezeichnet werden müssen. ›Abnorm‹ ist kein Werturteil und heißt nicht ›entartet‹; das kann nicht kräftig genug unterstrichen werden.« Hier spricht unüberhörbar die Klassik als literarische Instanz des Bildungsbürgertums, und es ist nicht verwunderlich, daß sie nur negative Kategorien für die moderne Dichtung findet. Selbstverständlich haben sie mit Wissenschaft nichts zu tun, dafür um so mehr mit kulturkritischen Schlagworten, die folgendermaßen lauten: »Abnormität – ruinöses Christentum – leere Transzendenz – Enthumanisierung – zerstörte Realität – inkongruenter Stil«. Alle diese Pseudobegriffe haben eine Abwehrtendenz gemein, die klar hervortritt, wenn man das Verneinte in sein Gegenteil verkehrt. Die Reihe lautet dann: Norm – heiles Christentum – Gottgläubigkeit – Humanität – Geborgenheit – sprachliche Kontinuität; eine Reihe idealistischer Glaubensartikel also, die nur verkappt auftreten und nicht abwerten wollen, es objektiv aber tun, weil sie von einer Wertbasis ausgehen und deduktiv über jene moderne Dichtung befinden, deren anthropologische Erfahrung sich gerade gegen solche Basis richtet. Wichtiger ist in diesem Zusammenhang, daß diese negative Begrifflichkeit abgewandelt in der manieristischen Kulturideologie wiederauftaucht. Für »leere Transzendenz« steht dann, etwa bei Hocke, »deus absconditus«, für »zerstörte Realität« »Deformation bzw. Desorientierung«, für »inkongruenter Stil« »Stil-Verwirrung« usw. Was beider Vokabular verrätselt, ist der Zusammenhang zwischen Impuls und Schock, ist einunddieselbe Abwehrreaktion auf den Anstoß moderner Poesie zur Selbst-Veränderung, der sich mittels sprachlicher Triebgebärden überträgt und, zwar empfangen doch abgedrängt, nun zu jener Terminologie wird, die den Impuls zum Schock umfälscht.

## *Statt eines Fazits*

Wer als Einleitung zu dieser ersten und infolge sparsam vorhandener Übersetzungen recht unvollständigen Anthologie manieristischer Lyrik* Einstimmung und Unterrichtung erwartet hatte, sieht sich enttäuscht. Wir sind nicht den von der Manierismus-Forschung angelegten Weg gegangen, haben ihren Gegenstand nicht für objektiv genommen, sondern als Form eines ganz bestimmten Kulturverständnisses zu begreifen versucht. So mag es scheinen, Kritik an der manieristischen Kulturideologie sei unser eigentliches Vorhaben gewesen; aber was wir anstreben, anthropologischen Zugang zur Dichtung jener Zeit, läßt sich nicht außerhalb solcher Kritik vollziehen. Die für eine Kulturideologie bezeichnende Verschränkung von Gegenstand und Darstellung galt es aufzulösen, und dies war nur zu erreichen durch Aufdeckung ihrer unbewußten Tendenz, durch Demonstration gewisser geschichtlicher Entwicklungslinien der poetischen Sprache bei gleichzeitiger Einsicht, wie sie *in* und *durch* diese Kulturideologie umgebildet worden sind. Andrerseits ist es gerade das kulturideologische Moment, das den Manierismus in seiner derzeitigen Auffassung überwinden hilft, weil es, auf seine Tendenz zurückgeführt und als solche in die Geschichte zurückverfolgt, deren vorwärtstreibenden Impulse in symbolischer

* Der vorliegende Text diente, leicht abgeändert, als Vorwort zu: »Beispiele manieristischer Lyrik.« Hrsg. von Gerd Henniger (dtv Sonderreihe 82). München 1970

Übersetzung sichtbar macht. Dazu bedarf es einer Perspektive: jener Wirkungsgemeinschaft gesellschaftlicher und künstlerischer Triebkräfte, die wir anthropologischen Impuls nannten. Ihn verdanken wir der modernen Poesie. Nicht der artistischen, die ungewollt, doch nicht unbegründet bei der Geburt der manieristischen Kulturideologie Pate gestanden hat, sondern jener leidenschaftlich auf Veränderung des Menschen bedachten, die unsre Träume entwirft. Finden wir von ihr aus jenen erstrebten Zugang zu manieristischer Dichtung? Sicherlich nicht, indem wir uns in ihr wiedererkennen, oder höchstens als solche, die wir in einem geschichtlichen Sinne einst waren. In ihrem Pathos, *zum* Werk erstarrt, spüren wir Kräfte, die in uns *am* Werke sind; um ihres Lebens, ihrer Freiheit willen muß Ahnung die labyrinthische Zeit in die Zukunft münden lassen durch progressives Erinnern.

# Der blinde Fleck

## Sade und Nietzsche

I

Vergleichen? Wer zwei Feuersteine aneinanderschlägt, dem geht's um den Funken. Zuvor jedoch eine Frage, eine beschämende für uns alle: Wie kommt es, daß Sade keine Stelle angewiesen worden ist in unserm Denken, obwohl seine Werke seit Jahren unter uns sind? Woher rührt die Ignoranz gegenüber einem Werk, dem man sogar seine Ehre abschneidet, den Skandal? Warum überantwortet man es der gefallenen Literatur und unternimmt nicht einmal den Versuch, es humanistisch einzugemeinden? Warum, mit einem Wort, stellt man sich immun?

Denn wenn die Übertragung Sades ins Deutsche einen Sinn haben könnte, dann doch wohl den: durch ein künstliches Fieber unsre Literatur, will sagen die Menschen, die sie machen und lesen, zur Klarsicht gegenüber der Dynamik jener Phänomene des Trieblebens zu führen, die zu Unrecht zwar, doch beispielhaft mit dem Namen Sade verbunden werden. Und das um so mehr, als der Erreger, den unsre Literatur selbst hervorbrachte – wahrscheinlich, weil sie seiner bedurfte; beruhte doch ihre Mediokrität im neunzehnten Jahrhundert auf der Verkennung der Dialektik von Trieb und Vernunft –, sich infolge eben dieses Mangels als zu schwach erwies, ein solches Fieber in ihr zu entfachen, so daß sie auf *zeremonielle* Weise hätte begehen können, was nun, unbewältigt, ausbrach in der Wirklichkeit. Oder vielmehr, indem Nietzsches Philosophie den Zusammenhang zwischen ihrem Antrieb und seinem Widerpart verdunkelte, weil sie deren Wechselwirkung nicht sah, ging sie sich selbst in die Falle und reaktivierte, ungewollt, den *Fehler* im Denken und Dichten der Deutschen, einen Fehler im ursprünglichen Wortsinn, den zu aktualisieren, nicht aber zu beheben, sie bestallt war.

Dieser Fehler lag und liegt noch immer im mangelhaften, um es offen zu sagen, unverbindlichen Begreifen der Aufklärung. Daß Atheismus keine bloße Weltanschauung sei, sondern das

Grundgesetz einer neuen Menschenwelt, daß der Sieg der Vernunft nicht etwa deren Triumph, sondern ihre Degradierung zu instrumentellem Gebrauch darstelle und das Vakuum an fiktionsgebundener Vernunft eine materielle Wahrheit einsaugen müsse, damit das All auf andre Weise voll sei wie zuvor, daß Energie diese Wahrheit sei und Lust unsre Teilhabe an ihr, dies erkannte, nein verkörperte Sade – in Deutschland keiner. Konsequenterweise reduzierte er das Denken auf seinen Vollzug, schaffte er das Ergebnis ab, reinigte er es von allen Implikationen mit der Ontologie, zum Beispiel vom Satz der Identität und damit vom substantiellen Wahn, relativierte er das Denken nach außen, in bezug auf seine vermeintlichen Gegenstände, und nach innen, indem er es in ständige Relation setzte zur Energie, zur Lust. Sade erkannte als erster die reine Dialektik von Trieb und Vernunft, rein, insofern sie für ihn auf nichts zielt als auf sich selbst, und er definierte den Menschen als ihren materiellen Träger. Diese Dialektik besagt, daß der Trieb zwar von der fiktionsgebundenen Vernunft immer mehr unterjocht wird, daß aber durch seine fortschreitende Komprimierung einerseits und die wachsende Ausdehnung der Vernunft andrerseits, die zu ihrer vollen Souveränität, das heißt aber zu jener Fiktions*leere* führt, die sich selbst als freiheitliches Bewußtsein begreift, zwangsläufig ein Punkt erreicht werden muß, an dem die repressive Funktion der Vernunft umschlägt in eine triebfreisetzende. Sades Werk als Ganzes ist gleichsam die spiegelverkehrte Symptomschrift eines neuen anthropologischen Entwurfs. Wenn seine Ankläger, um dieser unumgänglichen anthropologischen Alternative ausweichen zu können, immer nur an die spiegelverkehrten Symptome sich klammern, »das Böse« bzw. »die Perversität«, so bestätigen sie damit Sades Unmißverständlichkeit ebenso wie seine Verteidiger, die nach »richtiger« Entzifferung der Symptome durch deren Spiegelung im Bewußtsein streben. Es ist gerade diese Unmißverständlichkeit, die Sades Fortwirken über Generationen hinweg so rasant macht, die es verhindert, daß die Gesellschaft, bislang jede Gesellschaft, ihn zu entschärfen vermag.

Als Nietzsche, fast hundert Jahre später, zu vergleichbaren Erkenntnisansätzen gelangt, ergeben sie sich für ihn nicht aus einer *direkten* Psychologie des Menschen, sondern *mittelbar,* durch Deutung der griechischen Kunst einerseits und Kritik der christlichen Moralität andrerseits. Beide Teilbewegungen seines Denkens kommen einander entgegen und gipfeln in der Antithetik von Instinkt und Bewußtsein, die bezeichnenderweise einer dialektischen Verknüpfung nur in der Versagung fähig sind, nämlich in der Umfälschung des nach innen gewendeten Instinkts in schlechtes Gewissen. Was Nietzsches Denken, verglichen mit Sade, durch diese einseitige Orientierung an Subtilität für die Moralanalyse gewinnt, verliert es an Eindeutigkeit und damit an Rasanz hinsichtlich der Stoßrichtung dessen, dem es zum Durchbruch verhelfen möchte. In triebfreisetzender Hinsicht erweist sich die Nietzschesche Antithetik als unfähig; Bewußtsein bzw. Vernunft werden nur repressiv gesehen, sie sind Feinde des Instinkts, steigern ihn nicht, lassen ihn blind. Das liegt natürlich an der unzureichenden Formulierung des Instinkt-Begriffs selbst, der, von der Psyche aus gesehen, schon viel zu sehr dem Überbau der Realität verhaftet ist, als daß er aufrichtig meinte, was er sagen will: Sexualtrieb, der Lust gegen Realität setzt. Denn was Nietzsche unter Instinkt versteht – Grausamkeit, Feindschaft, Lust an Verfolgung und Zerstörung –, führt er auf eine ursprünglich aristokratisch-freiheitliche Verfassung des Menschengeschlechts zurück, nicht aber, wie Sade, auf die menschliche Sexualverfassung. Die Antithese Instinkt – Bewußtsein ist keine echte, weil der so verstandene Instinkt bereits Bewußtsein impliziert; dies erklärt auch, warum sie einer repressiven Dialektik und keiner triebfreisetzenden fähig ist. Fragen wir uns nach dem Grund für diesen Mangel, so finden wir ihn im *theoretischen* Ansatz, der Handeln und Denken voneinander trennt und somit Gefahr läuft, die sexuellen Fundamente des Instinkt-Begriffs zu verkennen und statt ihrer eine historische Konstruktion unterzuschieben, die für den bürgerlichen Moralkritiker in zweierlei Hinsicht kennzeichnend ist: die ersehnte freiheitliche Instinktwelt ist vergangen, also unwiederbringlich, und wird deshalb als Wunschgebilde in die Zukunft projiziert; das heißt aber, daß sie eigentlich gefürchtet und deshalb verdrängt wird, damit das Ich sie nicht selbst zu verwirklichen braucht. Dem Über-Ich, das den

Instinkt unterdrückt, entspricht die Kompensation des Übermenschen, der den Instinkt befreien soll. Nichts zeigt dies klarer als die Aura, die bei Nietzsche den Instinkt umgibt und ihn heiligt, unzugänglich macht. Begründet zwar wiederum historisch, unter Berufung auf die Dionysos-Mysterien, ist ihr Motiv vielmehr Darstellung des Instinkts statt Durchsetzung. So findet sie ihren höchsten Ausdruck als Kunst. Aber als Kunst der Versagung. Die Apostrophe an Lust und Ewigkeit im Gedicht verinnerlicht, was zum Opfer gebracht wurde, Orgasmus ohne Zeit und Maß. Und mit ihm die Möglichkeit atheistischer Transzendenz, die, ihres Ursprungs menschlicher Erfahrung beraubt, in blinden Schein sich flüchtet, artistische Kunst.

Tiefere Folgerichtigkeit, als bislang postuliert, hat Nietzsches Wirkung gezeitigt, anthropologische; doch eben in repressivem Sinne. Der Schicksalsfehler, der blinde Fleck, breitete sich von der bürgerlichen Mitte aus nach rechts und links. Weil er geteilt wurde, wurde er übersehen. Und weil er übersehen wurde, klammerte man sich an die im Gesamtzusammenhang miteinander unvereinbaren Aussagen, beugte sie zum »Sinn« seiner Philosophie oder beließ sie in ihrem »existentiellen Widerspruch«, statt sie zu nehmen für das, was sie sind: Symptome, deren Sinn allein manifest wird durch Auflösung des Widerspruchs zwischen Text und Existenz. Eine Philosophie, die nicht auf Erkenntnis abzielt oder nur insofern, als diese umschlagen soll in neues Sein, darf rechtens befragt werden, aus welchem Sein sie ihre Erkenntnis ziehe. Doch gehört es zum Mechanismus der Versagung, die Selbstbefragung als Zeichen der Gebrochenheit von sich zu weisen, sich selbst die Aura zu spenden, die vor dem bösen Blick der Selbsterkenntnis schützen soll: »Wir Psychologen der Zukunft – wir haben wenig guten Willen zur Selbstbeobachtung: wir nehmen es fast als ein Zeichen von Entartung, wenn ein Instrument ›sich selbst zu erkennen‹ sucht: wir sind Instrumente der Erkenntnis und möchten die ganze Naivität und Präzision eines Instrumentes haben –, folglich dürfen wir uns selbst nicht analysieren, nicht ›kennen‹.« Aber gerade die *Übertretung des Gebotes* einer akademischen Trennung von quaestio facti und quaestio juris, gerade das innere Engagement der Erkenntnis hebt die repressive

Funktion der Vernunft auf, macht den Trieb sehend und frei. Die Mißverständlichkeit Nietzsches hinsichtlich seines anthropologischen Entwurfs ist, im Gegensatz zur Unmißverständlichkeit Sades, eine echte, weil seine Erkenntnis ihren Urheber ausspart und ihn nicht selbst verändert. Was Wunder, daß seine Deuter dieselbe Trennung von Mensch und Werk beachteten, aus Takt und Anstand, jener Moralität, die Nietzsche nach außen aufs heftigste bekämpfte; was Wunder, daß sie von Selbst-Verantwortung absahen und außen suchten, was innen nicht zu finden war. Oder daß sie vom Werk auf die Krankheit anrechneten, was tiefer als klinisch begründet liegt. Oder daß sie ganz einfach fasziniert waren von der, vergeblichen, Revolte und ihrem ästhetischen Ausdruck. Wer aber Nietzsche nicht als vergangenes Ereignis sehen will, vielmehr als Entscheidungsfrage, die es noch immer zu beantworten gilt, muß sich an die anthropologische Alternative halten, die er als Phänomen im ganzen aufwirft und die in ihrer Dialektik ohne das Phänomen Sade *in ihrer Stoßrichtung* schwerlich zu begreifen sein wird. Daß Sade in Deutschland zwar zur Kenntnis genommen, doch nicht anerkannt wird, hat seinen Grund: die Alternative, die er gestellt hat, wird aus instinktiver Furcht vor innerem Engagement und seinen Konsequenzen überspielt. So wie Nietzsche sie überspielt hat. So wie jene sie überspielen, die die Welt verändern wollen, ohne den Menschen wesenhaft zu verändern. Es geht nicht um Sade, nicht um Nietzsche, es geht um den blinden Fleck und seine Beseitigung.

## II

Um das menschliche Bündnis von Erkenntnis und Verlangen, von Auge und Mund, weiß schon die Bibel, und daß allem Schmerz, aller Sterblichkeit zum Trotz das Verlangen die Erkenntnis sich einverleibt. Von diesem Akt der Selbstbestimmung, der die Augen auftat, von dieser ersten Aufklärung, die aus der Perspektive des Gottes zu Recht Sündenfall hieß, ist's bis zu jener zweiten nur ein Augenblick, von abertausend Jahren freilich, und welche Krankheitsfolgen für Trieb und Vernunft zeitigte die

Tat, einmal in schlechtes Gewissen abgedrängt, anstatt bejaht worden zu sein! Und wirklich hätten der Mensch und sein Weib der *eßbaren* Erkenntnis mehr Vertrauen schenken sollen als jener gebietenden, verbietenden, die als *Schall* in ihre Ohren fuhr; die säkularisierte Vernunft nämlich, rebellischer Nachfahr der göttlichen, leidet noch immer an Wesenlosigkeit, an Immaterialität, während alle Keime einer leibhaftigen Vernunft zu Dämmerdasein und Lächerlichkeit verurteilt sind. Das Verlangen hingegen wurde durch jene erste Selbstverleugnung um seine legitime Nahrung gebracht, organische Erkenntnis, wurde zu triebhafter Blindwütigkeit ausgehungert, als die es schließlich, mit revolutionärer Kraft, genau zu der Weltstunde sich meldete, da die Vernunft im Namen des natürlichen Menschen sich gegen ihren Schöpfer kehrte, symbolisch, im Königsmord.

Ein Denkmodell, gewiß, doch ohne eine solche Konfrontierung von christlichem Mythos und Revolution würde Sades Atheismus als Urheber einer triebfreisetzenden Dialektik ebensowenig verständlich wie die Wiederkehr des antiken Mythos in seiner dionysischen Gestalt bei Nietzsche. Diese Wiederkehr, eine neuerliche Renaissance, ist ja nicht nur Schub des verdrängten Trieblebens wie die vorangegangenen, sondern, in Reaktion auf die Aufklärung, der erste Entwurf eines atheistischen Mythos. In seiner hellsichtigen Wendung zurück zum orgiastischen Gott, der wie sein keusches Gegenbild symbolisch *verzehrt* wird, steckt der Versuch, Lust an die Stelle von Vernunft zu setzen. Diese Rückgängigmachung von Sokrates zum Zwecke der Instinktbefreiung geschieht nun zwar in allen Punkten der Enthemmung, im Wegräumen aller moralischen Hindernisse sehr konsequent und in aktueller Form, das heißt als Gotteskritik; aber sie erreicht ihr Ziel nur in Gestalt eines Kompromisses, eben dieser atheistischen Neufassung des Dionysos-Mythos, die das Wunschbild der Instinktbefreiung mit der Realität der Moralzertrümmerung koppelt. Denn ›in Reaktion auf die Aufklärung‹ heißt auch ganz wörtlich: unter Umgehung ihrer realen Alternativen zur Triebbefreiung, wie Sade sie gesehen hat. Erst durch diese Umgehung gewinnt das Wunschbild seine Faszinationskraft, wird es zum Zwangsbild, dessen Aura verhüllt, was es meint. In Nietzsches atheistischem Mythos, den er selbst repräsentiert, sind Vernunft und Trieb zwei Partner mit unterschiedlichen Schicksalen; die Vernunft verwirklicht sich so exzessiv, daß sie sich nicht bloß gegen ihre eignen Fiktionen, sondern buchstäblich gegen sich selbst richtet bis zur endgültigen Vakanz im Wahnsinn, während der Trieb unterschwellig bleibt und nur übersetzt, nur hinter dionysischer Maske zum Vorschein kommt. Die gottesmörderische Vernunft ist leidenschaftlich, doch findet sie nicht zum Ursprung ihrer Leidenschaft; der Trieb, weil blind, spürt stellvertretende Lust im Bild. Bei Sade weiß die Vernunft, daß sie Gott töten muß, wenn sie den Trieb zu voller Lust befreien will; sie tut es um seinetwillen, sie kehrt ihre Verbotsschilder um in Wegweiser zur Lust. Sades Atheismus kann sich nicht mit Mythos verbünden, weil er auf Selbstverwirklichung des integralen Menschen hier und jetzt besteht, weil jener »konsequente Nihilismus der Tat«, von dem Nietzsche spricht, für ihn unausweichlich ist. Man könnte sagen, daß Sades *tableaux,* in denen sich der Mensch während der Lust befindet und die er selbst entwirft, daß diese lebendigen Kunstwerke des Verbrechens von Natur aus ikonoklastisch seien, weil sie bereits Mythos sind und die menschliche Natur in ihrem ureigensten Zeremoniell feiern. Der dionysische Atheist proklamiert seine Vision als Ausdruck des Instinktlebens, das er im Mythos gestaltet und in der Kunst reproduziert sieht; der Libertin demonstriert den auf Triebschicksale reduzierten Mythos auf physische Weise. Beide beziehen sich, bewußt oder unbewußt, auf den Mythos. So gibt es Stellen im Text, wo ein Sadesches *tableau* die Illustration eines Nietzscheschen Gedankens abgeben könnte, etwa wenn Sade eine Lustverbrecherin und ihre Komplizin, die im Anblick der Untat sich sexueller Ausschweifung hingeben, als »Bacchantinnen« schildert und Nietzsche in einem Fragment Dionysos als »Sinnlichkeit und Grausamkeit«, als »Genuß der zeugenden und zerstörenden Kraft« definiert. Solche objektiven Übereinstimmungen wollen nicht als Argumente, eher als Symptome genommen werden; denn es steht außer Frage, daß Nietzsches Haltung nicht auf äußerste Lustverwirklichung im Verbrechen hinausläuft. Dabei sieht er im dionysischen Griechen das »Maßlose, Wüste, Asiatische«, erkennt er seinen »Willen zum Ungeheuren, Vielfachen, Ungewissen, Entsetzlichen«, der vom Apollinischen in seine Schranken gewiesen wird. Doch die Triebverkörperungen im Gefolge des orgiastischen Gottes, Satyrn und Mänaden, die Symbole des Lustrauschs wie Efeu, Weinrebe, Tiger und Schlange leiten ihn nicht hin zur Entschlüsselung der mythischen Bilderwelt, zur Aufdeckung des seelischen Sachverhalts, welcher der mit mörderischem Wahnsinn verbundenen Zerreißung des Pentheus durch seine Mutter, der Verschlingung des Hippasos durch seine Schwestern zugrundeliegt und der heute noch drohend besteht wie vor Jahrtausenden. Ist es nicht gerade das Orgiastische selbst, das aller gesellschaftlichen Ordnung sich widersetzt, indem es ihren Kern, die Familie, aufsprengt und überhaupt alle gestifteten Bezüge zwischen Mensch und Mensch vernichtet um seiner selbst willen, liegt nicht gerade in solchem Verbrechen jene »rauschvolle Wirklichkeit«, jenes »Hinausgreifen über Person, Alltag, Gesellschaft, Realität«, jene »zeitweilige Identifikation mit dem Prinzip des Lebens«?

Überlassen wir Sade die Antwort, lassen wir den Libertin sprechen von *seiner* dionysischen Erfahrung. »Das Prinzip des Lebens in allen Wesen ist kein anderes als das des Todes; wir empfangen und nähren sie beide zugleich in uns. In jenem Augenblick, den wir *Tod* nennen, scheint alles sich aufzulösen; wir glauben daran infolge des außerordentlichen Unterschiedes, der dann diesen Teil Materie kennzeichnet, der nicht mehr belebt scheint; doch dieser Tod ist nur eingebildet, er besitzt nur bildliche Existenz und keinerlei Realität. Die Materie, jenes andern subtilen Materieteils beraubt, der ihr Bewegung verlieh, wird deshalb nicht etwa zerstört; sie wechselt nur ihre Gestalt, sie verwest, und schon dies ist ein Beweis dafür, daß sie Bewegung bewahrt; sie liefert der Erde Säfte, macht sie fruchtbar und dient der Erneuerung der andren Naturreiche wie ihrem eigenen. So gibt es keinen wesentlichen Unterschied zwischen jenem ersten Leben, das wir empfangen, und jenem zweiten, welches das ist, was wir Tod nennen. Denn das erste entsteht durch die Bildung von Materie, die sich im Mutterschoß des Weibchens gestaltet, und das zweite desgleichen aus Materie, die sich in den Eingeweiden der Erde erneuert und umgestaltet. So wird diese erloschne Materie selber in ihrem neuen Mutterschoß zum Keim ätherischer Materieteilchen, die ohne sie in ihrer offenkundigen Trägheit verblieben wären.« Hier haben wir, bis in die Bildlichkeit hinein, eine materialistische Parallele zur dionysischen Wiederkehr, zu jener Nietzscheschen »*Verheißung* des Lebens: es wird ewig wiedergeboren und aus der Zerstörung heimkommen«.

Für ein solches zyklisches Denken gibt es keine Erlösung, keine Überwindung des Lebens durch Transzendieren und natürlich auch keine Bevormundung durch Moral; wahr ist nur dies Leben, nichts sonst. Aber seine beiden Grundkräfte, Erzeugung, Vernichtung, erfahren unterschiedliche Deutung. Sade sieht in ihnen nur eine einzige, in Richtung ihrer Wirkung sich differenzierende; er kennt nur Materie in Bewegung, die mechanischen Gesetzen gehorcht. Nietzsche erlebt den Schicksalskampf erzeugender und zerstörender Kräfte in einem tragischen Sinn, der das Sein heiligt; auch die reine Hiesigkeit ist ihm mit Religiosität geladen. Gemeinsam ist beiden unabdingbarer Atheismus und Gottesvertretung durch die Lust. Bei Sade geschieht das stets unverhohlen. Dem aristokratischen Libertin, Kind einer Zeit, die nur den Körper der Liebe besitzt und nur den Vordergrund der Vernunft, bedeutet Vernichtung des religiösen Absolutismus ganz selbstverständlich Rechtfertigung aggressiver Erscheinungsformen polymorpher Triebe. So fallen für ihn Aktion und Kritik potentiell zusammen und dies so sehr, daß ihr gegenseitig sich erregender Wechsel durchgehend den Stil seines Werkes bestimmt, der nichts anderes ist als stellvertretender Lebensstil. Bei Nietzsche tritt der Zusammenhang insofern verschoben heraus, als die Gotteskritik statt der Lust stets nur deren Fetisch, das Dionysische, zu einem Scheinleben erweckt. Während in Sades frühstem Werk, dem *Gespräch zwischen einem Priester und einem Sterbenden*, die Tötung Gottes durch die Vernunft unverzüglich umschlägt in selbstherrliche Lust, wirkt bei Nietzsche, seit der *Geburt der Tragödie*, die Aura des orgiastischen Gottes als Fetisch für sein unerreichtes Wesen. Spät erst, im *Ecce Homo*, bekennt er anläßlich der Selbstdeutung eines Zarathustra-Dithyrambus, »durch die Überfülle von Licht und Macht, durch seine *Sonnen-*

Natur, verurteilt zu sein, nicht zu lieben«, und spricht: »Die Antwort auf einen solchen Dithyrambus der Sonnen-Vereinsamung im Lichte wäre *Ariadne* ... Wer weiß außer mir, was *Ariadne* ist! ...« Gerade diese Vereinsamung steht dem »Drang zur Einheit« des dionysischen Mysten im Wege. Die tragische Erkenntnis trennt vom tragischen Leben. Wenn »das *wahre* Leben als das Gesamt-Fortleben durch die Zeugung, durch die Mysterien der Geschlechtlichkeit« verbürgt wird und »den Griechen deshalb das *geschlechtliche* Symbol das ehrwürdige Symbol an sich, der eigentliche Tiefsinn innerhalb der ganzen antiken Frömmigkeit war«, so fragt es sich, warum Zarathustra, der »Begriff des Dionysos selbst«, nicht zu jener *»höchsten Tat«* gelangt, die er nach Nietzsche darstellt, warum die Neuformulierung einer geschlechtlichen Symbolik, eines geschlechtlichen Zeremoniells als Ausdruck des tragischen Lebensgefühls ausbleibt.

Ein erster Hinweis wäre das verräterische *was* statt *wer* in der rhetorischen Frage »Wer weiß außer mir, was *Ariadne* ist! ...«, die symbolische Verdinglichung der Partnerin. Sie schützt die konventionelle Auffassung der Frau, die ironische Psychologie des Weibchens, die der dionysischen Vision widerspricht. Die Feststellung *»Das Weib geht zurück«*, die höhnende Abwehr der ebenbürtigen Frau in Sätzen wie »Als ob ein Weib ohne Frömmigkeit für einen tiefen und gottlosen Mann nicht etwas vollkommen Widriges oder Lächerliches wäre«, schließt jede Möglichkeit der Züchtung und Erziehung des Übermenschen, das heißt aber des Menschen als einer Alternative zum Gottesgeschöpf, zum Ressentiment-Menschen, von vornherein aus. Im Gegensatz zum aristokratischen Libertin, der allerdings die Vorherrschaft der Fortpflanzung über die Triebverwirklichung grundsätzlich verwirft, trennt der bürgerliche Atheist Vernunft- und Triebleben, Kritik und Aktion säuberlich voneinander, indem er die Revolte gegen Gott und seine Gesellschaft dem Geist überläßt und die individuelle Durchsetzung des Lustanspruchs durch die Illusion ersetzt. Während Sade in Gestalt seiner monströsen Heroine Juliette die Frau als Repräsentantin des Triebs feiert und sie mit traumatischer Überschärfe zeichnet, weil er ihr die allumfassende Antwort der Instinktwelt auf das Scheitern der fiktionsgebundnen Vernunft anvertraut, versteinert Nietzsche die Frau zum unzugänglichen Symbol der Ariadne. Das Prohibitiv, die »Keuschheit am Manne«, wird formal durch das erste Erfordernis des philosophischen Lebens, die Unabhängigkeit, begründet und das asketische Ideal somit nicht etwa als Tugend oder höchstens als eine für den Philosophen zweckbedingte, inhaltlich aber dadurch motiviert, »daß sein Geschlechts-Geschmack vornehm geblieben ist, daß er in *eroticis* weder das Brutale, noch das Krankhafte, noch das Kluge mag«. Läßt man einmal das »Krankhafte« beiseite, das für eine Bestimmung zu vage ausformuliert ist, so bleibt die geflissentliche Abwehr des »Brutalen«, will sagen der Triebenergie, und des »Klugen«, will sagen der triebanfeuernden Vernunft, beides Kardinaltugenden der *neuen* Frau, die Juliette verkörpert. Und wie charakteristisch die Berufung auf den Geschmack! Ist sie vielleicht nichts andres als die Ersetzung des moralischen Ressentiments durch das ästhetische? Jedenfalls will das Triebhafte im Vornehmen, dieser ansonsten so übermütig-grausamen Bestie, nicht recht passen zum beschnittnen Ideal solcher Männlichkeit, es bleibt recht papieren. Sade, der Kutschern wie Königen die gleiche Mächtigkeit des Instinkts zubilligt, wenn sie nur energisch und klug genug sind, ihn rücksichtslos zu entwickeln, und der nur zwei Klassen echter Libertins kennt, das Gesindel und die Hochgestellten, läßt einen seiner vornehmsten Wüstlinge, der sich selbst zu den Göttern zählt, bemerken, daß gerade die freiwilligen Demütigungen in der Libertinage dem Hochmut kitzeln wie nichts sonst: weil man tue, was keiner tut, und also einzigartig sei. Außer psychologischem Raffinement bekundet eine solche Einstellung Solidarität in der Lust und die Erfahrung der Ohnmacht von Rasse, Stand und Herkommen angesichts des göttlichen Vergnügens. Doch der wahre Grund liegt tiefer. Für den lasterhaften Philosophen besitzen alle Werte, seien sie nun moralische oder nicht, nur Schattenwirklichkeit, und sein Streben geht dahin, sie in Taten der Lust zu verwandeln. Der Materialist Sade unterscheidet sich von dem Idealisten wider Willen Nietzsche dadurch, daß er die umgemünzten christlichen Werte in körperliche Realität überführt, während dieser sie durch neue Werte ersetzt, ohne wirklichkeitsgetreue Anhaltspunkte für ihre Umsetzung in Realität zu geben, und damit im philosophischen Rahmen bleibt. Die Utopie, die beide von ihrem Übermenschen entwerfen, zeigt dies zur Genüge. Ein Saint-Fond, eine Juliette sind zwar unmögliche Existenzen, aber sie haben doch, selbst in hyperbolischer Form, die Psychologie für sich; ihre Verhaltensweisen und Taten sind sehr wohl zu entschlüsseln, sie liegen im Menschen. Und wenn der Libertin auch mitnichten eine Veränderung der Welt anstrebt, hingegen eine höchste Souveränität des Menschen bei nach außen gleichbleibenden Existenzbedingungen, so steckt doch in den Methoden zur Erreichung dieser Souveränität, in der Neuformulierung des sexuellen Zeremoniells, eine bis dahin unbekannte Wahrheit über die menschliche Natur und, therapeutisch verstanden, eine Anweisung zu ihrer Selbsterkenntnis und Befreiung. Der Übermensch Zarathustra hingegen ist bar jeder psychologischen Realität, ist eine erdachte, nicht lebensfähige Konstruktion, ein grandioser Irrtum. Dieser Schemen außerhalb von Raum und Zeit, jenseits allen gesellschaftlichen Bezugs, wie er selbst das unabhängigste Individuum bedingt, besteht aus reiner Wunschidealität. So rächt sich der anthropologische Entwurf an seinem Schöpfer. Selbst wenn man ihn nicht wörtlich, vielmehr als Symptomschrift nimmt, die es durch Spiegelung im Bewußtsein zu entziffern gilt, offenbart sich einzig der *Fehler*, während er im Falle Sade eine anthropologische Perspektive von bestürzender Tragweite auftut.

## III

Es ist an der Zeit, diesen *Fehler* bloßzustellen, dessen Übersehen die Nietzsche-Kritik in unfruchtbare Wasser abgedrängt und das Sade-Verständnis in Deutschland verzögert, vielleicht unmöglich gemacht hat, diesen *Fehler*, der auf verhängnisvolle Weise einen echten anthropologischen Fortschritt verhindert*. Worin

* Die fehlende Rezeption Freuds seitens des Marxismus ist sichtbarer Ausdruck dieser Tatsache; sie hätte *revolutionär* zu erfolgen, als Veränderung des Menschen in

besteht er? Noch einmal: im mangelnden Selbstverständnis des atheistischen Menschen. Bei Nietzsche äußert es sich darin, daß er die erkenntnistheoretischen, naturwissenschaftlichen und ideologischen Konsequenzen des Gottesmordes nicht in einen realisierbaren anthropologischen Entwurf umzusetzen vermag. Sein kritisches Denken trifft zwar alle Vorbereitungen für einen solchen, legt gleichsam den Raum frei, in den die Triebe einströmen, ihrer selbst bewußt werden und zu lebensfähiger Neuordnung gelangen sollen; aber sein schöpferisches Denken gelangt nicht von der Archäologie der Seele, von der Diagnostik ihres Mythos, zur Therapie ihrer gegenwärtigen Wirklichkeit. Statt den Strukturen des kritischen Denkens zu folgen, statt seine Maßnahmen bei der Wertkritik umzusetzen in solche zur Freilegung verschütteter seelischer Realität, statt, mit einem Wort, die methodische Zerstörung des Gottesprinzips *zugleich* zum methodischen Aufbau des Lustprinzips zu nutzen, das nicht wie jenes statisch, sondern dynamisch, durch menschliches Fühlen und Handeln herrscht, entwirft das schöpferische Denken, in bloßer Umkehrung der verworfenen Werte, eine Vision vom Menschen, die auf Grund ebendieser neuen idealistischen Fundierung keine Lebensfähigkeit besitzt. Der Übermensch ist keine Alternative zum Christenmenschen, weil die Umkehrung der Ressentiment-Werte nicht von selbst die zu den neuen bzw. wiedergewonnenen alten »natürlichen« Werten gehörige seelische Realität schafft. Die Struktur dieser seelischen Realität allerdings wird durch das kritische Denken gründlich vorbereitet, und zwar durch eine Selbstzersetzung der Logik, wie sie in der Entlarvung des Ursache-Wirkungs-Verhältnisses als eines Scheins und in der Aufhebung des objektiven Denkens in Größen zum Ausdruck kommt. So wird das Einheits-Denken, als vom Ich-Begriff entlehnt, über Bord geworfen, ja sogar dem Kosmos entzogen. »Es

Fortsetzung der Veränderung der Welt, und nicht zu seiner Entschuldigung wie bürgerlicherseits. Die Zukunft des Sozialismus wird entscheiden, ob er von einer Umgestaltung der Produktionsverhältnisse zu einer Neugestaltung des Verhältnisses zwischen Triebkräften und Gesellschaft gelangt oder nicht. Vorläufig hat es den Anschein, als ob er dieser weltgeschichtlichen Aufgabe *aus Angst vor dem Menschen* aus dem Wege gehen wolle . . .

scheint mir wichtig, daß man *das* All, die Einheit los wird, irgendeine Kraft, ein Unbedingtes; man würde nicht umhin können, es als höchste Instanz zu nehmen und ›Gott‹ zu taufen. Man muß das All zersplittern; den Respekt vor dem All verlernen; das, was wir dem Unbekannten und Ganzen gegeben haben, zurücknehmen für das Nächste, Unsere.«

Genau an diesem Punkt der tatsächlichen Veränderung setzt Sade an, wenn er sagt: »Wir sind ebensowenig von Gott wie von der Natur abhängig; vielleicht sind die Ursachen für die Wirkungen überflüssig.« Denn seine Zerstörung des religiösen Absolutismus und seiner Satzungen, seine Kritik an der Einheit Gottes und dem ursächlich aus ihm folgenden moralischen Wertgefüge dient *zugleich* dem methodischen und wertfreien Aufbau einer polymorphen Triebwelt als dem freien Spiel der Perversionen. In dieser Durchsetzung der Einzeltriebe gegen den Primat der Fortpflanzung spiegelt sich der Durchbruch des Schicksals gegen die göttliche Weltordnung, des Vielgestaltigen gegen das Eine, des ohne Anfang und Ende, ohne Ursache und Wirkung, ohne Vernunftgrund und -folge in sich bewegten Werdens gegen das Sein, der Energie gegen die Idee, der Lust gegen jedes Ethos. Die Berufung auf Vernunft und Natur ist für den Sadeschen Menschen, den Libertin, und hier unterscheidet er sich von seinen Vorbildern in der Aufklärung, nur ein Durchgangsstadium auf dem Wege vom Gottesgeschöpf zu sich selbst, ein entscheidendes allerdings, weil nur die Vernunft durch konsequente Umkehrung des *Du sollst nicht* in *Du mußt* zur menschlichen Natur zu finden vermag. Diese Natur ist zunächst nur durch die Verbotsschilder der Moral von außen und durch schlechtes Gewissen von innen gegeben; erst durch Übertretung *aller* Gebote, durch Überwindung des schlechten Gewissens wird sie verwirklicht. In der Umkehrung des schlechten Gewissens, als des nach innen gewendeten Instinkts der Grausamkeit, ist sich Sade mit Nietzsche einig, aber das Wie sieht er klarer, weil er Grausamkeit psychologisch begründet und nicht bei ihrer soziologischen Erklärung stehenbleibt. Für Nietzsche ist sie ursprünglich nichts anderes als das Äquivalent für einen Schaden, der einem Menschen oder der Gesellschaft durch einen anderen zugefügt worden ist. Er leitet demnach die Moralbegriffe Schuld, Strafe und Vergeltung aus dem Vertragsverhältnis zwischen Individuen oder Gruppe und Individuum ab. Wird der Vertrag verletzt – beispielsweise durch Mord, Diebstahl oder das Nichtzurückzahlen von Schulden –, so hat der Geschädigte Anrecht auf ein *ent*schädigendes Äquivalent. Dieses trägt dem Schaden durch materiellen Ausgleich Rechnung, aber auch durch psychische Kompensation. Der Schmerz, der dem Geschädigten zugefügt worden ist, muß vom Verbrecher durch Lust aufgewogen werden, und diese Lust verschafft er ihm in seiner Eigenschaft als Opfer. »Leiden-sehn tut wohl, Leidenmachen noch wohler«; die Grausamkeit ist »die große Festfreude der älteren Menschheit«. Nur der älteren? Bezeichnenderweise wittert Nietzsches psychologischer Spürsinn, bei der Geschichte ansetzend statt beim Menschen selber, die repressive Rolle der Sublimierung: »Fast alles, was wir höhere Kultur nennen, beruht auf der Vergeistigung und Vertiefung der Grausamkeit.« Sade hingegen, der wie Nietzsche weiß, daß »der Mensch zu allen Zeiten Lust daran gefunden hat, das Blut seiner Mitmenschen zu vergießen, und diese Leidenschaft, um sich zu beschwichtigen, bald unter dem Mantel der Gerechtigkeit, bald unter dem der Religion verhüllt hat«, stößt zum fortwährenden Ursprung der Grausamkeit vor: »Die Grausamkeit, weit davon entfernt, ein Laster zu sein, ist das erste Gefühl, das die Natur in uns legt. Das Kind zerbricht seine Klapper, beißt in die Brust seiner Amme, erdrosselt seinen Vogel, und dies lange bevor es das vernünftige Lebensalter erreicht. Die Grausamkeit liegt in den Tieren, bei denen sich die Naturgesetze weitaus kraftvoller erkennen lassen als bei uns; bei den Wilden steht sie der Natur sehr viel näher als beim zivilisierten Menschen: absurd wäre es demnach, sie als Folge der Entartung betrachten zu wollen. Diese Ansicht ist falsch, ich wiederhole es. Die Grausamkeit liegt in der Natur; wir alle werden mit einer Dosis Grausamkeit geboren, und nur die Erziehung wandelt sie um; aber die Erziehung liegt nicht in der Natur. Die Grausamkeit ist nichts anderes als die Energie des Menschen, welche die Kultur noch nicht zugrundegerichtet hat: sie ist daher eine Tugend und kein Laster.«

Wie wird sich nun der Mensch der Grausamkeit bewußt?

Durch schlechtes Gewissen, das Echo der moralischen Gebote in uns. Es verweist den einzelnen genau auf die für ihn morschste Stelle des moralischen Gebäudes, wo ein Verbot ihn zur Übertretung reizt, wo eine Haftstelle vorhanden ist und sein individuelles Schicksal in Gestalt einer verdrängten Triebregung gegen die Ordnung sich durchsetzen will. Das schlechte Gewissen muß zur Einsicht gebracht werden, »daß im Verbotenen kein wirkliches Böses« besteht. Dies leistet die Vernunft. Weil sie einst die Natur durch Ordnung unterjochte, muß sie den Bußweg antreten zurück zu ihr. Verbürgte das moralische Wertgefüge die Regel, so führt seine Umkehrung zur *Irregularität* triebhaften Verhaltens, das einerseits zum Verbrechen, andrerseits zu einer Erweiterung des Sexualzieles durch entschiedene Ablehnung des Primats der Fortpflanzung und Aufhebung der moralischen Werte wie Scham, Ekel, Inzestverbot und andere führt. Es ist einleuchtend, daß beide Konsequenzen sich sehr bald zum Lustverbrechen vereinen, das im Lustmord gipfelt, der Rebellion schlechthin gegen die göttliche Weltordnung. Der selbstherrliche Mensch übt die beiden Kardinaleigenschaften Gottes, Erzeugung und Vernichtung, in einem einzigen Akt haßerfüllten Triumphes und entschlägt sich damit seiner Kreatürlichkeit. Er kann sich dabei auf die Natur selber berufen, die nur zerstört, um wiederzuerschaffen, und nur erschafft, um wieder zu zerstören. Allerdings wird er nicht weit dabei kommen, solange er sich nur auf die zufälligen Antriebe seiner Individualität verläßt. Der Libertin muß Bewußtsein wie natürliche Anlagen zur Totalität ausweiten, er muß alle menschlichen Möglichkeiten in sich erwecken, um der integrale Mensch zu sein, und dazu bedarf es eines langen, gefahrenreichen Erziehungsweges. Wir wollen seine einzelnen Stationen, wahrhaft Stationen eines aufgeklärten Passionsweges, nicht abschildern, insonderheit nicht ihre gesellschaftlichen Weiterungen: dies alles ist in bewundernswerter Weise geschehen*. Aber gesagt muß doch werden, daß die menschliche Natur im Verlaufe dieser Entwicklung sich selbst verändert. Bliebe der Libertin bei der ihm eigentümlichen Fixierung und der ihr ent-

* Vgl. die Arbeiten von Bataille, Blanchot, Sollers.

sprechenden Überschreitung stehen, wäre er allerdings ein natürlicher, das heißt konventioneller Mensch. Doch indem er systematisch die Skala *aller* Einzeltriebe auffächert, selbst derjenigen, die ihm zunächst einmal fremd, ja zuwider sein mögen, indem er sie zu allen denkbaren Kombinationen verknüpft, zu immer komplexeren Verbrechen, die immer unpersönlichere, infolge ihrer Unmotiviertheit sozusagen künstliche Perversionen zum Ausdruck bringen, gelangt er folgerichtig zu einer *synthetischen Natur* als dem Erzeugnis einer »vernünftigen« erotischen Technik. Grausamer Humor! Vernünftig ist erst die künstliche, die vom Menschen gemachte Natur, und wer könnte bezweifeln, daß in ihr die natürliche Selbstmord begeht?

Wie immer bei Sade, meldet der Humor eine widersprüchliche Wahrheit. Sie äußert sich in einer Reihe bemerkenswerter Paradoxien. Die methodische Vergesellschaftung von Vernunft und Trieben, die durch Zwangsarbeit (denn nichts andres ist das Leben in der Libertinage) Lust herstellt, verwirklicht in Gestalt der Perversionen die allgemeine Natur des Menschen. Daraus folgt: Irregularität wird durch Methode erlangt; Freiheit ist Zwang; Natur nicht gegeben, sondern gemacht; der Mensch demnach sein eignes Produkt. Man darf hinzufügen: die Wirkung ist ihre Ursache.

Löst sich damit nicht alles zur Eintracht der Widersprüche? Zwangsläufig ja, wenn man bedenkt, daß Sade von der Identität des Lebens- und Todesprinzips ausgeht, die einander ergänzende Metaphern sind für seine zweideutige Grundkraft, die Energie. Sade reduziert den Menschen in der Tat auf eine ihrer Erscheinungsformen, geistig wie körperlich, die das energetische Geschehen namens Welt abspiegelt: »Aktion und Reaktion in ewigem Fortgang, eine Mischung aus Tugenden und Lastern, ein vollkommenes Gleichgewicht kurzum, das aus der Gleichheit des Guten und des Bösen auf der Erde resultiert; und dieses Gleichgewicht ist für den Bestand der Gestirne wie für den der Vegetation wichtig, ohne dieses Gleichgewicht wäre alles augenblicks zerstört.« Eine überraschende Vorwegnahme des Satzes von der Erhaltung der Energie! Damit die Wirkung gleich der Ursache ist, muß das Böse das Gute kompensieren, denn das Gute ruft das

Böse unweigerlich hervor. Der repressiven Dialektik des Guten, die die Sexualität umwandelt in werterzeugende Kraft, entspricht die triebfreisetzende Dialektik des Bösen, die Werte zerstört. Und weil ein ganzes Heer von Schwachen seit Jahrhunderten an der Arbeit ist, um ihre Schale der großen Weltwaage mit Gutem zu füllen, muß der Starke Riesenkräfte entwickeln, um sie durch das Böse wieder ins Gleichgewicht herabzudrücken. Er muß sich bedingungslos auf das Böse konzentrieren, muß die eigne Individualität auslöschen und eine so ungeheure Allgemeinheit erlangen, daß seine Seele verschwindet und die Leere des Bewußtseins zusammenfällt mit der Völle an Energie. Diese Wendung nach außen, diese Veräußerung des Gewissens um praktischer Grausamkeit willen, so daß der Gewissenszustand *»in dem Maße verschwindet, in dem er über sich hinauswächst«*, wie Sade es ausdrückt, führt zur Apathie als dem normalen Bewußtseinszustand des Libertins. Er bestätigt durch Umkehrung den Nietzscheschen Satz: »Alle Instinkte, welche sich nicht nach außen entladen, *wenden sich nach innen* – dies ist das, was ich die *Verinnerlichung* des Menschen nenne: damit wächst erst das an den Menschen heran, was man später seine ›Seele‹ nennt.« Der Libertin wendet die Grausamkeit, die da schlechtes Gewissen heißt, lediglich von sich ab und lenkt sie auf die andern; der Mensch, der seiner inneren Stimme gehorcht, zieht sie von den andern ab auf sich selbst. Beide sind Verbrecher: der eine an den andern, der andre an sich selbst; es kommt nur darauf an, für welche Moral optiert wird, für die des Lebens oder die der Ordnung. Aber gerade durch letztere war, so erkennt Nietzsche, »die größte und unheimlichste Erkrankung eingeleitet, von welcher die Menschheit bis heute nicht genesen ist, das Leiden des Menschen *am Menschen, an sich*«. Das Verbrechen, insofern es auf Grausamkeit und diese auf Lust beruht, ist für den Menschen unabdingbar; er ist nicht frei, es nicht zu tun, kann sich höchstens entscheiden, in welche Richtung er es ausüben will, nach innen oder nach außen, und von dieser Entscheidung hängt ab, ob er krank oder gesund sein wird. Die eigentliche Alternative besteht zwischen dem Heiligen als dem Inbegriff des Christenmenschen und dem Libertin als der energischsten Bildung des atheistischen Menschen.

Kein Zweifel, daß wir es hier mit den beiden extremen Verkörperungen der anthropologischen Entfaltungsmöglichkeit zu tun haben und daß Sade, nicht Nietzsche, das schlüssige »Gegen-Ideal« zum Ressentiment-Menschen geschaffen hat, das dieser in seinem Zarathustra sehen wollte. Über seine Schlüssigkeit allerdings entscheidet nicht die hyperbolische Existenzform, die es in Sades Romanen gewinnt; über sie entscheidet seine anthropologische Stoßkraft, und man braucht dem Libertin nichts von seiner teuflischen, das heißt literarischen Konsequenz abzuhandeln, um sie zu erkennen. Im Gegenteil gilt es vor Augen zu haben, daß die äußerste Wahrheit des Menschen ohne Gott einer Flammenschrift bedurfte, damit auch nur ihre Rauchzeichen zurückblieben; und solange der Geist nicht fähig sein wird, an diesem Feuer zu erblinden, solange wird sein Körper nicht sehend werden. Es kommt darauf an, daß der Geist sich selbst austreibt, daß das Bewußtsein über sich hinausgelangt, damit der Körper *seine* Vernunft entwickeln kann, die leibhaftige, deren Sprache aus allen seinen Aktionen erwächst. Drum scheiden sich an Sade die Geister. Wer ihn aushält, stellt sich der Grausamkeit *und* Lust des Seins; er kann nicht mehr wählen, er weiß, daß sie untrennbar eins sind als Energie, die auch er verkörpert. Aber dieser Zwang schlägt um in die nüchterne Freiheit, nichts sein zu müssen als Mensch. Und gerade hier, an diesem verdächtigen, an diesem lächerlichen Punkt muß der *Schriftsteller* Sade in Erscheinung treten, muß gesagt werden, warum er seinen Code vom Menschen nur als Schreibe ohne Grenzen bewerkstelligen konnte, warum er ihn dem verlangenden Wort einverleibt hat.

## IV

Ist je im Ernst bedacht worden, daß die Reinheit der Moral, die dem Menschen abgefordert wird, vielleicht nur in der Reinheit seines Denkens zu bestehn vermag, wenn es, vom lebendigen Wort abgelöst, erstarrt ist zum gesetzlichen Text, zur *heiligen Schrift?* Daß diese tote Sprache es ist, die ihn verstößt in jene heimlichste, noch ungeborne seiner Phantasie, die sich schreibt und schreibt wie einen endlosen Glücks- und Schreckenskatalog? Daß dieses Glück, dieser Schrecken, die sich vergegenwärtigen in Träumen, in Räuschen, in Wünschen ohne Zahl und Maß, seine ursprüngliche Literatur sind, deren konkretes Nachbild nur deshalb gestattet wird, weil man sie selbst verleugnet?

Geben wir es zu: Alle Literatur ist unterwegs zu jener gesetzlosen, profanen Schreibe dort unten, die darauf wartet, mit Figur und Fabel, mit Handlung, Raum und Zeit, oder aber mit Begriff und Bezug, kurzum mit *Bedeutung* besetzt zu werden, damit sie sich hervorwagen darf. Alles, was wir von uns selbst, also von den andern, also vom Menschen wissen, wissen wir allein durch sie; aber nur indirekt, nur verschlüsselt teilt sie es mit: immer in irgendeiner *Form*. Ob es ein Fluch, ein Gedicht, selbst ein gedanklicher Text ist, – immer decken sie ihren Ursprung zu, und wer kennte nicht den Aberwitz, *dahin* zu wollen, um jeden Preis, und sei er entsetzlich, nichts gelten zu lassen, was dazwischentritt, und sei es die Schönheit, jenen Aberwitz unermeßlicher Lebensgier, dem sein Wohnsitz, das Ich, viel zu umwandet ist, als daß er ihm genügte, der besessen ist und besitzen will und in andre Menschen, in Tier und Pflanze, ja ins geballte Wesen des Steins übertritt und sich verlängert noch über den Fluchtpunkt des Todes hinaus! Was soll ihm entsprechen, da wir zu endlich, zu auskristallisiert sind für seine wechselnden Dimensionen, für sein hungriges Spiel, wenn wir uns nicht ermächtigen zur *ganzen* Sprache?

Darin besteht die Einsicht Sades: Die Sprache ist unteilbar wie das Verlangen, und als ganze widersetzt sie sich der gemaßregelten Sprache der Vernunft. Ganz heißt nicht nur Ebenbürtigkeit aller Kinder ihres Wortschatzes, heißt vor allem, Sprache ganz in den Dienst des Verlangens stellen. Umgekehrt wird ganzes Verlangen erst durch ganzes Sprechen bewußt; ihr Bündnis, weil zwangsläufig aggressiv, gilt jeder Lebensordnung als Verbrechen. Damit es von deren Stellvertreterin, der Gesellschaft, nicht entschärft werden kann, muß es zum potentiellen Verbrechen gemacht werden, zur Literatur. »Versuch es mit dem geistigen Verbrechen, indem du schreibst«, rät Juliette ihrer Freundin, als diese bekennt: »Ich möchte ein Verbrechen finden, das unaufhörlich fortwirkt, auch unabhängig von mir, so daß es keinen Augenblick meines Lebens gäbe, nicht einmal wenn ich schlafe, da ich nicht Ursache einer Unordnung bin – einer Unordnung solchen Ausmaßes, daß sie zu allgemeiner Verderbnis führt, zu so eindeutiger Zerrüttung, daß auch über mein Leben hinaus sich ihre Wirkung noch fortsetzt.« Das vollkommene Verbrechen ist nicht das tatsächlich begangne, weil es in der Endlichkeit verharrt und sich nicht fortpflanzt; damit es zu immerwährendem Aufstand gegen die Ordnung werde, muß es als Literatur sich vollziehen. Und hier gilt es, auf den originären Charakter dessen zu verweisen, was Sade unter Schreiben versteht. Schreiben erzeugt den integralen Menschen als sein Werk, und indem es ihn bejaht als das Verbrechen schlechthin, als dasjenige, was die Ordnung mit allen Mitteln niederhalten, ja auslöschen muß, um sich zu behaupten, entlarvt es deren Innerstes, die repressive Vernunft, und ihre Ausgeburt, den *Menschen als Konvention.* Wenn Sade zwar als Philosoph denkt, sein Denken aber als Literatur schreibt und diese zugleich als Fiktion aufdeckt, so zeigt dies, daß er sich der verdrängenden oder zumindest ablenkenden Wirkung aller Denk- und Darstellungsformen innerhalb dieser Konvention bewußt ist und ihr entgegenarbeitet. So wechseln in seinen Romanen triebfreisetzende Argumentation und sexuelle Handlung ausschließlich und in endloser Verkettung, während alles normale Leben zum bloßen Versatzstück schwindet. Die Ausnahme, die sexuelle Handlung, welche die Konvention vorübergehend außer Kraft setzt und deshalb von ihr zwecks Unschädlichmachung zur Fortpflanzung stilisiert wird, verwandelt sich in die Regel. Dies vermag sie nur durch Aufgabe ihrer zielgerichteten Einheitsfunktion, durch Rückgriff auf ihre ursprünglichen Einzeltriebe, die von der Konvention zu sogenannten Perversionen verdammt worden sind. Der Mensch, der seine Einheit sprengt, ist das Verbrechen; er stellt den Austausch zwischen dem inneren Chaos und dem Kosmos wieder her.

Tut er dies bei Sade wirklich? Wir sagten, Sade mache die ganze Sprache zum Ausdruck des Verlangens. Dies müßte auch für sie eine Dissoziierung, eine Zersetzung ihrer Vernünftigkeit zur Folge haben, weil einzig durch Rückgriff auf Äußerungsformen *vor* der Dienstbarkeitsverpflichtung zur Ordnung, die Sprache wie Verlangen stutzt, einzig durch Wiedererweckung jener Elemente, aus denen beide erst zusammentraten, die Möglichkeit entspränge, daß untergründige Sprach- und Triebgebärden einander verstehen und ein Spiel beginnen, das als polymorphe Sensibilität den Menschen seiner selbstverfaßten Welt zu entfremden wagt. Wenn ganze Sprache ganzem Verlangen korrespondieren soll, muß sie wie dieses allgemeine Perversion sein; sie muß ihrem inneren Dämon hörig werden und *als Gestalt* jene synthetische Natur widerspiegeln, die der Libertin in sich entfesselte und die nichts andres ist als das ursprüngliche Triebverhalten des Menschen. Leibhaftige Vernunft erwächst aus der Triebfreiheit der Sprache, die erkämpft werden muß durch fortwährende Aufsässigkeit gegen die Verfestigung des Logos zum Kastenwesen der Sprachstrukturen, heißt libertinöse Durchdringung ihrer Ordnung durch eine proteusartige Vielgestaltigkeit, die den »normalen« Sprachgebrauch als ordentliche Fälschung nachweist. So gerät ganze Sprache auf Grund ihrer plötzlichen Figuration aus der heimlichen Schreibe zur Selbst-Verständlichkeit: zur Dichtung.

Sade begeht diesen Weg nicht; Sprache und Trieb weisen bei ihm nicht die gleiche Mannigfaltigkeit, die gleiche Mächtigkeit auf; es kommt nicht zu ihrer inneren Hochzeit, die das Verbrechen zur Dichtung transfiguriert. Aber gerade infolge der disparaten Spannung zwischen Sprach- und Triebkraft zeigt sein Werk diese Möglichkeit auf, daß Kunst progressive Anthropologie ist, wenn progressive Anthropologie Kunst wird. Wie bei Nietzsche bleibt auch bei Sade dies höchste Selbstverständnis des atheistischen Menschen gefragt, nicht getan; aber das Fragezeichen ist auch ein Fingerzeig, und der wird, in wunderbar folgerichtiger Ergänzung, bei Nietzsche gebieterischer als bei Sade. Was diesem an Stoßkraft innewohnt, wächst jenem an Divination. Zwar verfängt sich der *Gesang* der Erkenntnis, den er anhebt, noch immer in Begriffen, weil die Antwort unabdingbar ist, die mit Ariadne beschworen wird; doch welche Dringlichkeit liegt in dem schmerzlichen Ausruf: »Sie hätten *singen* sollen, diese ›neue‹ Seele – und nicht reden!« Im Denkbild vom Apollinischen und

Dionysischen, das im Vergleich zu Sades progressiver Dialektik verhüllend wirkt, steckt auch, von dieser her und gleichsam nachträglich betrachtet, Überwindung der Mittel, die zur neuen Menschenwelt führen; denn Begriff, Begreifen wird überflüssig durch »im Bilde sein«, und wer angekommen ist, übt nicht mehr den Weg. Wie weit es bis zu diesem Ort ist und wie unmöglich, durch bloße Verbildlichung der Erkenntnis dorthin zu gelangen, zeigt, daß Nietzsches Denk-Werke mit weitaus mehr Poesie geladen sind als sein bevorzugtes Dicht-Werk *Also sprach Zarathustra*, dessen Bastardstil sich an der Litanei verrät.

Sade wie Nietzsche erreichen nur die Schwelle der neuen Wahrheit, doch das Werk beider weist, aus entgegengesetzter Richtung, auf den Ansatzpunkt der überfälligen Revolution des Menschen, die in Gefahr steht, über den Erfordernissen einer Veränderung der Welt verschoben, ja verdrängt zu werden. Schon spürbar wird unter entstehenden Lebensordnungen, die alte Substanz aufzehren, der Mangel an nachwachsender. Der Versuch, ihm durch neu-idealistisches Ethos abzuhelfen, kann nicht über das anthropologische Vakuum hinwegtäuschen, das in genau dem Zeitpunkt die bloß äußerlich veränderte Menschenwelt *von innen her* einzureißen droht, an dem ihre Antriebskräfte in Sieg und Vollendung stagnieren werden.

Vielleicht wird der *Fehler*, der blinde Fleck, zum Zentrum eines künftigen Typus von Revolutionen, die die Oberfläche, die Kruste des Menschen sprengen werden. Vergessen wir nicht, daß in der Erde, die Mensch ist, das Feuer wohnt. Noch schlafen die Vulkane, doch je mehr wir verhärten, desto näher rückt die Stunde der Glut.

# II

# Hommage für Apollinaire

> Die große Kraft ist das Verlangen
> Komm laß auf die Stirn dich küssen
> Du Leichte der Flamme gleich
> Die du ihr ganzes Leiden hast
> All ihre Glut all ihren Glanz

Von der Stimme des Proteus ist nichts überliefert; wir aber haben sie vernommen als die Stimme der Poesie. Wiedererwacht zu Beginn des Jahrhunderts, als ihr mächtiges Erbe sie zu lähmen schien, sprach sie aus dem Munde Apollinaires in lebendigen, stets wechselnden Gestaltungen. Nördlich verhangen erst, in Sagen und Bildern redend, vom Anhauch der Liebe dann zu einem Tremolo sarkastischer Wehmut entfacht, gewann diese Stimme schließlich so viel Kühnheit, sich ohne Umschweife in der Wirklichkeit zu verwurzeln. Wie viele Töne durchlief sie auf ihrem Weg vom Geraun bis zum Alltagswort! Wie überraschend die Folge der Masken, aus denen sie klagt, lacht oder beschwört! Eine ganze Skala von Sprachschichten fächert sich in ihr auf, wird eingebracht in die immerwährende Bewegung seiner Dichtung. Und diese Bewegung greift aus, als würde der Fächer zum Flügel, sie steckt den Lebensraum ab mit wandernden Schlägen – Herzschlägen, denn alles, was dieser Dichter schreibt, wird durchpulst von den Leiden und Freuden des Herzens. Ob Herbstnebel oder Leuchtreklamen, Feen oder Zuhälter, Parkwege oder Schützengräben seine Poesie durchziehen, immer ist Abschied und Neugeburt der Liebe ihre Grunderfahrung. Diese Liebe gilt in ihrem Brennpunkt der Frau, und als Verlangen nach Welt strahlt sie von ihr aus; doch sie überzieht auch, als Abwesenheit, beide mit Schatten. Flamme und Schatten sind die Pole der Dichtung Apollinaires; die Flamme verzehrt sich selbst zum Schatten, des Schattens Auferstehung ist die Flamme.

Symbolistische Pfade stünden hier offen, doch Apollinaire optiert für die sterbliche Zeit, und wenn für ihn, eine berühmte Gleichung vorwegnehmend, die Liebe die Poesie ist, so heißt dies, daß er beide dem Abenteuer der Veränderlichkeit überantwortet. Aus der luftigen Dauer der Idee holt er sie heim in die Substanz, die irdisch ist, unterwirft er sie und sich dem schmerzhaften Geheimnis ihrer Wandlungen. Apollinaire verschwistert die Poesie dem Hier und Jetzt unsres Jahrhunderts, um sie offenzuhalten für das Wunder. Ein Wille zur Wirklichkeit, wie es ihn vorher nicht gab, erwacht mit ihm: der Wille, die Wirklichkeit als jene Überwirklichkeit zu erfahren, die der Mensch einst anderswo suchte. Vielleicht darf man nicht einmal von Willen reden, eher von der Fähigkeit, sich königlich zu täuschen, unbewußt die Wahrheit einzutauschen gegen den Zufall. Während Mallarmé den Zufall abzutöten trachtete um jener Zerstörung der Substanz willen, die, eine moderne Beatrice, zum Nichts der Wahrheit führen sollte, flößt Apollinaire dem vermeintlichen Feind der Poesie seinen Dichteratem ein und erweckt den scheintoten zu wunderbarem Leben. In dieser Bejahung des Zufalls kündigt sich eine neue Souveränität an, die ohne religiöse oder logische Wahrheit auskommt, die Souveränität des frei waltenden Verlangens. Seine Gesetze, das sagt Apollinaire voraus, wird man erforschen, damit aber auch die Gesetze des Zufalls, – und wie, wenn sich beide, miteinander verschränkt, als das notwendige Skelett des Wunderbaren erweisen würden? Ohne Zweifel wäre dann die Wirklichkeit *als solche* das tägliche Wunder, und wir lebten in ihr als unsrer Überwirklichkeit.

Apollinaire hat – und man muß bis zu Nerval zurückgehen, um einer gleichen Mächtigkeit des Bedürfnisses nach dem Wunderbaren zu begegnen – die Poesie immer und in jedem Augenblick als Mittel begriffen, Alltäglichkeit in Surrealität zu verwandeln; und weil er dem Wunder dauerndes Bürgerrecht verleihen wollte, stellte er sich – im Gegensatz zu Nerval, dessen Dichten eine jenseitige Bewegung beschreibt – auf die Seite des praktischen Wunders. »Als der Mensch den Gang nachahmen wollte, schuf er das Rad, das keineswegs einem Bein ähnlich sieht. Ohne es zu wissen, hat er auf diese Weise Surrealismus bewirkt.« In diesem gern geübten Ausspruch steckt eine neue Poetik; denn jeder Erfindung geht eine schöpferische Vision voraus, ein Bild, eine Metapher, die im Geiste poetische Korrespondenzen herstellt. Die Imagination des Dichters ist ohne Unterlaß mit solchen universalen Korrespondenzen befaßt; ihre Sucht nach Kombinationen, ihr Verlangen, alles mit jedem zu verbinden, rührt von dem Wissen her, daß der Mensch nur durch die Poesie in die Familie alles Seienden eingeführt werden kann. Eingeführt? Viel eher zurückgeführt. Wenn die Poesie ihn durch Überraschung in die Surrealität versetzt, erkennt er seine Verwandtschaft mit dem Universum wieder, und das Unbekannte enthüllt sich ihm als die verlorene Heimat. Gerade deshalb darf der Dichter sich nicht damit begnügen, die – wie im Falle des Ikaros – bereits durch Erfindung verwirklichten Wahrheiten des Mythos zu besingen: »Da sich die Mythen zum größten Teil verwirklicht haben und noch darüber hinaus, hat der Dichter neue zu erfinden, die die Erfinder ihrerseits verwirklichen können. Der neue Geist fordert, daß man sich diesen prophetischen Aufgaben hingibt.« Poetischer und praktischer Erfindergeist sind nicht länger feindliche Brüder; sie arbeiten beide an der Verwirklichung einer umfassenden Surrealität. Allerdings darf diese Aufgabe nicht dahingehend mißverstanden werden, die Poesie habe die Welt mit den kuriosen Ahnen künftiger Instrumente zu bevölkern. Ihre Mythen mögen solche Monstren gebären, doch sind sie keineswegs um ihretwillen da. Vielmehr rüsten sie die Wirklichkeit mit einer vierten Dimension aus, der poetischen Zeit. Mit »lyrischen Teleologien und archilyrischen Alchimien« betraut, wählt der Dichter die Devise *J'émerveille*, was wörtlich genommen werden will: Ich versetze in Wunder.

Aber woher rührt diese Tendenz, ja dieser Zwang zum Wunderbaren, der sein ganzes Werk von den ältesten, allegorischen Gedichten wie *Merlin und die alte Frau* bis zur *Hübschen Rothaarigen* durchwirkt? Um sich die außerordentliche Macht und Beharrlichkeit dieses poetischen Vermögens zu erklären, nimmt man gern Zuflucht zu den Hausgöttern der Kunst, zum Genius, zur Inspiration, den Ausgeburten einer nichtssagenden Ästhetik, die mit einem Augenzwinkern die Gnade herabwinken möchte. Was Apollinaire befähigte, die Rolle des Dichters zu einer totalen zu machen und sie, bald burlesk, bald melancholisch, unter allen Lebensumständen durchzuhalten, ohne jemals aus ihr zu *fallen*, was ihn die Wirklichkeit in eine Poesie *vor* dem Wort umzufälschen zwang, wodurch allein Surrealität entsteht, war eine sehr viel menschlichere Auszeichnung. Er hatte die Wahrheit der Wunde gespürt, die uns ohne Unterlaß geschlagen wird, der Wunde, aus der die Zeit rinnt, den Mangel an Dauer. »Ich für meinen Teil habe niemals den Wunsch verspürt, den Ort zu verlassen, an dem ich lebte, und ich habe immer gewünscht, daß die Gegenwart fortdauern möge, wie sie auch sei. Nichts löst mehr Melancholie bei mir aus als diese Flucht der Zeit. Sie bildet einen so gründlichen Mißklang zu meinem Fühlen, meiner Übereinstimmung mit mir selbst, daß sie die eigentliche Quelle meiner Poesie ist.«

Verlust des Ortes und der Stunde, Auflassung der Identität durch ihren unbarmherzigen Wechsel. Doch ohne Wunde kein Wunder. Wie die Flamme sich verzehrt, um aus ihrem Schatten aufzuerstehn, so versiegt auch der Fluß nicht, der sich verschwendet. Zwar ruft die Vergänglichkeit von Liebe und Zeit Melancholie hervor, doch ohne sie gäbe es kein Verlangen nach Poesie, dem »heiteren Ausdruck des Geistes außerhalb der Zeit«. Das Verlangen, vom zyklischen Gesetz der Liebe ungestillt, drängt nach Dauer, nach Verwandlung der realen Zeit in poetische Zeit. »Nur für jene, die sich von der Poesie fernhalten, ist das Leben schmerzlich.« Wahr ist aber auch, daß nur jene sich der Poesie überantworten, für die das Leben schmerzlich ist. Vergessen können! All die Abschiede, die Gärten in Blüte, die Herbste mit ihren abfallenden Händen, die an ebenso viele Lieben erinnern, vergessen die Schatten der Toten, den eignen, der immerfort lauert . . . *Immerfort* wird den Kolumbus des Vergessens suchen, und wer zweifelt daran, daß seine umgekehrte Entdeckung dem verlorenen Kontinent der Liebe gelten soll. Nicht nur weil Liebe die schmerzlichste Erinnerung ist, sondern weil Verlangen und Vergessen siamesische Zwillinge sind, die ohne einander nicht leben, aber auch nicht sterben können.

In einer solchen, übrigens dauernden Situation entschließt sich der Dichter, der Mensch, der nicht aufgibt, zum Handeln. Er, der nicht vergessen kann, packt die Erinnerung bei den Hörnern und beginnt jenen Kampf mit ihr, der unter dem Namen Gedicht später für andre zu Trost, Vergnügen oder, falls sie begriffen haben, daß es um seine Anwendung geht, zur Veränderung dient. Denn als Mittel zur Reproduktion der Wunde führt das Gedicht, der Kampf mit den Schatten, zu ihrer symbolischen Heilung. Der Thomas de Quincey der *Jagdhörner* stillt das Verlangen, das *Immerfort* Don Juans durch künstliches Vergessen. Gern erfahren wir in diesem Zusammenhang von den Philologen, daß die Anspielung auf den englischen Romantiker ursprünglich für das *Lied des Ungeliebten* bestimmt war, zeigt uns die Konservierung und Versetzung des Bruchstücks doch an, wie das künstliche Vergessen arbeitet. Das Gedicht, das kein radikales Vergessen zu bewirken vermag, weil zwar das einstige Ziel des Verlangens, nicht aber dieses selbst sterblich ist, entschärft das vom Schicksal verordnete Junktim zwischen beiden, indem es, nach Art der Droge, die als Unrecht empfundene Zwangsbindung in ihre beiden Stränge, eine äußere, kausale und eine innere, psychische Notwendigkeit, auflöst und sie mit Hilfe des Bildes ins Irreale transponiert. Im Bild behauptet das Verlangen seinen Mythos, die Hoffnung auf Freiheit, deshalb lehnt sich das Bild gegen alle Notwendigkeit auf, die das Verlangen von außen fixieren möchte. Als Transzendenz des Verlangens über das Ziel, seinen Tod, hinaus, ist es perspektivische Flucht, in der Zeit sich verjüngt. Apollinaire kennt Gefahr wie Chance dieses Sachverhalts, und wie er ihm begegnet, weist ihn als luziden Dichter aus. Zwischen der Skylla des Realismus, dem Scheitern des Verlangens durch seine Fixierung an die Wirklichkeit, und der Charybdis bloßer Phantastik, die es, dem Opiate gleich, zu Schein sublimieren möchte, steuert er das Gedicht mit Humor hindurch, jenem so oft bezeugten göttlichen Humor, der seine Poesie in Leben und Werk wie ein roter Faden durchzieht. Warum mit Humor? Weil zwischen Scheitern und Schein der Aufenthalt unmöglich, doch unabdingbar ist, und weil einzig aus diesem paradoxen Ort höchster Gefahr das Bild seine dialektische Kraft schöpft, die es zum Umschlag von Zwang in Freiheit, will sagen von Erinnerung in Prophetie befähigt. Apollinaires Humor ist eine Form der Bewußtheit gegenüber der conditio poetae. Wenn Ahnen und Erinnern in reziprokem Verhältnis zueinander stehen und die Zeit, wie es in dem prophetischen Gedicht *Die Hügel* heißt, eine ringförmige Bewegung beschreibt, in der nichts endet und nichts beginnt, so stellt dieser Humor den jähen, umkehrbaren Übergang von Melancholie in Heiterkeit, oft das Hin und Her zwischen beiden dar. Bestes Beispiel dafür ist das kurze Gedicht *Die Tür*, dessen »Engel« sich bei näherem Zusehn als Haifischart entpuppen. Hier wird das Wortspiel zum Mittel schöpferischer Ironie; die Doppelbödigkeit der Sprache offenbart die Zweideutigkeit der Beziehungen zwischen dieser und jener Welt. »Analogien und Kalauer – lyrisches Sprungbrett und einzige Wissenschaft der Sprachen«, sagt Apollinaire. Zwischen Scheitern und Schein, Erinnerung und Ahnung behauptet der Humor das stets gefährdete, immer neu zu gründende Reich geistiger Freiheit, das sich in spirituellem Lachen bewährt. »Seit Alfred Jarry haben wir gesehen, wie sich das Lachen aus den niederen Regionen erhob, in denen es sich vorher wand, und wie es dem Dichter einen ganz neuartigen Lyrismus schenkt.« Das ganze Werk Apollinaires ist von ihm durchtränkt, ja es verdankt dem Humor als Widerpart zu bittersüßem Gefühlsüberschwang und nicht immer vollem Pathos seine innere Balance.

Humor und Prophetie erzeugen Freiheit, jener illusorische, diese perspektivische. Während der Humor, als seelischer Kompromiß, einen wunderbaren Kurzschluß leistet, zielt die Prophetie, als in die Zukunft gekehrte Erfahrung, auf tatsächliche Befreiung. Weil beide vermischt in ihm hausten, hat man geglaubt, Apollinaire nicht ernst nehmen zu dürfen; vielleicht hat er sich aber gerade auf Grund ihrer Wirkungsgemeinschaft in ihm selber »eine der größten Freuden der Menschheit« genannt, und in jedem Falle war er sich des Preises für solche Auszeichnung bewußt. Wieder taucht das Bild der Flamme auf. In *Holzkohlenglut*, in *Die Verlobung* nährt der Dichter mit eignem Leib das prophetische Vermögen. Im Gegensatz zu den überlebenden Predigern von Menschheitsuntergängen, die ihre defätistischen Visionen für Wissen auszugeben trachten, erwuchs Apollinaire aus der immer zwingenderen Ahnung des Selbstopfers, die sich kurz vor seinem Tode zum Bild des *Gemordeten Dichters* schloß, eine Kraft der Wahrsagung ohne Fehl. Das beweisen *Die Hügel*, deren

Vermächtnis die Erforschung der Bewußtseinstiefen und die Freisetzung des Verlangens sind.

Hier stoßen wir auf das essentiell Moderne bei Apollinaire: die Koppelung von Sprache und Verlangen zum Zwecke der Freiheit. Wenn das Bild der dialektische Ort ist, an dem Zwang in Freiheit umschlägt, so allein dank seiner Dynamik, die es mit dem Verlangen in Gestalt des Rhythmus teilt. »Was die freie Poesie in *Alkohol* betrifft«, schreibt er 1915 in einem Brief, »so kann es heutzutage keinen authentischen lyrischen Ausdruck geben ohne die vollständige Freiheit des Dichters, und selbst wenn er in regelmäßigen Versen schreibt, verlockt ihn seine Freiheit zu diesem Spiel; außerhalb dieser Freiheit könnte es keine Poesie mehr geben . . . Der Augenblick, um auf die Sprachprinzipien zurückzukommen, ist noch nicht da, aber er wird kommen, und in diesem Augenblick wird die Reinheit dieser oder jener Sprache nicht sehr ins Gewicht fallen. Die Konventionen sind eine Art von Schamgefühl, die Leidenschaft aber kennt keine Scham, und der Dichter, der Künstler sind ihrem Wesen nach leidenschaftliche Menschen, die das Schamgefühl und die übrigen Konventionen, die das Leben selbst nicht kennt oder deren Notwendigkeit es zumindest nicht erfordert, notwendigerweise vergessen müssen.«

Nun ist die Regelmäßigkeit des Verses, das Metrum, selbst eine Konvention, insofern es den Rhythmus kanalisiert und damit die Rasanz, die Leidenschaftlichkeit der Sprache zum Gleichmaß zwingt. Durch Wägen oder Messen wird in den Sprachfluß ein Vernunftprinzip eingeführt, das die unstetige Abgabe seelischer Energie an die Sprache reguliert, wodurch die Poesie, selbst wenn ihre Botschaft dem widersprechen sollte, zur Domestizierung des Menschen beiträgt. Das Bild, als Vision ursprünglich spontan und in alogischer Verkettung wetterleuchtend, gerät durch die fremde Lenkung seines Mediums in Gefahr, zum Abbild vernunftgesteuerter Erkenntnis zu werden. So bändigt im regulären Gedicht die Vernunft das irreguläre Verlangen. Nicht zufällig ruft daher Apollinaire aus: »Nichts weiß ich mehr und liebe über alles«, als er um Verzeihung dafür bittet, »das alte Versespiel nicht mehr zu kennen.« Noch weniger zufällig beginnt er dem Rhythmus dort, wo die Bildlichkeit vom Thema her am banalsten sein darf, zum Durchbruch zu verhelfen, und zwar mit Hilfe des Geschwätzes; denn was ist Geschwätz anderes als das maßlose Verlangen zu sprechen um des Sprechens willen? Drum unterhöhlt in den *Frauen* das Geschwätz die Konvention der Poesie mittels konventioneller Sprache, bevor es sie, gleichsam doktrinär geworden, in den späteren *poèmes-conversations* vollends durchbricht. Nicht um sie abzuschaffen. Von Gemeinplatz, Ausruf und einfältigem Bild erst ironisiert, dann bizarr durchlöchert, wird die ruinierte Konvention im gleichen Maße zur Ausdrucksform prosaischer Gefühle, in dem durch die Reinkultur dieser Zierden der Umgangssprache der Lyrismus der Alltäglichkeit entsteht. »Es geht um Geschwindigkeit, um Abkürzung, der telegraphische Stil bietet uns Hilfsmittel, denen die Ellipse Kraft und wunderbar lyrische Würze geben wird.« Das Tempo des regulären Verses ist zu gleichförmig und außerdem zu gering für die Bilder, die eruptiv aus dem stoßenden oder flutenden Rhythmus des Verlangens auftauchen, eines Verlangens *als* Sprache, das nicht mehr aus Heimweh nach verlornen Zielen in Bilder transzendiert, die die Welt bedeuten, sondern in solchen lebt, die Welt sind. Substanz statt Schein. Das Welttheater geht über ins Straßenschauspiel, das Bild fährt ins Fleisch; nicht länger Stellvertreter, wird endlich das Wort zum Eingebornen. Mit einem Seitenhieb auf den theologischen Charakter traditioneller Ästhetik sagt Apollinaire: »Man hat sich an Bilder gewöhnt. Es gibt keines mehr, das nicht akzeptabel wäre, und alles kann durch alles symbolisiert werden. Eine Literatur aus Bildern, aufgereiht wie die Perlen am Rosenkranz, taugt höchstens noch für Snobs, die auf Mystizismus versessen sind.« In der Tat setzt Bildkult, als Form der Anbetung, gemessene Sprache voraus, – das nackte Bild aber, das Wort in Freiheit, lebt ungebunden. Teils entsteht es, wie *Das Haus der Toten* oder der Beginn von *Eine Wolkenerscheinung*, direkt aus der Prosa, teils unter dem Diktat eines schwindelerregend kühnen, kaum noch von der Syntax zu bändigendem Rhythmus, wie in den sieben inneren Gedichten der *Verlobung*. Entscheidend ist der Rhythmus. Wo Apollinaire in gebundener Sprache redet, herrscht eine rückgreifende Tendenz vor, ein schmerzliches Erinnern, ein Sichverlieren an mythische Welten, während sein ungebundner Atem die Sprache der Gegenwart und Zukunft entfacht, die des handelnden Verlangens. Jugend und Mannesalter decken sich bei ihm mit diesen beiden Tendenzen, die im Grunde nur eine einzige, janusköpfige ist und weit mehr als ästhetischer Natur. In jeder Generation stellt sie sich von neuem als anthropologische Alternative, und Apollinaire, der seine Epoche verkörperte, wußte, daß er auf der Schwelle stand. Wohl sind bei ihm ästhetisches und anthropologisches Denken noch ungeschieden, aber die Gegensatzpaare, in die er den Widerstreit namentlich kleidet, zeigen den akuten Grad seiner Bewußtheit, wenn man sie innerhalb der ihnen immanenten Klimax Zeit – Logos – Psyche einander zuordnet. Der ästhetischen Alternative von Erfindung und Tradition, von Denken und Klang, von Schönheit aus Leiden und Güte und Schönheit der Maße entspricht auf anthropologischer Ebene der Kampf zwischen Zukunft und Erinnerung, Abenteuer und Ordnung, Verlangen und Entsagung. Beide miteinander koppelnd, könnte man formulieren: Während die Tradition mittels Klang und Schönheit der Maße zur Erinnerung verführt und damit in Ordnung, das heißt Entsagung gefangenhält, verlockt die Erfindung durch Denken und Schönheit aus Leiden und Güte zur Zukunft, das heißt zum Abenteuer des Verlangens.

Beherrscht diese Alternative mitsamt ihren Schlüsselworten auch zweifellos die Dichtung Apollinaires letzter Lebensjahre, so scheint ihr doch ein Widerspruch innezuwohnen, der weniger ihr selbst als unsrer Klimax eignen würde. Wieso stehen in ihr Denken und Verlangen, durchs Abenteuer verschwistert, einander bei statt gewohntermaßen Denken und Entsagung, verkuppelt durch Ordnung? An dieser Stelle geht wie die Sonne, mit der er sie vergleicht, die »glühende Vernunft« als Antwort auf. In ihr paaren sich Denken und Verlangen zum fundamentalsten jener »Sprachprinzipien«, die Apollinaire in seinem Brief ankündigt. Wenn Breton sagt, Apollinaire habe erkannt, daß es an die Essenz des Wortes zu rühren gelte, um die Welt zu verbessern, so hat er sich damit als legitimer Vollstrecker jenes geistigen Testaments ausgewiesen, das er mit Recht im *Sieg* sah. In principio est verbum – darin stimmen die Geister überein, und daran scheiden sie sich. Wer göttliche Vernunft oder ihren säkularisierten Nachfahr meint, entscheidet sich für die Ordnung; wer Verlangen meint, überantwortet sich dem Abenteuer. Apollinaire stellt fest: »Ihr deren Mund gemacht ist nach dem Bilde des göttlichen Mundes / Des Mundes der die Ordnung selbst ist« und setzt dem seine wahrhaft revolutionäre Haltung entgegen: »O Münder der Mensch ist auf der Suche nach einer neuen Sprache / Der die Grammatiker aller Länder nichts mehr zu sagen haben werden«.

Was im Text folgt, das prächtige Plädoyer für Räusper, Rülpser, Lippenfurze und andre Organgeräusche, dürfte schwerlich als erster Spatenstich für eine selbstherrliche Onomatopoesie gedacht gewesen sein, vielmehr als Aufforderung, die Sprache endlich für das zu nehmen, was sie schon seit jeher war: nämlich nicht uneigentlich, nicht Medium der Idee, und sei sie göttlich, sondern spontane Kundgebung des Körpers. Wenn das geschieht, wenn Verlangen und Denken ungetrennt Sprache werden, wird das Idiom der artikulierten und nicht artikulierten Laute zusammen mit der Gesten- und Mienensprache eine einzige, umfassende Körpersprache bilden, für die es sinnlos wäre, die Reinheit der Ideensprache zu fordern, weil das Prinzip dieser »neuen Sprache« die dynamische Synthesis des rationalen und irrationalen Bereichs ist. Erst dann wird, wie es im *Sieg* heißt, »alles einen neuen Namen haben«, einen Eigennamen gleichsam, auf den die verwandelte, verwandte Welt dem Menschen hört.

Hier weiterzudenken, führt über Apollinaire, ja über den Surrealismus hinaus, den er vorwegnimmt und mit der Synthese der »glühenden Vernunft« sogar hinter sich läßt. Wir werden jedoch nicht umhin können, in Apollinaire einen anderen Dichter zu sehen als zuvor, wir werden in dem folkloristischen und modernistischen Sänger, für den er galt, den Seher der Freiheit entdecken müssen. Einer Freiheit, der wir uns nicht entziehen können, *weil* sie dichterisch ist. Denn durch seine Dichtung hat Apollinaire der Sprache eine neue Aufgabe gesetzt. Indem er die Poesie herausführte aus ästhetischem Schein und ihr Verlangen, das das unsre ist, auf die Substanz dieser Welt richtete, hat er die Sprache zur Selbstveränderung des Menschen bestimmt.

# Inkubation

## Vom Ursprung des Artaudschen Theaters

### *Argument*

Über Artaud schreiben, heißt zweifellos, die primäre Erfahrung seines Lebens auf Sprache zu verkürzen, besteht sie doch gerade darin, unterhalb, außerhalb der Sprache zu leben; andrerseits hat Artaud, um sie artikulieren zu können, diese Erfahrung selber in Sprache fassen müssen, ja sie ist ihm überhaupt nur durch Ausdruck in ihrer ganzen Tragweite bewußt geworden. Als Krankheitsphänomen zunächst eine bloße Tatsache, dann durch fortwährende Drogeneinwirkung auf bald lähmende, bald ekstatische Weise gesteigert, ist diese Erfahrung von Artaud in gleichem Maße *gemacht* worden, in dem er ihre Wirklichkeit *vor* dem Wort erst in Literatur, dann in seine Theaterkonzeption, als ihr Opfer schließlich in jenen luziden Wahnsinn umsetzte, der sie aufrührerisch gegen den Wahn der Vernunft kehrte. Auf diesem Schicksalsweg hat Artaud so gut wie alle Grundbegriffe, alle Denkschemata, in die wir Leben und Kunst einsperren, auf so radikale Weise gesprengt, daß nur ihre Hülsen zurückgeblieben sind, während ihr freigesetztes Potential weiterhin auf Verwirklichung wartet. Darum muß einem Mißverständnis vorgebeugt werden. Woran wir nicht teilhaben können, wenn wir Artaud lesend oder schreibend reflektieren, wogegen wir verstoßen, indem wir sein Werk in die Wörtersprache unseres Bewußtseins eingemeinden, ist zwangsläufig dasjenige, was er um der Mitteilung willen beim Schreiben seinerseits veräußern mußte: eine innere Realität, die durch Sprache zugleich sichtbar gemacht und ihrer selbst entfremdet wird. Diese Realität spiegelt sich, bevor sie in der Formen- und Gebärdensprache des Artaudschen Theaters zumindest konzeptionellen Ausdruck findet, in seinen Frühschriften vielfach gebrochen wider, wobei das System von Sprache, das Verhältnis von Zeichen zu Bezeichnetem, symptomatische Verwerfungen erleidet. Diese teils unmerklichen, teils augenfälligen Verwerfungen, Verschiebungen, Entstellungen, dieses heimliche Abrutschen, Wegsacken von Sinn, diese innere Auszehrung der Sprache, deren exorbitante Bilderwut auf ihren eignen Ruin rückverweist, kurzum, dieses »geistige Drama«, das Artauds Frühwerke konvulsivisch bewegt, enthält im Keim geballt, auf sich selbst bezogen und daher subjektiv, bereits so gut wie alle Komponenten seiner späteren objektiven Entfaltung. Die Lektüre dieser Frühwerke, von der *Correspondance avec Jacques Rivière* bis zu *A la grande nuit*, sollte deshalb eher auf Bewandtnis als auf Bedeutung gerichtet sein, sie sollte ihren gleichsam handschriftlichen Duktus zu entziffern suchen, um den Kräften und Impulsen, die hier zum Austrag gelangen, auf die Spur zu kommen; denn der Prozeß ihrer Mortifikation im Werk ist kein abgeschlossener, der Text arbeitet, wie noch nicht völlig abgestorbenes Holz, weiter. Was von der Lektüre her, die dem Bezeichneten gilt, wie gesteigertes, explosives Leben anmutet, stellt sich dem Schreibenden, der mit Sprachzeichen umgeht, als in Bewegung erstarrtes Drama, als konvulsivisches Nachleben dar. Dieser Dialektik stand Artaud weitaus bewußter gegenüber als jene Surrealisten, die auf Automatismus setzten. In einer wenig beachteten Bemerkung in *Bilboquet*, der einzigen scheint es, die Artaud über die Arbeit des Schriftstellers gemacht hat, heißt es: »Wir schreiben selten auf der Ebene des Automatismus, der die Verwirklichung unsrer Gedanken lenkt. Die höchste Kunst besteht darin, dem Ausdruck unseres Denkens durch Vermittlung einer zweckdienlichen Rhetorik das Schroffe, Wahrhaftige seiner anfänglichen Schichtungen wiederzugeben, wie in der gesprochenen Sprache. Und die Kunst besteht darin, diese Rhetorik auf den Kristallisationspunkt zurückzuführen, der erforderlich ist, damit sie mit gewissen realen Seinsweisen des Fühlens und Denkens einswerden kann. – Mit einem Wort, nur der Schriftsteller wird überdauern, der diese Rhetorik dazu bringt, sich so zu verhalten, als sei sie bereits Denken, und nicht bloß die Geste des Denkens.« Verblüffend an dieser Äußerung ist das Mißtrauen gegenüber dem Automatismus, der analog zur Grundregel der Psychoanalyse, die ihm zum Vorbild gedient hat, das wirkliche, unmittelbare Funktionieren des Denkens zum Ausdruck bringen soll, wogegen Artaud ausgerechnet auf Kunst, auf Rhetorik setzt, um die Ursprünglichkeit von Denken und Fühlen wiederzugeben. Der vermeintliche Widerspruch klärt sich, wenn Rhetorik hier reduziert, ihrer Formenstrenge bis zu dem Punkt, an dem sie sich aus der Mutterlauge des Denkens und Fühlens auskristallisiert hat, entkleidet werden soll, damit sie in statu nascendi wieder mit ihnen einswerden kann. In diesem Entstehungsstadium leistet Rhetorik gewissermaßen Vermittlung mit Eigenleben*, denkt sie selber, statt Denkschablone zu sein. Diese Vermittlung aber ist ein Akt der Übersetzung zwischen zwei Realitäten, der lebendigen, noch ungestalteten von Kräften, die sich in Trieben, Gefühlen und Denkvorgängen manifestieren, und der zu Sprachformen abgestorbenen; deshalb weist alles, von diesem Kristallisationspunkt aus gesehen, ein positives bzw. negatives Vorzeichen auf, je nachdem welchem Bereich es angehört. Im Grunde geht es um spontane Einheit von Sprache und Impuls, Wort und Ding, Bild und Emotion, das geistige Leben soll auf der Schneide balancieren, immer nur Prozeß, niemals Ergebnis sein – daher die wütende Verurteilung alles Geschriebenen, das die Gegenwart mortifiziert, daher der Bruch mit jeder äußeren Realität, die uns Menschen festlegt. Aber diese spontane Einheit ist nicht gegeben, sie muß *gemacht* werden, wiederhergestellt werden wie das Leben, das dem jungen Artaud verwehrt bleibt, obwohl er existiert. Und wie wird es gemacht? Durch Schreiben! Denn Artaud vermag sich ebensowenig wie jeder andere der Paradoxie zu entziehen, daß der Mensch nicht Natur, sondern Kunstprodukt seiner selbst ist, ein Zeremoniell, das immer aufs neue getätigt werden muß. Was ihn allerdings vor der Zweideutigkeit des geistigen Spiels bewahrt, ist sein Erleiden dieser Ambivalenz im Fleisch, seine körperliche Erfahrung der Dialektik von Sprache und Sprachlosigkeit, aus der er schließlich, mit Hilfe eines anderen Mediums, zur Synthese einer erweiterten Realität von Sprache gelangt, die Position wie Negation aufhebt und zugleich bewahrt. Anfang der dreißiger Jahre vertauscht Artaud zumin-

* Das französische *truchement,* hier mit *Vermittlung* wiedergegeben, weil es nur noch figurativ gebraucht wird, geht auf *trucheman, drogman* zurück und bedeutet eigentlich *Dolmetscher.*

dest potentiell die Literatur als Ausdruck subjektiven Schicksals mit dem Theater als Aktion metaphysischer Kräfte, deren Wirken auf konkrete, objektive Weise zur Darstellung gelangen soll. Dieses Welttheater setzt nicht vom Autor vor-geschriebenes Leben in Szene, sondern weckt die im Schauspieler organisch, das heißt in den Organen wohnenden Kräfte zu gestischem Handeln, das leibhaftig, nicht abbildlich für das Weltgeschehen steht. Deshalb wird diese »tätige Metaphysik« auf der Bühne gemacht, wozu das Arsenal theatralischer Mittel vergleichbar damit, wie Artaud schreibend mit Rhetorik verfährt, auf jenen Kristallisationspunkt zurückgeführt wird, wo sie mit realen, durch »Gefühlsathletik« steuerbaren Seinsweisen der Lebenskräfte wieder einswerden können. Die Ambivalenz dieses Punktes, an dem Theater entsteht, ist nun eine umgekehrte. Negativ empfunden werden jetzt die anarchischen Lebenskräfte, solange sie einerseits auf selbstsüchtige, praktische Verwirklichung drängen und andrerseits im abgetrennten Geist als tote Begriffe sich widerspiegeln; positiv dieselben Kräfte und Impulse insofern, als sie durch das Theater zeremoniell getätigt und wieder in das Weltganze eingegliedert werden. Mit dieser Wendung zu einer »Poesie im Raum«, die das Wort durch die Gebärde ersetzt und unsern Begriff von Sprache derart erweitert, daß Kommunikation einen magischen Sinn gewinnt, findet die Widersprüchlichkeit der primären Erfahrung Artauds ihre Auflösung in einer Theaterkonzeption, von der aus jene Werke wider Willen, in denen Artaud zu sich selbst findet, als Inkubationen seines folgenreichen Entwurfs erscheinen.

## *Denken und Sprache*

Im Jahre 1923 schickte ein junger, unbekannter Schauspieler namens Antonin Artaud einige Gedichte an die berühmte Literaturzeitschrift *Nouvelle Revue Française* mit der Bitte um Veröffentlichung. Jacques Rivière, ihr damaliger Chefredakteur, lehnte ab, nahm jedoch soviel Interesse an ihnen, daß er den Verfasser bat, eines Tages in der Redaktion vorzusprechen, was einen guten Monat später geschah. Noch am gleichen Tage nach der Unterredung schrieb Artaud an Rivière, und damit begann, von beiden unbeabsichtigt, der kurze Zeit später ohne die betreffenden Gedichte veröffentlichte *Briefwechsel mit Jacques Rivière*.

Ein ungewöhnlicher Vorgang. Welcher Redakteur veröffentlicht schon die Argumente eines Dichters gegen die Ablehnung durch ihn selbst, und welcher Autor stimmt der Veröffentlichung der beiderseitigen Argumente zu und gibt sich mit der Zurücknahme seiner Gedichte zufrieden? Offensichtlich war für beide Teile die Argumentation wichtiger als die Poesie; denn worum es hier ging, war das Verhältnis des Schreibenden zu Denken und Sprache, im Falle Artauds ein ganz besonderes: »Ich leide an einer entsetzlichen Krankheit des Geistes. Mein Denken läßt mich in jeder Hinsicht im Stich. Von der einfachen Tatsache des Denkens bis zur äußeren Tatsache seiner Materialisierung in den Wörtern. Wörter, Satzformen, Steuerung des Denkens von innen her, einfache Reaktionen des Geistes – fortwährend stelle ich meinem intellektuellen Wesen nach. Wenn ich daher *eine Form zu fassen kriege,* und sei sie noch so unvollkommen, so halte ich sie fest, weil ich befürchte, sonst alles Denken einzubüßen. Ich bin unterhalb meiner selbst, ich weiß es, ich leide daran, aber ich bin damit einverstanden, weil ich Angst habe, sonst gänzlich zu sterben.«

Diese Krankheit des Geistes war keineswegs die literarische Modekrankheit des Nicht-mehr-sprechen-Könnens, die eine Generation zuvor beispielsweise einen Hofmannsthal dennoch den Chandos-Brief schreiben ließ, sondern eine seit der Gymnasialzeit manifeste, wahrscheinlich auf eine frühkindliche Meningitis zurückgehende neurologische Erkrankung, an der Artaud in Schüben sein ganzes Leben hindurch litt und die ihn, durch fortwährende Drogeneinwirkung bald besänftigt, bald gesteigert, dem neun Jahre langen Leidensweg der psychiatrischen Anstalten überantwortete. Ob dieses Krankheitsphänomen eine Geisteskrankheit bzw. die Vorstufe zu ihr war oder nicht, wird unentscheidbar bleiben; fest steht jedoch, daß es die Ausgangs- und Endbedingung seiner geistigen Existenz war. Dabei geht es angesichts der Wende, die Strukturalismus und Antipsychiatrie in der Beurteilung der Geisteskrankheit herbeigeführt haben, schon längst nicht mehr um die Frage, inwieweit im Falle Artaud Denken und Sprache durch Rekurrieren auf sie legitimiert oder entschuldigt werden sollten, sondern vielmehr darum, welche anthropologischen Aspekte sich durch sie eröffnen. In den Briefen an Rivière handelt es sich nur vordergründig um Poesie, nur im Sinne einer ersten Bestreitung von Kunst; Artaud weiß, daß seine Gedichte unvollkommmen sind, daß sie klirren wie ein verstimmtes Instrument, aber er weigert sich, sie zu glätten und dadurch zu verleugnen, was für ihn Authentizität bedeutet. »Dieses Zerstreutsein meiner Gedichte, diese Formlaster, diese fortwährende Beugung meines Denkens darf nicht etwa einem Mangel an Übung, an Beherrschung des von mir ausgeübten Instruments, an *intellektueller Entwicklung* zugeschrieben werden; sondern einem zentralen Einsturz der Seele, einer zugleich wesentlichen und flüchtigen Art von Erosion des Denkens.« Artaud beschreibt die gleichsam physiologischen Störungen seines Denkens und die daraus folgenden Sprach- und Schreibstörungen mit solcher Eindringlichkeit und Genauigkeit, daß diese seitenlangen Analysen nicht nur zum beherrschenden Thema dieser und anderer Briefe, sondern zu einer neuen Prosagattung werden, die seine Frühwerke weitaus besser kennzeichnet als die gelegentlich in ihnen enthaltenen Gedichte, was Rivière zu der Feststellung veranlaßt: »Etwas frappiert mich: der Kontrast zwischen der außerordentlichen Präzision Ihrer Selbstdiagnose und der Unbestimmtheit oder zumindest Unförmlichkeit der Gestaltungen, die Sie versuchen.« Diese Unbestimmtheit führt Rivière unter Anspielung auf den Surrealismus, der für ihn das »unmittelbare und sozusagen animalische Funktionieren des Geistes« betreibt, auf die absolute Freiheit eines Geistes zurück, der sich nicht äußerer Realität unterwirft und sich von ihr formen läßt, was nur zum Nichts oder zum Wahnsinn verleiten könne, worauf Artaud kontert: »Man muß sich nicht gar zu sehr beeilen, über Menschen zu Gericht zu sitzen, man muß ihnen Kredit einräumen bis zum Absurden, bis zur Neige. Diese gewagten Werke, die Ihnen oft als Hervorbringung eines noch nicht im Besitze seiner selbst befindlichen Geistes vorkommen, der sich vielleicht niemals besitzen wird, wer weiß, welches Hirn sie verbergen, welche Lebensmacht, welch denkendes Fieber, die allein die Umstände niedergehalten haben.« Im gleichen, übrigens letzten Brief formuliert er zum erstenmal positiv, worauf es ihm ankommt: »die unabtrennbare Realität in sich haben«. Denn die Unfähigkeit zur Objektivation beruht negativ wie positiv auf dieser einzigen Realität, die Artaud anerkennt und die er Lebenskraft bzw. Vitalität nennt: negativ, insofern sie versagt, was sich paradoxerweise dadurch äußert, daß sie sich nicht äußert (Artauds größte Angst ist die allgemeine Paralyse, von der er sich bedroht fühlt), positiv, insofern sie sich gerade deswegen absolut erfährt, das heißt keine ablösbaren Hervorbringungen zeitigt. »Wo andere Werke vorlegen, habe ich nichts andres im Sinn, als meinen Geist vorzuzeigen. Das Leben besteht darin, Fragen zu verbrennen. Ich fasse ein Werk nicht losgelöst vom Leben auf. Ich mag keine losgelöste Schöpfung. Auch den Geist fasse ich nicht losgelöst von sich selbst auf«, heißt es zu Beginn der Textfolge *Der Nabel des Zwischenreichs*, des ersten jener Werke wider Willen, die um das Verhältnis Denken-Sprache kreisen. Das erste Kunstprodukt des Geistes aber ist das Ich, die scheinbar über den Lebensvorgängen stehende und sie lenkende Instanz, das Ich als Überheblichkeit und Selbstsucht des Geistes, der sein eignes Leben zum bloßen Mittel herabwürdigt, um sich zu vergotten. Diesem zur festen Größe verdinglichten Ich, das dem Leben *gegenüber* steht, diesem Kultur- und Kultträger, den er später verächtlich »vorläufigen Inhaber von Geist« nennt, entzieht sich Artaud in einem Prozeß zerstörerischer Abzehrung, der ein anderes, »mein künftiges Ich« hervorbringt, das nicht mehr Produkt, immer nur Werden und Wandel ist. In dieser Spaltung des Ichs besteht der anthropologische Neuansatz, den ihm die Psychiatrie später als Schizophrenie bescheinigt, als er aus Rodez schreibt: »Denn ich will mich immerwährend, das heißt als Ich, das sich regt und sich selbst erschafft in jedem Augenblick, und nicht ewig, das heißt als absolutes Ich, das mir stets von der Höhe seiner Ewigkeit aus gebietet durch den Geist aller Doubles, die nicht vorwärts wollen, sondern in ihrer unveräußerlichen Marmelade kontemplativer Buddhas von ich weiß nicht was für einem ewigen Geist verharren, der niemals existiert hat, wo doch immer nur der gegenwärtige Körper unseres unmittelbaren Seins in Zeit und immerwährendem Raum existiert und nicht die Ewigkeit genannten Doubles der Vergangenheit.«

Die Wiederherstellung von Geist und Leben, ihre ungetrennte Verwirklichung in actu, stellt sich also keineswegs als Gesundung im Sinne einer Anpassung an die dualistische Vorstellung dar, die sich unsre rationalistische Kultur von ihnen macht, im Gegenteil, insofern Schreiben dieser Wiederherstellung dient, vollzieht es eine Organisierung von Denken und Sprache, eine Rückbindung aller mentalen Akte ans Organische. Wieder sind dabei zwei einander ergänzende Prozesse wirksam. In dem Maße, wie das verallgemeinernde, abstrahierende Denken der Philosophie, vertreten durch Begriffe wie Geist, Seele, Leben, Körper, seiner herkömmlichen Funktion des Ordnens und Klassifizierens entwöhnt wird, was sich zunächst durch uneindeutigen, fließenden Sprachgebrauch bemerkbar macht, entwickelt sich in den Frühschriften Artauds eine teils paralogische, teils völlig irrationale Bildwelt, ein metaphorischer Sprachduktus, der direkter Ausdruck jener Vorgänge ist, die sich im sensitiven Fleisch, im souveränen Körper abspielen. Bezeichnenderweise nennt Artaud die Textfolge, in der sich beide Prozesse, der ab- und der aufbauende, am genauesten ausbalancieren, *Die Nervenwaage.* »Wißt ihr, was freischwebende Sensibilität ist, jene Art schreckenerregender, zweigeteilter Vitalität, jener Punkt notwendigen Zusammenhangs, zu dem das Sein sich nicht mehr erhöht, jene drohende Stätte, jene niederdrückende Stätte.« Wie das Zwischenreich zeigt die Waage die Flüchtigkeit des Aufenthalts an, aber sie ist Zustand, nicht Ort, wodurch das prekäre Gleichgewicht schon im Entstehen wieder gefährdet wird. In der Tat gewinnt die primäre Erfahrung Artauds in dieser Textfolge ihre größte Schärfe. Ging es in den Briefen an Rivière noch um Entschuldigung, Rechtfertigung, Werben um Verständnis, so wird Artaud sich jetzt seines Verhängnisses und der Tragweite, die es für den menschlichen Geist hat, vollauf bewußt. Er begreift, daß man den Intellekt verlieren kann, ohne zu verdummen oder irre zu werden, daß man »von Unwirklichkeit erleuchtet« sein kann, weil die Sprache ihre Bezeichnungskraft eingebüßt hat, obwohl sie als Mitteilungssystem noch vorhanden ist, und das Denken, dessen Ausdruck sie sein sollte, anderswo geschieht als in diesem seinem angestammten Medium. »Und ich habe euch gesagt: keine Werke, keine Sprache, kein Wort, kein Geist, nichts. Nichts, außer einer schönen Nervenwaage. Eine Art von unbegreiflichem, aufrechtem Stillstand inmitten des Ganzen im Geist.« Kein Geist, im Geist – dieser Widerspruch besteht nur innerhalb der Sprache, er verweist auf Denken, das nicht-signifikant ist wie eine Organfunktion, die geschieht, ohne zu bedeuten. An diesem Punkt erhebt sich die Gefahr des Mystizismus, des Jonglierens mit Begriffen und Bildern, denen keine Denkakte mehr entsprechen. Für Artaud ist diese Gefahr umso größer, als sein Denken nicht in Anspruch nimmt, über- oder unterbewußte Erfahrung zu sein, die sich durch symbolischen Sprachgebrauch mitteilen könnte. Wenn er nicht zu sagen vermag, was dieses Denken ist und wie es sich anders als durch sprachliche Widersprüche äußert, wie will er dann beweisen, daß es überhaupt geschieht? Zunächst bekennt er sich offen zu einer Art von Solipsismus: »Ich bin Zeuge, ich bin der einzige Zeuge meiner selbst. Diese Rinde von Worten, diese unmerklichen Transformationen meines Denkens mit leiser Stimme, jenes kleinen Teils meines Denkens, den ich als bereits formuliert ausgebe und der vorzeitig gebiert – ich allein bin der Richter, seine Tragweite zu ermessen.« Dann aber beginnt er den Vorgang der Ich-Spaltung auf der Ebene des Denkens bis zu seiner Entstehung zurückzuverfolgen; er nimmt wahr, daß dem Ich als Größe, als Ort, ein mortifizierendes Denken in Begriffen entspricht, dem sich sein dynamisches, nicht lokalisierbares Ich durch ein Denken entzieht, das jene Begriffe nicht länger anerkennt und durch sie hindurchschlüpft. Begriffe sind für ihn *termini* im Wortsinn von *termes*, Endstationen, Eingrenzungen, die festlegen und lähmen, statt freie Entfaltung zu ermöglichen; sie verdinglichen das Ganze, segmentieren es zu Geist-Seele-Körper, schaffen Rangordnungen zuvor isolierter Fähigkeiten und Funktionen, bewerten oder kritisieren ihre Leistungen, kurzum, sie wirken ideologiebildend. Die erste Aufgabe der Wiederherstellung ist jetzt paradoxerweise nicht mehr das

Festhalten von Formen, sondern ihre systematische Preisgabe und Zersetzung. »Und damit mein Denken ANDERSWO geschieht in diesen Augenblicken, muß ich es durch diese Begriffe hindurchgleiten lassen, wie widersprüchlich untereinander, wie gleichlaufend, wie zweideutig sie auch sein mögen, bei Strafe des Innehaltens in diesen Augenblicken des Denkens.« Nicht mehr in diskursiven Entfaltungen geschieht Artauds Denken, sondern in Gestalt plötzlicher, punktueller Ereignisse, als »Fragmente eines Höllentagebuches«, die nicht Gedankensplitter, eher Konfigurationen aus Begriffsruinen und aggressiven Bildern sind, die ebenso abrupt verenden, wie sie auftauchen. Die ohne gewohnten Bezug gebrauchten Begriffe, die Begriffe ohne Substrat verschieben sich an der Textoberfläche wie erkaltende Schlacken gegeneinander, während die zähflüssige, von Lähmung bedrohte Lava des Denkens, die sie erst abgesondert hat und jetzt von ihnen erstickt wird, sich in Explosionen rotglühender Bilder zu befreien sucht, deren Kernworte nicht umsonst Blitz, Vulkan, Schrei und Blut heißen. Diese »gedrängten, rasanten Bilder«, die in alogischer Verkettung hochschießen, sind verschlüsselte Signale einer Bewußtseinsschicht, die zwischen Vor- und Unterbewußtsein zu liegen scheint und gewisse Aufschlüsse über die Anreicherung einer neuen Vitalität gibt. »Das Problem der Abzehrung meines Ichs stellt sich nicht mehr ausschließlich unter seinem schmerzlichen Aspekt dar. Ich spüre, daß neue Faktoren in die Denaturierung meines Lebens eingreifen und daß ich so etwas wie ein neues Bewußtsein meines inneren Verlustes habe.« Der Weg zurück zum Chaos, zum Nichts, wie vom Logos aus die Zersetzung des Denkens sich darstellt, ist kein bloß bionegativer, er leistet eine Wiederannäherung an die Materie, die freilich nicht toter Stoff ist, sondern von einem Leben beseelt, das nicht mehr im Gegensatz zum abgetrennten Geist steht. Diese Materie erfährt Artaud an sich selbst, sie ist sein Körper, der zeitweise von Geist und Seele verlassen ist und diesen Zustand als Angst, aber auch als Glückseligkeit erlebt, weil er in solchen Augenblicken Souveränität erlangt. An diesem Punkt der Läuterung durch eine Krankheit, welche Heilung von Geist und Seele bewirkt, sofern sie sich zum Bewußtsein verselbständigt haben und den

Körper nur benutzen, kündigt die Sprache ihren Dienst als Signifikant, wird sie spontane Kundgebung des Körpers, nämlich Laut oder Schrei, wogegen sie als bezeichnende, als die sie Artaud wider Willen gebrauchen muß, sich nicht anders als in bildkräftigen Paradoxa zu artikulieren vermag. »Jene Art Schritt rückwärts, den der Geist trotz des Bewußtseins macht, das ihn festlegt, um nach dem Lebensgefühl zu suchen. Dieses Gefühl liegt außerhalb des Punktes, an dem es der Geist sucht, und der mit seiner reichen Dichte an Formen und an frischem, fließendem Wasser auftaucht; dieses Gefühl vermittelt dem Geist den erregenden Laut der Materie, die ganze Seele stürzt sich in sie und vergeht in ihrem glühenden Feuer. Aber was mehr als das Feuer die Seele raubt, ist die Durchsichtigkeit, die Leichtigkeit, die Natürlichkeit und die eiskalte Aufrichtigkeit dieser allzu frischen Materie, die heiß und kalt aus einem Munde bläst. Dieser hier weiß, was das Erscheinen dieser Materie zu bedeuten hat und welchen mißhandelten unterirdischen Gewölbes Preis ihr Aufblühen ist. Diese Materie ist das Eichmaß eines Nichts, das sich nicht kennt.« An der Materie, der Lebensmaterie das Nichts ermessen, das infolge der Dekadenz des Logos in seiner Person aufgetaucht ist und das zwar spürbar, doch nicht erkennbar ist: diese Aufgabe erfordert von Geist, Seele und Körper bzw. von demjenigen, was wir mit diesen Begriffen mißverstehen, ein neues Verhalten. Mit ausgeprägtem Spürsinn für jene schicksalhafte Logik, die das scheinbar Unlogische auferlegt, formuliert Artaud diese Aufgabe: »Der Metaphysik ins Auge schauen, die ich mir als Funktion jenes Nichts gebildet habe, das ich trage.«

## *Metaphysik des Fleisches*

In den Augenblicken größter Hinfälligkeit, wenn Geist und Seele auf ein Mindestmaß ihrer Funktion eingeschränkt, vielleicht sogar abwesend sind und der Körper Souveränität erlangt, eine unfreiwillige, auf Leiden gründende Souveränität, die nach menschlichem Ermessen keine ist, weil sie handlungsunfähig macht und der Sprache beraubt, in diesen paradoxen Augenblicken des Schmerzes bringt der einsame Körper seine eigene Sprache hervor, die konvulsivische Sprache der Gebärde, des Schreis. Zweifellos hat Artaud diese beiden Grundelemente seines Theaters der Grausamkeit auf Grund seines jahrelangen Martyriums als ein Medium erfahren, das der Wörtersprache an Unmittelbarkeit und Ausdruckskraft überlegen ist, weil es ansteckend wirkt und sich ohne intellektuelles Verstehen überträgt; seine Leistung besteht jedoch nicht nur in der Verallgemeinerung und künstlerischen Objektivierung dieser Erfahrung, was auch ihre Wendung ins Positive einschloß, sondern auch in ihrer Verankerung in einer übergreifenden Tradition. Artaud erkannte, daß Schrei und Gebärde unmittelbare Äußerungen der Vitalität sind, daß sie durch bewußten, ritualisierten Gebrauch befähigen, gehemmte oder geschwächte Lebenskraft wiederherzustellen, daß solcher Gebrauch zumindest im Augenblick seiner Ausübung eine im strengen Wortsinn irrationale Auffassung vom Körper erfordert, die wiederum auf gewissen metaphysischen Grundlagen beruht.

Diese nur als »Poesie im Raum«, nur als Theater zu verwirklichende Konzeption entwickelte sich in Artaud aus zwei getrennten, doch miteinander verflochtenen Strängen: seiner Arbeit als Schauspieler und seiner literarischen Aktivität als Protokollführer eigener psychosomatischer Erfahrungen. Was die Theaterarbeit angeht, muß daran erinnert werden, daß Artaud seine Ausbildung in der Truppe von Charles Dullin erhielt, einem der Überwinder der naturalistischen Spielweise in Frankreich. Étienne Decroux, bei Dullin Lehrer für Körperbildung, verdankte Maeterlinck und Mallarmé wesentliche Denkanstöße, vor allem Mallarmé, der den Tanz als »Körperschrift« bezeichnet hatte, für die das Wort als bloße Verdoppelung überflüssig sei. Aus diesem Ansatz entwickelte Decroux die moderne Pantomime ohne Requisiten, bei der das Mimische nicht wie bei der Pantomime der Commedia dell'arte stellvertretend für den Dialog steht, sondern selbständige Handlung ist, wobei der Schauspieler den Gegenstand bzw. Partner nach dem Prinzip des Gegengewichts suggeriert, was Verinnerlichung des Schauspiels bedeutet und aktive Teilhabe des Zuschauers erfordert. Während jedoch andere von Dullin und Decroux herkommende Theaterleute wie Barrault und Marceau später die mimische Sprache zwar losgelöst vom Verbalen, doch deskriptiv einsetzten, also im vorgegebenen künstlerischen Rahmen blieben, stellte sich Artaud die entscheidenden Fragen: Wenn das Körperspiel nicht mehr abbildet, sondern selbständige Sprache wird, wovon spricht dann diese Sprache? Spricht der verselbständigte Körper sich selbst? Was bedeutet *Körper* ohne Bezug zur Wörtersprache? Bedeutet er überhaupt?

Lange bevor Artaud diese Fragen auf Theaterebene zu beantworten vermochte, erfuhr er sie leibhaftig, nämlich am eigenen Leib, entwickelte er eine »Theorie des Fleisches«, deren strenger Irrationalismus in seine Metaphysik der theatralischen Tat mündete. Der Ausgangspunkt dieser »Theorie« aber ist der Schrei. Denn wieder befindet sich Artaud in der paradoxen Lage, sprachlich formulieren zu müssen, was sich der Sprache entzieht, muß er Vermittlung zwischen Wörtersprache und Körpergeschehen leisten, welche beide als Resultante vollzieht, ohne daß diese auf äußere Realität verweist. Nun ist der Schrei Atem- und Muskelaktivität zugleich, und was seinen lautlichen Charakter betrifft, so kann er als Ursprung, aber auch als Schwundstufe artikulierten Sprechens aufgefaßt werden, wobei seine Unpersönlichkeit das gemeinsame Moment darstellt. »Weder mein Schrei noch mein Fieber sind von mir. Jener Zerfall meiner zweitrangigen Kräfte, dieser gleisnerischen Elemente des Denkens und der Seele, begreift wenigstens, wie beharrlich er ist«, heißt es im *Höllentagebuch.* Der Schrei steht der instinktiv gesteuerten Tiersprache am nächsten, stammt aus dem kollektiven Unbewußten, gleichsam vom Menschen an sich, außerdem markiert er als Geburts- bzw. Todesschrei Anfang und Ende unsrer Existenz und ist, mit der seltenen Ausnahme des Lust- und Freudenschreis, fast immer Ausdruck des Schmerzes, des Schreckens, der Angst, worin er Artauds persönlicher Situation zutiefst entspricht. Bevor der Schrei jedoch ein Mittel zur Wiedererweckung von Leben wird, existiert er im Imago-Zustand: als Mittelding zwischen Begriff und Bild. In dieser Latenzform ist er eng mit dem verbunden, was Artaud unter »Fleisch« versteht und was er in *Position des Fleisches*, einem Text in *Bilboquet*, zu einer Art Intelligibilität der menschlichen Materie entwickelt. »Ich denke an das Leben. Alle Systeme, die ich errichten könnte, werden niemals meinen Schreien eines Menschen gleichkommen, der damit beschäftigt ist, sein Leben wiederherzustellen. Ich stelle mir ein System vor, an dem der ganze Mensch teilhaben könnte, der Mensch mit seinem physischen Fleisch und der Hoheit, der intellektuellen Projektion seines Geistes. Ich meinerseits muß vor allem mit dem unbegreiflichen Magnetismus des Menschen rechnen, mit dem, was ich mangels eines treffenderen Ausdrucks seine Lebenskraft zu nennen gezwungen bin. Eines Tages wird mein Verstand diese unformulierten Kräfte, die mich bestürmen, aufnehmen müssen, sie werden sich anstelle des hoheitlichen Denkens niederlassen müssen, diese Kräfte, die von außen die Form eines Schreis haben. Es gibt intellektuale Schreie, Schreie, die aus dem *Feinsinn* des Marks stammen. Ebendies nenne ich Fleisch. Ich trenne mein Denken nicht von meinem Leben. Bei jeder einzelnen Vibration meiner Zunge stelle ich sämtliche Bahnen des Denkens in meinem Fleisch wieder her.« Hier geschieht eine gleichsam enharmonische Verwechslung der Begriffe System und Denken; ihr Wirkungszusammenhang, ihre rationale Tonart wird in eine organische umgedeutet; sie wechseln ihre Vorzeichen, die allerdings keine musikalischen, sondern psychologische sind: das zunächst negativ besetzte *System* gewinnt durch Organisierung einen positiven Sinn, während das vorher bloß intellektuell aufgefaßte *Denken* jetzt das Fleisch intelligibel macht. Das System dieses Denkens ist nämlich das Nervensystem. Die Annahme der Idealisten, es gäbe so etwas wie »absolute Intellektualität«, wird von Artaud durch die Erfahrung seiner Krankheit widerlegt, die ihm zeigt, daß geistige Vorgänge sich auf »okkulten Bahnen des Geistes im Fleisch« realisieren. Das klingt nach mechanistischem Nervenkult, andrerseits werden diese Bahnen als okkult bezeichnet, insofern sie transportieren, was nur an seinen Äußerungen erkennbar wird, aber selber unbegreiflich bleibt: die Lebenskraft. Werden die Nerven zu magischen Kanälen umgedeutet, so gewinnt auch das Fleisch einen außermedizinischen, zunächst sensualistisch anmutenden

Sinn. In den *Fragmenten eines Höllentagebuches* gibt es eine versteckte Auseinandersetzung mit Breton, der Artaud des Narzißmus bezichtigt. »Er redet von Narzißmus, ich gebe zurück, daß es sich um mein Leben handelt. Ich betreibe keinen Kult des Ichs, sondern einen des Fleisches, im sensitiven Sinn des Wortes Fleisch. Alle Dinge berühren mich nur insofern, als sie in meinem Fleisch Affekte erzeugen, als sie sich mit ihm decken, und das genau bis zu dem Punkt, wo sie ihm Antrieb geben, nicht weiter. Nichts betrifft mich, nichts interessiert mich als das, was sich *direkt* an mein Fleisch richtet. Und in diesem Augenblick redet er vom Es. Ich gebe zurück, daß Ich und Es zwei verschiedene, nicht miteinander zu verwechselnde Begriffe sind, ganz genau die beiden sich die Waage haltenden Begriffe vom Gleichgewicht des Fleisches.« Aber die Abgrenzung gegenüber Breton hat andere Dimensionen. Während für Breton der Körper und somit das Fleisch lediglich Träger des Lebens ist, behauptet Artaud das »reine Fleisch«, das anstelle des Geistes selbständig denkende Fleisch, dessen Denken weder vernünftig noch unvernünftig ist, weder vom Ich noch vom Es stammt, sondern irrational, nämlich außerhalb der Sprache geschieht, weshalb der Ausdruck *Denken* auf die falsche Fährte lockt. Auch hat Fleisch nichts mit Libido zu tun. Mit einem Seitenhieb auf die Surrealisten erklärt Artaud, er liefere sich nicht dem »sexuellen Automatismus des Geistes« aus. Nein, es geht um jene geheimnisvolle, psychologisch offenbar nicht zu bestimmende Lebenskraft, die für ihn in einer anderen Dimension beheimatet zu sein scheint. Wie aber will er sie erfahren, wenn sie ihm einerseits versagt bleibt und er andrerseits ihre rationale Erklärung scheut? Schließlich gibt es Artaud, mag er sich weder vom Ich noch vom Es betroffen fühlen, gibt es diesen Menschen, in dem er haust und der obendrein sein einziges Thema ist. Artaud spürt dieses Dilemma selbst, wenn er sagt: »Ich bin ein Mensch, der sein Leben verloren hat und der mit allen Mitteln danach strebt, es seinen Platz wiedereinnehmen zu lassen. Ich bin in gewisser Hinsicht der Erreger meiner eigenen Vitalität.« Wieder also die Ich-Spaltung, die Teilung in zwei verschiedene, dennoch miteinander identische Personen – die Ausbildung eines Doubles gleichsam, das nur potentiell vorhanden ist und das aus seinem Schlaf geweckt werden muß, damit Artaud Vollständigkeit erlangen kann.

Ein Vorausblick auf *Eine Gefühlsathletik* mag zeigen, von welcher metaphysisch-theatralischen Tragweite dieser Ansatz ist. In diesem letzten Kapitel des *Theater und sein Double* geht es um die Ausbildung, die der Schauspieler des Theaters der Grausamkeit erhalten soll, damit er die durch Gebärden und Schreie verkörperten Temperamente und Leidenschaften, die ihm nicht durch eine konventionelle Sprechrolle vorgeschrieben werden, willentlich auf der Bühne hervorzubringen vermag. Dem Schauspieler wird da bedeutet, daß seine emotionalen Kräfte, genau wie die Körperkräfte des Athleten, ihren Sitz in den Organen haben und er sie mittels metaphysischer, auf der Kabbala beruhender Atemtechniken wecken und lenken kann. Wie die chinesische Akupunktur durch Reizung gewisser Nervenzentren das vorübergehende Aussetzen der Lebenskraft in bestimmten Organen behebt, soll der Schauspieler die Lokalisationen seiner Gefühle aktivieren, wozu er sie natürlich erst einmal kennen muß. Voraussetzung dafür ist die Erfahrung des anderen in sich selbst, des Doubles: »Damit man sich seiner Gefühlswelt bedienen kann, wie der Ringer seine Muskulatur gebraucht, muß man das Menschenwesen als ein Double sehen, gleichsam als den Kha der Einbalsamierten Ägyptens, als ein fortwährendes Phantom, in dem die Kräfte der Gefühlswelt strahlen. Ein plastisches, niemals vollendetes Phantom, dessen Formen der richtige Schauspieler nachahmt, dem er die Formen und Bilder seiner Sensibilität aufzwingt.« Der Schauspieler soll demnach, wie Artaud selber, Erreger der in ihm ruhenden Lebenskraft sein. Daß es sich bei diesem Gedanken um den Kernpunkt des *Theater und sein Double* handelt, geht daraus hervor, daß Artaud in provokativer Umkehrung der abbildlichen Vorstellung von Kunst betont, das Double des Theaters sei das Leben! Aber woher rührt dieser Synkretismus, der esoterische Gedanken jüdischer, chinesischer und ägyptischer Herkunft vereinigt? Zumindest wissen wir um das Ambiente persönlicher Vermittlungen, und es ist kein Zufall, daß es sich krankheitshalber um Artaud gebildet hat. Einer seiner behandelnden Ärzte, sein langjähriger Freund Dr. Allendy, hatte mit einer Arbeit über *Die alchimistischen Theorien in der Geschichte der Medizin* promoviert. Er war einer der ersten französischen Psychoanalytiker und vertrat in seinem Werk *Das Problem der Vorbestimmung – Studie über das innere Verhängnis* die Auffassung, der Mensch sei durch unbewußte Tropismen vorbestimmt und projiziere diese nach außen, wobei die Möglichkeit bestünde, durch ihre Erkenntnis und Einübung das eigene Schicksal unter Kontrolle zu bringen und zu lenken. Die Analogie zur »Gefühlsathletik« Artauds liegt auf der Hand. Am folgenschwersten wird sich später der esoterische, durch die Psychoanalyse gefilterte Einfluß auf die Grundidee von der Geburt des Theaters aus einer Krankheit, der Pest, auswirken. Auch die Vorstellung des »alchimistischen Theaters« stammt von da. Was die Akupunktur betrifft, so hat Artaud durch Soulié de Morant mit ihr Bekanntschaft gemacht, der sie in China erlernte und in Frankreich, wo er zahlreiche Arbeiten über die neue Technik veröffentlichte, auch praktizierte. In einem Brief an Morant findet sich eine Notiz, aus der hervorgeht, daß sich Artaud mit der Harmonisierung beider Traditionen beschäftigte.

Lassen solche Bezüge erahnen, welche geistigen Dimensionen Krankheit und Lebenskraft für Artaud schließlich gewinnen, so vollzieht *Position des Fleisches* den entscheidenden Schritt zu ihrer Eroberung, indem es den Bruch mit rationalem Denken und den Übertritt ins Reich irrationaler Erkenntnis begeht. »Es heißt langsamen Schrittes die Straße lebloser Steine wandeln, vor allem für jemanden, der die *Kenntnis der Wörter* verloren hat. Dies ist ein unbeschreibbares Wissen, das in langsamen Schüben explodiert. Und wer es besitzt, kennt es nicht. Aber auch die Engel erkennen nicht, denn alle wahre Erkenntnis ist *dunkel*. Der klare Geist gehört der Materie an. Ich meine den Geist in einem bestimmten, klaren Augenblick. Ich aber muß diese Auffassung vom Fleisch, die mir eine Metaphysik des Seins und die endgültige Erkenntnis des Lebens schenken soll, einer Prüfung unterziehen.« Wie beharrlich die Verwerfung des Verstandes ist und worauf die Überantwortung an dunkle Erkenntnis abzielt, zeigt ein Vergleich, den Artaud in seinem 1936 in Mexiko gehaltenen Vortrag *Das Pariser Theater der Nachkriegszeit* vornimmt. Er berichtet da von einem französischen Schauspieler, er habe mit dem Zeigefinger instinktiv immer wieder den Scheitelpunkt seines Kopfes berührt, als wolle er sagen: »Ich denke mit meinem finsteren Kopf. Ich suche in meinem zermarterten Kopf die verlorene Stelle des Denkens«, wogegen ein Schauspieler des Balinesischen Theaters auf der Pariser Kolonialausstellung dieselbe Gebärde ausgeführt habe, um zu bedeuten: »Ich bin mir eines verlorenen Auges bewußt; ich deute auf die verirrte Stelle eines Auges am Kopf der verbrecherischen Menschheit. Ich appelliere an dieses Wissen, das die Menschen zu Beginn des Schwarzen Zeitalters verloren. Das heißt vor sechstausend Jahren. Denn bekanntlich hat das Schwarze Zeitalter, den Indern zufolge, 3120 Jahre vor Christus begonnen.«

## *Die innere Szene*

Wie ein roter Faden durchzieht die Auseinandersetzung zwischen geistigem Eros und von Libido bestimmter Sexualität Artauds Leben und Werk, ein Motiv, das nicht nur persönlicher, sondern konzeptioneller Art ist und seine künstlerische, ja gesellschaftliche Haltung von *L'ombilic des limbes* bis *Ci-gît*, also über zwanzig Jahre lang, erst untergründig, dann immer bewußter geprägt hat. Das erste Auftauchen dieses dramatischen Motivs bedeutet zugleich die erste Identifikation Artauds mit einer historischen Figur, einem vorzeitigen Doppelgänger gewissermaßen, der freilich seiner Geschichtlichkeit weitgehend entkleidet wird: mit Paolo Uccello. In *Vogelpaul oder Die Stellung der Liebe** nimmt Artaud eine Aufspaltung der Person des Renaissancemalers vor: Paolo Uccello ist die historische Figur, Vogelpaul (so lautet die saloppe Übersetzung seines Namens bei Artaud) stellt ihr Nachleben, ihren durch sein eignes Denken aktualisierten Mythos in der Gegenwart dar. In diesem Zustand ist Uccello identisch mit

* Es gibt zwei Fassungen dieses Textes, die den gleichen Titel tragen: eine in *L'ombilic des limbes* und eine in *Bilboquet*, der *Eine Prosa für den Mann mit dem Zitronenschädel* folgt, außerdem einen *Uccello le poil* benannten, bezeichnenderweise Génica (Athanasiou) gewidmeten Text in *L'art et la mort*.

Artaud, wodurch er die eigne Identität nicht mehr ungeteilt behauptet: »Übrigens denkt sich Uccello in ihm (Antonin Artaud), aber insofern er gedacht wird, befindet er sich nicht mehr wirklich in sich selbst.« Eine schizophrene Situation, psychologisch gesehen, aber die wechselseitige Vertauschung der Identität meint eher eine Entrückung aus Raum und Zeit; »denn Paolo Uccello verkörpert den Geist, nicht unbedingt den *reinen,* wohl aber den *losgelösten*«. Wovon er sich losgelöst hat, wird im Vergleich zu den beiden andren Künstlergestalten des in die Prosa einmontierten Sketchs klar, der drei Männer um eine kaum in Erscheinung tretende Frau gruppiert: Brunelleschi steht für die irdische Begierde; Donatello, der mit Franz von Assisi verglichen wird, vertritt den »überhöhten Geist«, der sich schon halb von der Erde gelöst hat. Im Grunde sind alle drei eine einzige Figur, die nur zu dramatischen Zwecken auf verschiedene Rollen verteilt wird. Der Prüfstein für diese drei Stadien des Geistes bzw. der Kunst ist ihre Stellung zur Liebe, die hier von Uccellos Frau Selvaggia verkörpert wird. Selvaggia muß sterben, weil Uccello sie verhungern läßt, aber – sagt Artaud – »stirbt man im Geist vor Hunger?« Natürlich hungert Selvaggia nach Liebe, irdischer Liebe, von der Uccello-Artaud sich freigemacht hat: »Mein Geist ist eine glühende Zahl, in der die beiden Ideen einander begegnen: Liebe und Geist. Und schon seit langem habe ich darauf verzichtet, Mann zu sein. Ich bin ihr Opfer geworden. Ich habe ihre Loslösung bewirkt. Ich, das heißt derjenige, der vorzeiten Paolo Uccello war, der sie Hungers sterben ließ.« Selvaggia stirbt eigentlich für Brunelleschi, sie weiß nicht um die Chance der Loslösung, die ihr durch Uccellos Verzicht zuteil wird, sie ist blind gegenüber der geistigen Liebe. Noch grausamer wirkt die Loslösung bei der unmittelbar benachbarten Identifikation Artauds mit Abelard in *Die Kunst und der Tod*, wo der »klarsichtige Abelard« die Glückseligkeit der Vereinigung mit Heloise erst nach vollzogener Kastration, das heißt angesichts der Wirkungslosigkeit sexueller Liebe erfährt. Die Tragweite solcher Erfahrung wird erst durch ihre Verallgemeinerung und philosophisch-psychologische Verankerung im *Theater und sein Double* begreiflich. Die Lebenskraft nämlich, um deren Wiederherstellung mit theatralischen Mitteln es Artaud geht, diese nicht nur dem Menschen, sondern dem ganzen Weltall innewohnende Energie trägt ein Doppelantlitz. In idealistischem Verständnis heißt sie *Eros*, in psychologischem *Libido*, und diese geteilte Existenz verdankt sie ihrer geschichtlichen Entfaltung von der Idee zum Trieb, jenem im gnostischen Schrifttum geschilderten kosmischen Niedergang, der die Natürlichkeit der ursprünglich rein geistigen Liebe auf menschlicher Ebene, damit aber ihre Ichbezogenheit und selbstsüchtige Ausbeutung zum Zwecke des Genusses mit sich brachte. »Denn seit langem schon ist der platonische Eros, der Zeugungsgeist, die Lebensfreiheit, unter der düstren Robe der *Libido* verschwunden, die mit allem gleichgesetzt wird, was es an Schmutzigem, an Gemeinem, an Niederträchtigem in der Lebenswirklichkeit gibt und sich mit natürlicher, unreiner Energie, mit stets erneuter Kraft ins Leben stürzt.«

Die Rückübersetzung der Libido in Eros, dieser erste Schritt zur Wiedereingliederung der menschlichen Liebe in den kosmischen Gesamtzusammenhang, erfordert zunächst einmal Abstand von sich selbst; deshalb verknüpft Uccello die Frage nach Liebe, Geist und Selbst mit einer schizophren anmutenden Denkoperation: er versucht, sie von einem Standpunkt aus zu stellen, den es nicht gibt: »Ohne irgendeinen Ort im Raum, wo man die Stelle seines Geistes markieren könnte.« Daß er diesen nicht vorhandenen Ort dennoch denken kann, zeigt hinlänglich, daß es sich um ein metaphysisches Problem handelt, ein »undenkbares Problem«, wie er sich ausdrückt. Uccello verliert sich nicht in Spekulationen über diese Leerstelle, sondern benutzt die Annahme, daß es sie sozusagen negativ gibt, zu einem erstaunlichen Erkenntnisverfahren: »Sich bestimmen, als wenn es nicht man selbst wäre, der sich bestimmt; sich mit den Augen seines Geistes sehen, ohne daß es die Augen des eigenen Geistes sind. Den Vorteil seines persönlichen Urteils wahren und dabei die Persönlichkeit dieses Urteils selber entfremden. Sich sehen und nicht wissen, daß man selbst es ist, der sich sieht. Aber dieser Anblick seiner selbst sollte sich wie eine ermeßbare, synthetische Landschaft vor einem ausbreiten und verwesentlichen.« Den Menschen nicht vom Menschen aus denken, dieser Versuch setzt den

Glauben an die Möglichkeit eines außermenschlichen Standpunktes voraus, der allein eine solche religiöse Denkform sinnvoll machen könnte. Daß es sich bei Uccellos Problem tatsächlich um ein verdeckt religiöses handelt, zeigen zwei untergründig miteinander verbundene Gedankengänge Artauds aus den frühen dreißiger Jahren. »Was die Heiden von uns unterscheidet, ist jene ungeheure, am Ursprung all ihrer Glaubensformen unternommene Anstrengung, nicht vom Menschen aus zu denken, um die Verbindung mit der ganzen Schöpfung, das heißt mit der Gottheit, zu erhalten«, heißt es im *Heliogabal*, und im Vorwort zum *Theater und sein Double*, wo das Fehlen magischer Lebenskraft in unsrer Kultur beklagt wird: »Ich würde sogar sagen, daß diese Infektion durch das Menschliche uns Ideen verdirbt, die sonst göttlich geblieben wären; glaube ich doch nicht etwa daran, der Mensch habe das Übernatürliche, das Göttliche erfunden, sondern bin der Meinung, daß das jahrtausendlange Eingreifen des Menschen uns schließlich das Göttliche verdorben hat.« Das gilt vor allem, und hier kreuzt diese religiöse Denkform die Problematik Uccello-Artauds, für die Idee der Liebe, die infolge ihrer Deszendenz zur Realität, zur Libido im kollektiven Unbewußten geworden ist. Die Trias der Künstlergestalten Uccello-Donatello-Brunelleschi stellt diese Deszendenz vom Eros zur Libido bzw. umgekehrt die Aszendenz von der Libido zum Eros dar; deshalb bezeichnet Artaud seinen Text als »ersten Versuch eines geistigen Dramas« und bekennt: »Ich habe dies wie ein Drama im Theater gesehen, das sich jedoch einzig und allein im Geist abspielen würde.« Dramatisch ist allerdings weder die Figur des Brunelleschi, der sich durch sexuelle wie künstlerische Bindung an die äußere Realität der Welt einem bloßen Trugbild ausliefert, noch der auf mystisch-intuitivem Wege die Wahrheit der Liebe suchende Donatello alias Franz von Assisi, sondern allein Uccello, der im Kampf zwischen zwei menschlichen Verpflichtungen, dem Eros und der Libido gegenüber, den Bruch mit der realen Liebe vollzieht und die grausame Grenzerfahrung der Loslösung macht. Diese Entscheidung kann er nur treffen, indem er zum Anderen wird, das heißt sich nicht länger unter menschlichem Aspekt betrachtet; in dieser sich überschreitenden

Existenzform, in diesem Mythos von sich selbst, der sein Double ist, heißt er nach dem Willen Artauds, der diese Wandlung kraft Identifikation bewirkt hat, Vogelpaul. Die eigne Existenz als Double wird zu einer theatralischen, weil das Theater der einzige Ort ist, der es dem Menschen erlaubt, ja ihn dazu zwingt, als lebendiges Zeichen seiner selbst »bald im Leben, bald über dem Leben« zu stehen, auf der Grenzscheide zwischen Diesseits und Jenseits sich selbst zu setzen und zugleich aufzuheben: »Er hätte dann schon bei Lebzeiten die Möglichkeit, seine Existenz zu verleugnen.« Denn so sehr Artauds Theater sein eignes Double, das Leben, wiedererwecken möchte, so wenig meint es Leben als solches, bloße Existenz, an der kein Mangel herrscht. Dieses mit theatralischen Mitteln beschworene Leben teilt mit der Liebe, die seinen Siedepunkt darstellt, die Ambivalenz zwischen Eros und Libido; es ist Erscheinung des Eros, Verkörperung der Libido, und indem das Theater diese wechselseitigen Bezüge zum Austrag bringt, neutralisiert es sie zu »echter Wirkung, doch ohne praktische Konsequenzen«, worauf mit aller Deutlichkeit erläutert wird: »Die Wirkung des Theaters erstreckt sich nicht auf die soziale Ebene. Noch weniger auf die moralische und psychologische.« Werden diese Folgerungen auch erst im *Theater und sein Double* gezogen, so wurzeln ihre Voraussetzungen doch in früherer Lebenserfahrung. Die Bewußtseinsspaltung, die in erster Instanz das eigene Ich betraf, sofern es sich als Produkt des Denkens, damit aber auch als psychologisch und sozial faßbare Größe begriff, dieser Scheidungsprozeß, der über die Vorstellung eines anderen, künftigen Ichs zum Versuch der Erregung neuer, nicht mehr anthropozentrischer Lebenskraft gelangt, führt in dem entscheidenden Augenblick, wo diese Lebenskraft in ihrer widersprüchlichen Doppelnatur als Idee und Trieb erfahren wird, zur Ausbildung einer inneren Szene, die sich insofern als Urszene des Artaudschen Theaters erweist, als ihre zwar historische, doch durch Identifikation verinnerlichte Hauptfigur eine bloße Besetzung, ein Double des metaphysisch-libidinösen Grundkonflikts ist, der später als universaler nach außen, auf die wirkliche Bühne projiziert wird. Dieser Grundkonflikt aber ist weder auf psychologischer noch auf sozialer Ebene zu lösen, da sie bereits Erscheinungsformen, topologische Abstufungen innerhalb seiner zeitlichen Deszendenz sind, ja er ist im »Schwarzen Zeitalter« überhaupt nicht zu lösen, höchstens bewußt zu machen, und zwar nicht mit den Mitteln der Vernunft, die selber schon Verfallsprodukt des universalen Geistes ist, sondern indem der menschliche Wille durch die magischen Wirkungen des Metaphysischen Theaters, die irrationale Energie von Gebärde und Schrei dazu gebracht wird, sich wieder auf den Ursprung des Grundkonfliktes zu richten, statt sich als Wunsch immer tiefer in dessen Folgeprobleme zu verstricken. Ebendies bedeutet »echte Wirkung, doch ohne praktische Konsequenzen«, und in diesem Sinne ist das Theater »keine Kunst mehr«, sondern »tätige Metaphysik«.

Steckt im geistigen Drama Uccellos schon die Grundidee des Artaudschen Theaters, so verweist ihre Koppelung mit einer bestimmten Auffassung von Krankheit zurück auf den menschlichen Ausgangspunkt dieses Dramas, ist doch, wie es im *Klarsichtigen Abelard* heißt, »für Artaud die Entbehrung der Beginn jenes Todes, den er herbeisehnt«. Diese zum willentlichen Verzicht auf Wunscherfüllung führende Entbehrung beruht ja auf Krankheit, deren natürliche Ursache undurchschaubar bleibt, auf einer als »Krankheit des Geistes« empfundenen Entfremdung von sich selbst, die alle ärztlichen Deutungs- und Heilversuche übersteigt und als Gefühl des Getrenntseins vom Wesen, vom Sein allmählich metaphysische Ausmaße gewinnt. Dabei wird der Glaube, höherer Gewalt unschuldig zum Opfer zu fallen, durch das Bewußtsein persönlicher Auszeichnung aufgewogen. Schon in einem Brief an Rivière ist die Rede davon, daß ein »höherer und boshafter Wille die Seele wie Vitriol angreift«, und in den *Fragmenten eines Höllentagebuches*, wo Artaud seine Leiden als »fundamentales Martyrium« bezeichnet, fällt der Satz: »Ich stelle das Verhängnis dar, das mich erwählt.« Nicht vom Menschen aus wird das Schicksal, die Krankheit gedacht, darin liegt die Gemeinsamkeit mit der Einstellung zur Liebe, mehr noch, da die menschliche, die libidinöse Erscheinungsform der Liebe aus der Dekadenz des reinen Eros folgt, ist diese gleichsam eine Krankheitserscheinung der Liebesidee, die bei ihrem Abstieg vom

Einen zur Vielheit zersplitterte und infolgedessen im kollektiven Unbewußten in Form von Triebbildern schlummert. Umgekehrt zu gewissen, von der Tiefenpsychologie angeregten Bestrebungen des Surrealismus, den Mythos als Projektion des Psychischen aufzufassen, begreift Artaud die »schwarzen Mächte«, worunter er die vielgestaltigen Ausprägungen der Libido versteht, als dämonische Abkömmlinge »metaphysischer Ideen« wie Werden, Verhängnis, Chaos. Als verderbte Ideen, die in der Seele ihr Un-Wesen treiben, zerrütten diese latenten Bilder, die auf Wunscherfüllung in der Wirklichkeit gerichtet sind, den menschlichen Geist und machen ihn krank, was in den Krisen des Einzelnen wie der Gesellschaft zum Ausdruck kommt. Diese Krisen haben keine materiellen Ursachen oder höchstens insofern, als die Fixierung auf äußere Realität den inneren Widerstreit zwischen Idee und Triebwelt objektiviert hat, was natürlich Schuld des Menschen ist, der mit äußerlichen Mitteln zu lösen sucht, was ursprünglich nicht der Welt der Tatsachen innewohnt. Die konstitutionelle Krankheit des Menschengeschlechts, die Infektion der göttlichen Ideen durch die notgedrungen stoffliche Existenz, ist zwar nicht selbst verschuldet, sondern liegt im kosmischen Niedergang begründet; aber die willentliche Hingabe an Begierde und Begehrlichkeit akkumuliert diese Schuld und verschlimmert die Krankheit, die eine Krankheit des Geistes im außerwissenschaftlichen Sinne ist, und zwar sowohl eine des Welt- wie des Menschengeistes. Wenn diese geistige Erkrankung ihren inneren Sättigungsgrad erreicht hat, bricht sie aus den Tiefenschichten der Seele hervor, wird sie nach langer Inkubationszeit zur Realität und wirkt auf alle, die eine ähnliche psychische Gefährdung aufweisen, in hohem Maße ansteckend; es kommt zum Umschlag heimlicher Süchte in eine öffentliche Seuche, zu einer geistigen wie materiellen Epidemie, deren körperliche Symptome sich auch im Sozialverhalten bemerkbar machen, nämlich im Umschlag positiver Werte in negative bzw. umgekehrt, das heißt in der wechselseitigen Verkehrung von Tugenden und Lastern. Der Inbegriff dieser Krankheit ist für Artaud die Pest, und ihr Umschlag in ein überraschendes, völlig willkürliches Verhalten bei den Betroffenen bedeutet die Geburtsstunde des lebendigen Theaters, spiegelt es doch, zwar verfremdet und vielfach gebrochen, den Grundkonflikt zwischen Idee und Trieb wider. »Und hier nun setzt das Theater ein. Das Theater, das heißt die unmittelbare Willkür, die zu Akten ohne Nutzen und Gewinn für die Aktualität treibt.« Bei Gelegenheit dieser Definition schildert Artaud ausführlich die »geistige Physiognomie« dieser Pestilenz und ihre Verwandtschaft zur Schauspielerei; doch niemandem scheint aufgefallen zu sein, daß es hierfür einer außer- bzw. vorwissenschaftlichen Krankheitsauffassung bedarf, welche die Ätiologie nicht von der Schuldfrage trennt. Wenn Artaud die Pest als »psychische Wesenheit und nicht verursacht durch einen Virus« ansieht, wenn ihre Schrecknisse auf individueller wie kollektiver Ebene für ihn das »Hervorbrechen einer latenten Tiefenschicht an Grausamkeit« bedeuten, so kopiert er gewissermaßen Esoterik und Psychoanalyse, Paracelsus und Jung übereinander, indem er des ersten Ansichten vom Ursprung der Pest aus menschlichen Lastern wie Neid, Geiz, Aufruhr usw. archetypisch umdeutet. Wo Paracelsus noch von der Strafe des Himmels, von der Rache Gottes spricht, läßt Artaud einen psychologischen Mechanismus wirken; sonst aber folgt er im Prinzip dessen metaphysischer Krankheitsauffassung, wie sie in den *Drei Büchern über die Pest* niedergelegt ist: »Die Pest käme nicht auf uns, wenn wir sie nicht machten. Ich würde nicht krumm und lahm, wenn ich mich nicht selbst krumm machte und lähmte. So gebe ich selbst die Ursache, den Samen und die Materie für meine Krankheit. Der Himmel über uns ist nicht gegen uns, sondern mit uns. Wenn wir ihn vergiften, schüttet er das Gift über uns aus. Der Anfang ist in uns, alle falschen Tücken und Laster. Sie sind nichts anderes als eine Einbildung, die in uns Tag und Nacht liegt. Wenn wir schlafen oder wachen, denken wir an Neid, Geiz, Untreue etc. Diese Einbildung der Menschen untereinander bewirkt den Zank im Himmel und die Krankheit des Himmels. Wenn das auf die Erde kommt, ist es keine andere Krankheit, sondern nur eine solche, wie wenn einer den anderen verzaubert, wie es gesagt ist. Dieser steht auf und dieser fällt. So treten unsere eigenen Einbildungen, die einen so bösen Ursprung haben, wie Pest, Anthrax, Arthetica, Colica etc. auf. Alle diese

Krankheiten können unter einem Namen Pest begriffen und verstanden werden. Daraus folgt, daß ein gemeiner Neid eine gemeine Pest macht. Dies können auch die anderen Laster.« Man braucht nur einige der wichtigsten Aussagen Artauds im ersten Kapitel des *Theater und sein Double* mit dieser metaphysischen Krankheitsauffassung zu vergleichen, um die Parallelität der Denkformen festzustellen: »Die Pest benutzt schlummernde Bilder, eine latent vorhandene Unordnung, und treibt sie plötzlich bis zu den äußersten Gebärden; und auch das Theater benutzt Gebärden und treibt sie bis zum äußersten: wie die Pest stellt es die Kette wieder her zwischen dem, was ist, und dem, was nicht ist, zwischen der dem Möglichen innewohnenden Kraft und dem, was in der verwirklichten Natur existiert. (. . .) Wie die Pest ist also auch das Theater ein mächtiger Anruf von Kräften, die den Geist durch das Exempel wieder an den Ursprung seiner eigenen Konflikte zurückführen. (. . .) Wenn das wesentliche Theater wie die Pest ist, so nicht deshalb, weil es ansteckend wirkt, sondern weil es wie die Pest die Offenbarung, die Herausstellung, das Hervorbrechen einer latenten Tiefenschicht an Grausamkeit bedeutet, durch die sich in einem Einzelwesen oder in einem ganzen Volk alle perversen Möglichkeiten des Geistes lokalisieren. Wie die Pest ist es die Zeit des Bösen, der Triumph der schwarzen Mächte, die eine noch unergründlichere Macht speist bis zur völligen Auslöschung.« Im Gegensatz zur schuldhaften Krankheit, die da Pest heißt, bewirkt das Theater jedoch die vorbeugende Lösung der inneren Konflikte; es provoziert und heilt sie, bevor sie in der Wirklichkeit ausbrechen. Diese therapeutische Aufgabe aber kann es nur erfüllen, indem es seinerseits die Wirkungszusammenhänge nutzt, die zwischen latenten Bildern im Innern und körperlichen Symptomen außen bestehen, die magischen Wirkungen nämlich, welche innerhalb der geistigen Krankheitsauffassung die kausalen vertreten: »Ich schlage vor, beim Theater auf jene elementare, magische Vorstellung zurückzukommen, die von der modernen Psychoanalyse wiederaufgenommen worden ist und die darin besteht, daß der Kranke zum Zweck der Heilung die äußere Haltung desjenigen Zustandes einnehmen muß, in den man ihn zurückführen möchte.« Da die Konfliktwelt des Kranken letztlich eine libidinöse ist, die nicht etwa ausgelebt, sondern zeremoniell beglichen werden soll, erfordert die Magie, die sie mit theatralischen Mitteln wachruft, um sie auslöschen zu können, von demjenigen, der sie zum Zweck der Heilung ausübt, ein unbedingtes Opfer: er muß seine eigene libidinöse Einstellung zu dieser Konfliktwelt aufgeben, um die Loslösung des Kranken zu bewirken, statt ihn durch Übertragung an sich zu binden. Was aber bedeutet dieses Opfer in vollem Umfang, welche Konsequenzen gilt es zu ziehen, wo doch der Kranke hier jeder Zuschauer, also der heutige Mensch ist und seine Konfliktwelt die Welt, in der auch Artaud lebt?

## *Loslösung*

Im gleichen Monat November des Jahres 1926, als Artaud wegen seines prinzipiellen Widerstandes gegen das Bündnis von Surrealismus und Kommunismus von Breton aus der Gruppe ausgeschlossen wurde, veröffentlichte er in der *Nouvelle Revue Française* sein Manifest *Le Théâtre Alfred Jarry,* mit dem er zum erstenmal die Gründung eines eigenen Theaters vorbereitete. Die zeitliche Koinzidenz beider Vorgänge hat ihre Gründe. Breton hatte die schauspielerische Aktivität Artauds höchstens als Broterwerb gelten lassen, ihre Verselbständigung zur Eigeninitiative, zur Gründung eines Musentempels, der seiner Meinung nach der verhaßten Institution Kunst Vorschub leisten mußte, überstieg sein in Sachen Theater sowieso unterentwickeltes Verständnis. Überdies argwöhnte er nicht zu unrecht, daß diese für ihn im Gegensatz zu Artauds Intentionen »künstlerische« Aktivität mit jenem Zwang zur gesellschaftlichen Aktion unvereinbar sei, auf den er die surrealistische Bewegung durch seinen Eintritt in die Kommunistische Partei Frankreichs gerade verpflichten wollte. Doch die sachlichen Differenzen lagen tiefer begründet, nämlich in der gegensätzlichen Einstellung zur Liebe, deren sich Artaud wie Breton gleicherweise bewußt waren, und dieser Gegensatz kam in Artauds Theatermanifest auf unüberbietbare, bewußt provokative Weise zum Ausdruck. Noch vier Jahre später, im *Zweiten*

*Manifest des Surrealismus*, spielt Breton auf diesen wunden Punkt an. Ähnlich wie er später in einem verblüffenden Vergleich das Theater mit Hilfe der Pest definierte, verglich Artaud hier das »ideale Theater« mit dem unheimlichen, abstoßenden Schauspiel einer Polizei-Razzia, die sich immer enger um einen verdächtigen Punkt zusammenzieht: »Dieser ist ein Haus von beliebigem Aussehen, dessen Türen sich plötzlich öffnen, und aus dem Inneren des Hauses strömt eine Herde von Frauen, ein Zug, als gingen sie zum Schlachthof. Die Sache wird spannend, der Fischzug galt nicht etwa einer Schmugglerbande, sondern bloß einer Ansammlung von Frauen. Unsere Erregung und unser Erstaunen sind auf dem Siedepunkt. Noch nie ist auf eine so schöne Inszenierung eine derartige Auflösung gefolgt. Jawohl, wir sind genauso schuldig wie diese Frauen und genauso grausam wie diese Polizisten. Es ist wahrhaftig ein vollständiges Schauspiel. Jawohl, dieses Schauspiel ist das ideale Theater. Diese Angst, dieses Schuldgefühl, dieser Sieg, dieses Abklingen geben Sinn und Ton des Geisteszustandes an, in dem der Zuschauer unser Theater verlassen sollte.« Einen Polizeieinsatz gegen ein Freudenhaus als ideale Inszenierung aufzufassen und seine Opfer, diese ewigen Opfer der heuchlerischen Liebesmoral der Bourgeoisie, auch noch schuldig zu sprechen – das war eine tödliche Beleidigung für das surrealistische Ideal der freien Liebe, die siegreich alle gesellschaftlichen Fesseln sprengt. Die Reaktion der Gruppe war dementsprechend. Wahrscheinlich hatte Artaud jedoch mit seiner Provokation etwas ganz anderes bezweckt, wahrscheinlich wollte er den Zusschauer, der einerseits potentieller oder wirklicher Kunde der käuflichen Liebe ist und sich andrerseits stets mit der Polizei als strafender Instanz zu identifizieren pflegt, durch die unerwartete Wendung seines Schauspiels, die eine Konfrontation beider Tendenzen herbeiführen sollte, in einen Widerstreit von Angst und Schuldgefühl einerseits und Lust an der Selbstbestrafung andrerseits stürzen. Für diese Deutung spricht nicht nur der saloppe Tonfall seiner Ausführungen, sondern auch ein Zusatz, in dem Artaud sagt, die Gesellschaft kenne sich aus mit solchen Inszenierungen (wobei er sowohl die Razzia wie ihre Darstellung auf der Bühne meint), die auf dem

Gleichmut basierten, mit dem sie selber über Leben und Freiheit der Leute verfüge. Auch erklärte er »diese Frauen« wohl eher deshalb für schuldig, weil sie die Liebe, auch für ihn eines der höchsten Güter, schamlos prostituierten. Trotzdem war das Mißverständnis zwischen ihm und Breton kein falsches. Breton spürte instinktiv, daß Artauds dramatischer Fehlgriff auf der unbewußten Tendenz beruhte, die körperliche Liebe in einen Zusammenhang mit Schuld und Strafe zu bringen, was für sein Ideal der emanzipatorischen Liebe, der hier und jetzt befreienden Liebe, eine im echten Wortsinn tödliche und daher re-aktionäre Bedrohung darstellen mußte. Und in diesem Punkte täuschte er sich nicht. Abgesehen davon, daß die erste Aufführung des *Théâtre Alfred Jarry* ein dramatischer Dialog von Jarry sein sollte, der ausgerechnet *La Peur c'est l'Amour* hieß (bei Jarry lautet der Titel harmloser *La Peur chez l'Amour*), rechtfertigte Artaud ein halbes Jahr später seine Befürchtungen, als er in *A la grande nuit*, worin er mit den Surrealisten abrechnete, den eigentlichen Scheidungsgrund zu Protokoll gab: »Mich trennt von den Surrealisten, daß sie das Leben ebensosehr lieben, wie ich es verachte. Bei jeder Gelegenheit und mit allen Poren genießen – das ist der Angelpunkt ihrer Obsessionen. Aber bildet die Askese nicht eine Einheit mit der echten Magie, selbst der schmutzigsten, selbst der schwärzesten? Sogar der diabolische Genießer hat asketische Züge, einen gewissen Geist der Kasteiung.« Um die Behauptung des Surrealismus als einer »neuen Art von Magie« aber ging es Artaud einzig und allein; deshalb war es ihm gleichgültig, ob sich der gesellschaftliche Aspekt der Welt änderte und die Macht von der Bourgeoisie auf das Proletariat überging. Mehr noch, er hielt die Konzentrierung aller Kräfte auf die Revolution, die eine solche rein äußerliche Veränderung herbeiführen sollte, für grundfalsch, weil dies den Blick auf die eigentliche Aufgabe nur verstellte: »Es geht um jene Verschiebung des geistigen Zentrums der Welt, um jenen Höhenunterschied der Erscheinungen, jene Verklärung des Möglichen, zu deren Provokation der Surrealismus beitragen sollte. Alle Materie beginnt mit geistiger Zerrüttung. Sich auf die Dinge verlassen, auf ihre Umwandlungen, in der Absicht, uns zu steuern, ist der Gesichtspunkt eines obszönen

Rohlings, eines Ausbeuters der Wirklichkeit. Niemand hat jemals etwas begriffen, und die Surrealisten begreifen selber nicht und können nicht voraussehen, wohin sie ihr Wille zur Revolution führen wird.«

Die Abwertung der Lebensfreude zur Obsession, der Veränderung der Welt zur Obszönität bzw. Ausbeutung – diese Verkehrung des üblichen Sprachempfindens zeigt ebenso wie die Berufung auf Magie und Askese die Unvereinbarkeit von Artauds spiritualistischem Standort mit Bretons allerdings nur oberflächlichem Materialismus. Der entscheidende Satz ist dabei der zunächst unverständlichste; denn daß Materie mit geistiger Zerrüttung beginnen soll, läßt sich nur von der neuplatonisch-gnostischen Kosmologie her begreifen, für die alle Schöpfung ein Sündenfall des (göttlichen) Geistes ist, mithin auch die menschliche Schöpfung, die Zeugung. Für Artauds von Angst und Schuld erfüllte »Metaphysik des Seins« ist das Festhalten an der materiellen Welt ein Irrtum, erst recht der Versuch, sie vervollkommnen zu wollen. Daß es ihm um Loslösung, um eine Umkehrung des schicksalhaften Niedergangs der Welt geht, um eine »Metamorphose der inneren Bedingungen der Seele«, die in einer Art von sympathischen Auswirkung sogar die Welt der äußeren Erscheinungen im Sinne einer Höherentwicklung läutern soll, verdeutlicht jener Abschnitt seiner Abrechnung, in dem er seine eigene Auffassung von den Zielen des Surrealismus darlegt: »Der Surrealismus ist für mich immer nur eine neue Art von Magie gewesen. Die Imagination, der Traum, all diese gewaltige Befreiung des Unbewußten, deren Ziel es ist, an die Oberfläche der Seele emporsteigen zu lassen, was sie gemeinhin verborgen hält, muß notwendigerweise tiefgreifende Umwandlungen auf der Stufenleiter der Erscheinungen, im Wert der Bedeutung und in der Symbolik des Erschaffenen herbeiführen. Alles Konkrete wechselt sein Kleid, seine Rinde, bequemt sich nicht mehr denselben geistigen Gebärden. Das Jenseits, das Unsichtbare verstoßen die Realität. Die Welt hält nicht mehr stand.« Zum erstenmal versteigt sich Artauds leidenschaftliche Weltverneinung, seine Parteinahme für den Geist gegen den Trieb, sein Bedürfnis nach Transzendenz in diesem Zusammenhang zu einer Drohung mit dem Weltgericht, das die falschen Erlöser vernichten soll: »Möge die mächtige Mauer des Okkulten ein für allemal über diesen ohnmächtigen Schwätzern zusammenstürzen, die ihr Leben mit Nörgeln und leeren Drohungen verbringen, über diesen Revolutionären, die nichts revolutionieren.« Läßt sich dieser Haßausbruch noch mit der Enttäuschung über seine ehemaligen Freunde erklären, die beim Bruch nicht gerade zimperlich mit ihm umgesprungen waren, so ist einer brieflichen Äußerung während des Spanischen Bürgerkrieges zu entnehmen, daß der Wunsch nach dem Strafgericht keine bloß augenblicksbedingte, sondern in seiner Metaphysik verankerte Vorstellung war: »Was die spanischen Anarchisten vollbringen, ist wirklich unerhört, aber es ist eine menschliche Verirrung. Diese Liebes- und Brotkarten sind die Sanktionierung einer *unmenschlichen* Unordnung. Denn was die Menschen heutzutage das *Menschliche* nennen, ist die Kastration des übermenschlichen Teils des Menschen. Es ist ein Irrtum im Absoluten. Die spanischen Anarchisten versuchen *unheilvoll* das Absolute mit Hilfe des Erdenlebens zu fixieren. Das ist ein Trugbild, eine niedrige Idee. Eine solche Idee *ist keine Liebeskraft.* Denn worum geht es für einen Anarchisten? Das *Eigentum seines Ichs* in dieser Welt zu fixieren. Die Anarchisten sind widerliche Eigentümer und egoistische Genießer. Sie verdienen das Massaker. Sie werden es bekommen.« (Brief an Anne Manson vom 8. September 1937) Wenn hier im Namen des Absoluten die brüderliche Verwirklichung der Liebe auf Erden verurteilt wird, so gerät Artaud damit in gefährliche Nähe zur kirchlichen Orthodoxie, die zu allen Zeiten jede Form des Chiliasmus mit Flammen und Schwert verfolgt hat. Daß aber Artaud aus rein geistigen Motiven und nicht um der Erhaltung des gesellschaftlichen Status quo willen eine Entscheidung trifft, die denjenigen politischen Kräften in die Hände arbeitet, die er selber ablehnt, beweist die Fortsetzung des Gedankengangs von der »Abzehrung meines Ichs« zur Enteignung des Menschen von seinem Ich, das als Kristallisationspunkt aller selbstsüchtigen, letztlich libidinösen Strebungen für ihn das schlechthin Hassenswerte ist. Wiederum beansprucht er dabei aufklärerische Denkformen für die eigene Person, indem er sie einfach umkehrt, was für ihn natürlich bedeutet, sie in ihre ursprüngliche Spiritualität zurückzuübersetzen: die humanistische Grundidee vom Menschen als Mittelpunkt zumindest der geistigen Welt wird so zur Kastration des Menschen, der in der Transzendenz den Sinn von Leben und Welt sieht; die anarcho-kommunistische Grundforderung von der Aufhebung des Eigentums an Produktionsmitteln, die sozusagen die gesellschaftlichen Zeugungsorgane darstellen, zur egoistischen Eigentümergesinnung, insofern sie das zwar vergesellschaftete, doch nicht aufgehobene Eigentum an das kollektive Ich, das Wir, bindet. Diese Loslösung von der modernen Gesellschaft und ihren Fortschrittsidealen, die in der Reise zu den Tarahumaras ihre Erfüllung findet, geht auf die zehn Jahre zuvor erfolgte Trennung vom revolutionären Surrealismus zurück, und es ist kein Zufall, daß Artaud bei dieser Gelegenheit seine eigenen Vorstellungen von der Revolution entwickelt. In einem Postskriptum zum *Manifeste pour un théâtre avorté*, das 1927 einige Monate vor *A la grande nuit* erschien, kritisiert er zunächst den Abgott Produktion und den Maschinenglauben, diese Fetische der kommunistischen Revolution, und wendet sich gegen die »blindwütige Veräußerlichung und bis ins Unendliche getriebene Multiplikation der Kraft«; dann aber skizziert er mit wenigen Worten, worauf es ihm ankommt: »Im Augenblick möchte ich nur sagen, daß die vordringlichste Revolution in einer Art von Regression in der Zeit besteht. Wenn wir zur Geisteshaltung oder auch nur zu den Lebensgewohnheiten des Mittelalters zurückkehrten, aber das wirklich und in einer Art von Metamorphose im Wesentlichen, dann hätten wir meines Erachtens die einzige Revolution vollbracht, von der zu sprechen lohnte. Natürlich müssen irgendwo Bomben hochgehen, aber an der Basis der meisten derzeitigen Denkgewohnheiten, seien es europäische oder nicht.« Daß sich die Regression zunächst aufs Mittelalter, später auf magische Kulturen bezieht, ist dabei nur folgerichtig, muß sie doch auf ihrem Weg zurück zum Ursprung zunächst die Phase des Christentums, des spirituellen Erlösungsdenkens, aus dem sich die Revolutionsideologie entwickelt hat, noch einmal durchlaufen, bevor sie die magische Geisteswelt erreichen kann, in der nicht mehr personifizierte Erlöser wirksam sind, sondern höchstens personalisierte Kräfte.

Wichtiger als alle historischen Stufen der Regression sind ihr Ausgangs- und Zielpunkt, Gegenwart und Ursprung, die beiden Pole des libidinös-metaphyischen Magnetfeldes, in dem sich Leben und Theater abspielen: das Leben, indem es in einem fortwährenden Verfallsprozeß vom Pol der Lust als einer Trieb gewordenen Idee angezogen wird; das Theater, indem es diesen Prozeß umkehren und damit rückgängig machen will. Und worin besteht die Anziehungskraft des Theaters, dem die Surrealisten nach Artauds Aussagen vorwerfen, es sei ein »konterrevolutionärer Versuch«? Da keine Ideen auf die Bühne gebracht werden können und sollen, da die verkörperte Idee, als Figur oder Handlung, stets an den Lebenszwängen teilhat, die sie aufheben will, kann ihre Anziehungskraft nur eine indirekte, durch die Erscheinungswelt notgedrungen ins Gegenteil verkehrte sein, die scheinbar negativ auf den Zuschauer einwirkt, indem sie Angst, Schrecken und Schuldgefühle in ihm hervorruft, die sein Verhältnis zu dieser Welt problematisieren und ihn auf die für Artaud einzige, nämlich innere Realität verweisen sollen. Ebendies bezweckt das Schauspiel der Polizei-Razzia gegen ein Freudenhaus, das grausame Strafgericht gegen die Liebe, die sich zur körperlichen prostituiert hat, und insofern ist es für Artauds Absichten »vollständig«. Schon in den ersten Ansätzen zu dramatischen Gestaltungen, der *Blutfontäne* und dem *Vogelpaul* im *Nabel des Zwischenreichs*, machen sich durch groteske Einschübe gebrochene Tendenzen zur Bestrafung des lüsternen Selbst bemerkbar, die jetzt dramaturgische wie ideologische Folgerichtigkeit gewinnen und wenige Jahre später, unter dem überwältigenden Eindruck des balinesischen Theaters, zu einem wesentlichen Moment des Metaphysischen Theaters werden, das sie »im gnostischen Sinne« unter dem Gesichtspunkt eines »höheren Determinismus« als vielgestaltige Grausamkeit hervorkehrt. Dabei wandelt sich die theatralische Heilbehandlung, die dem Zuschauer widerfährt, von einer medizinischen zu einer magischen. In seinem Manifest *Le Théâtre Alfred Jarry* sagt Artaud noch: »Der Zuschauer, der zu uns kommt, weiß, daß er sich einer richtigen

Operation unterziehen wird, bei der nicht nur sein Geist, sondern auch seine Sinne und sein Fleisch auf dem Spiel stehen. Er wird von nun an ins Theater gehen, wie er zum Zahnarzt oder zum Chirurgen geht.« Unter dem Eindruck der sublimen geistkörperlichen Wirkung des orientalischen Theaters läutert sich die Grausamkeit von einer instrumentellen, die außen ansetzt, zu einer durch magische Übertragung von innen her operierenden: »Das erste Schauspiel des balinesischen Theaters, das dem Tanz, dem Gesang, der Pantomime, der Musik ähnelt – und überaus wenig dem psychologischen Theater, wie wir in Europa es kennen, gibt dem Theater seine Dimension als autonome, reine Schöpfung unter dem Gesichtspunkt der Halluzination und der Angst zurück.« Mit dieser vom Orient vermittelten Erfahrung eines kultischen Theaters, das weder Kunst noch Aktion ist, sondern das metaphysische Drama des Menschen verkörpert, geht jene Inkubationszeit zu Ende, in der sich Artauds Theaterkonzeption herausbildete. Weil innerhalb unserer rationalistischen Kultur die »Idee des heiligen Theaters« zwangsläufig schriftlicher Entwurf bleiben mußte, zwingt uns diese Gefangenschaft der Utopie in der Wörtersprache dazu, bei der Lektüre des *Theater und sein Double* ähnlich zu verfahren wie bei den Frühschriften. Wir betreiben angesichts dieser Utopie gewissermaßen Substratforschung, nur daß die verschwundene Sprache, die hier zugrundeliegt und in der manifesten Wörtersprache nachhallt, eine aus Gebärden und Schreien, Farben und Tönen, Rhythmen und Formen bestehende Sprache vom Sein ist, die Artaud so wirksam evoziert hat, daß sie sich gleichsam durch die gewohnte Wörtersprache hindurch überträgt wie eine Ansteckung, die uns von unsrer einseitig rationalen Auffassung des Menschen und seiner Welt heilen könnte.

# Im Namen der Dinge

## *Terreur* und *Rhétorique* im Werke von Francis Ponge

»Nous avons poussé à bout la Terreur,
et découvert la Rhétorique.«
*Jean Paulhan*

Aus seiner Beobachtung, daß sich die unterschiedlichsten literarischen Standpunkte auf zwei grundsätzliche zurückführen lassen, den des ›Rhetorikers‹ und den des ›Terroristen‹, hat Paulhan in *Les Fleurs de Tarbes ou La Terreur dans les Lettres* (1941) gefolgert, daß jeder literarische Terror, der gegen die jeweils herrschende Rhetorik ankämpft, seinerseits eine neue Rhetorik begründet – Rhetorik demnach vollendeter Terror sei. Diese, wenn sie nicht überzogen wird, durchaus brauchbare Dialektik erhellt nicht nur die Entwicklung des Werkes von Ponge, sie klärt auch seine Stellung innerhalb der französischen Literatur. Auf das Grundproblem dieses Werkes angewendet, das seit fünfzig Jahren in immer neuen Entwürfen das wechselseitige Verhältnis von Wort und Gegenstand variiert, macht sie einsichtig, warum die Dingwelt, durch konventionellen Sprachgebrauch abgenutzt, eine Wiederbelebung durch unterwandernde Sprachmaßnahmen braucht, wenn sie zu frischer Wirklichkeit zurückfinden soll. Schreiben bedeutet für Ponge die Berichtigung der durch Ideologie und ihre Rhetorik entfremdeten Welt, es vollzieht die Wiederherstellung der Integrität der Dinge mittels Sprache. Gerade weil sie nämlich vorgegeben und scheinbar begriffen sind, verharren die Dinge so lange in ihrer Indifferenz, bis ihnen durch Ausdruck zur Lebendigkeit verholfen wird. Dazu bedarf es einer Umgestaltung der Beziehungen, die Sprache und Dingwelt miteinander unterhalten. So wie wir sie vorfinden, sind diese Beziehungen eine Übereinkunft, die von vergangenen Geschlechtern getroffen wurde und unseren eigenen Ansprüchen nur sehr unvollkommen genügt; ihr Ausdruck, ihre Textur wird mit der Zeit fadenscheinig und muß von jeder Generation ausgebessert, von Epoche zu Epoche sogar erneuert werden. Daß damit Wirklichkeit verändert wird, ist klar, aber während dies durch Wissenschaft und Technik nur für Teilbereiche geschieht, hat der Dichter diesen Vorgang auf der ganzen Linie zu vollziehen. Natürlich kann er das nur erreichen, wenn seine Methoden nicht ausschließlich an die eigene Person gebunden bleiben: wenn sein Werk, als Entwurf begonnen, der Fortsetzung durch andere fähig ist. Deshalb hat Ponge die Forderung Lautréamonts, die Dichtung müsse von allen gemacht werden, nicht von einem, mit der Erfahrung Rimbauds, wie die Schönheit zu grüßen sei, aufs engste verknüpft: »Man muß von der *Entdeckung* ausgehend arbeiten, die Rimbaud und Lautréamont (über die Notwendigkeit einer neuen Rhetorik) gemacht haben. Und nicht von der *Frage* aus, die der erste Teil ihres Werkes aufgibt.«

Allerdings stellte sich für Ponge im ersten Teil seines Werkes gleichfalls die Frage, wie aus gesellschaftlich verderbter Sprache, die höchstens zur Kunst der Lüge taugt, eine Rhetorik entwickelt werden könne, die nicht normativ verfährt, sondern subversiv zu sprechen erlaubt. Im Gegensatz zu den Surrealisten, die den von Apollinaire vorausgesagten Weg in die Bewußtseinstiefen beschritten, war er zu mißtrauisch, um sich automatischen Techniken zu überlassen. Nicht nur bezweifelte er die Möglichkeit, durch unreflektiertes Sprechen die Botschaften des Unbewußten ans Tageslicht zu fördern, er zweifelte auch am Menschen als Spezies. Der Homo sapiens war ihm verdächtig, daher der anarchische Wille, mit dem Denken zu brechen: »Nieder mit dem intellektuellen Verdienst! Dieser Schrei der Auflehnung ist noch annehmbar. Ich möchte nicht dabei stehenbleiben – und werde die Verdummung durch den Mißbrauch einer Technik, gleich welcher Art, verkünden; natürlich am liebsten durch den der Sprache oder RHETORIK.«

Wie das im einzelnen geschieht, zeigen kurze Prosastücke aus den zwanziger und dreißiger Jahren, *Proêmes* betitelt, um anzudeuten, daß sich in der Vorrede das Gedicht versteckt. Hier wird die *»Kunst des Widerstandes gegen das Wort«* praktiziert. Die Ställe des Augias zum Beispiel, die Geschäftsviertel von Paris, sollen nicht ausgemistet, sondern mittels ihrer eignen Jauche mit Fresken ausgemalt werden. Und weil die »pompiers«, gemeint sind die Konservativen, ihrem Spitznamen getreu das Feuer der Zerstörung löschen wollen, mischt sich der ›Terrorist‹ unter sie und ruft beim Feuerlöschen eine Sintflut hervor: »Das Ziel der Vernichtung wird erreicht sein und die Feuerwehr ertränkt durch sich selbst. Machen wir also die Worte durch die Katastrophe lächerlich – durch einfachen Mißbrauch der Worte.« Hätte sich Ponge mit dem Kunstgriff begnügt, die Sprache beim Wort zu nehmen, ihre Bilder und Vergleiche nicht figurativ, sondern real aufzufassen, er wäre bei der Sprachspielerei gelandet. Was ihn davor bewahrte, war sein in Praxis umgesetzter Glaube an die Materialität von Sprache und Schrift, die er durch Veränderung der Beziehungen zwischen Zeichen und Ding, durch zielbewußte Entstellung des Wortgebrauchs, manchmal auch der Syntax, aufzeigen wollte. Er setzte nicht auf den Denkakt und seinen sprachlichen Ausdruck, für ihn war Sprache kein Vehikel von Begriff oder Idee, im Gegenteil, er wollte ihr den Geist austreiben und sie zu einer Art Substanz machen, die man beim Sprechen im Munde spürt. Damals, zu Beginn der zwanziger Jahre, schrieb er in einem winzigen Zimmer, vor sich das Alphabet an die Wand gepinnt, unterm Tisch den Littré: »LETTERN, geheimnisvolle Gegenstände, nur mit zwei Sinnen zu erfassen und doch wirklicher, sympathischer als Zeichen – ich will euch wieder der Substanz annähern und euch eurem Sonderdasein entfremden. Ich will, daß man euch mehr um eurer selbst willen liebt als wegen eurer Bedeutungen. Euch schließlich zu einem vornehmeren Stand erheben als dem einfacher Bezeichnungen.« Aber nicht auf Autonomie des sprachlichen Gebildes wird hingearbeitet, eher auf kompakte Einheit von Wort und Objekt, damit das Gesamtwerk, der Gegenstand aus Sprache, selbst als Ding betrachtet werden kann.

Natürlich setzt solche Verdinglichung das Bewußtsein der Materialität von Sprache, dieser »wahrhaft alltäglichen Ausscheidung der Molluske Mensch«, voraus. Erst dadurch, daß Sprache kein bloßes System von Bezeichnungen, vielmehr etwas Stoffliches, Körperliches ist, wird jene methodische Verwechslung möglich, die Paulhan zufolge die eigentliche Haltung des ›Terroristen‹ ausmacht: »Fortwährend nimmt er die Wörter für Dinge und Dinge für Wörter.« Beim Schreiben führt diese wechselseitige Ersetzung dazu, daß Wahrheit, vormals Übereinstimmung zwischen Wort und Ding, zu ihrer Wesenseinheit wird: zum Ding-Gedicht. So zielt Ponges Materialismus auf die Abhängigkeit des Bewußtseins vom materiellen Sein von Sprache und Schrift, das infolge seiner prästabilierten Bindung an die Objektwelt den menschlichen Geist ins Funktionieren zwischen beiden verwandelt.

Der Widerstand des ›Terroristen‹ gegen das Wort stellt sich demnach als viel folgenschwerer heraus, als es die Denunziation irgendeiner Rhetorik sein könnte; in letzter Konsequenz entthront er den Geist, der sich anmaßt, über die Welt zu herrschen, indem er sie erklärt. Dieser gottähnliche Geist soll nicht mehr über den Dingen stehen, wie eine hochmütige Redensart es will, sondern sich seiner vermeintlichen Allmacht begeben. Denn was das Funktionieren der Welt stört und Schreiben, insofern es den einwandfreien Gang der Dinge wiederherstellen möchte, erst notwendig macht, ist eben diese Selbstherrlichkeit unsres Denkens, die deshalb ihrerseits gestört werden muß: »Wir wissen, daß wir nacheinander die SCHLIMMSTEN Irrtümer der Stilschulen aller Zeiten von neuem erfinden. Wir wollen in unserem Denken GESTÖRT sein.« Um zur Bejahung zu gelangen, bedient sich schöpferischer Nihilismus der Verneinung des Bestehenden. Auf sprachliche Ebene übertragen, heißt das, den ordentlichen Mißbrauch der Worte durch erneuten Mißbrauch wiedergutzumachen, durch jene Fehlerhaftigkeit, die programmatisch im ersten Satz von Ponges erstem Buch *Douze petits écrits* auftaucht: »Entschuldigt diesen Anschein von Fehlerhaftigkeit in unseren Beziehungen. Ich werde mich niemals zu erklären wissen.« Gegen die alte, von Logik bestimmte Ordnung kann sich die neue Ordnung der Dinge nur auf scheinbar alogische Weise durchsetzen. Nicht außerhalb jener, sondern durch bewußtes Umfälschen ihrer Werte und Beziehungen soll der Mensch von einem Denken gesunden, das die Sprache als bloßes Mittel, als abstraktes Zeichensystem gebraucht. Die neue Rhetorik, die Ponge will, ist angewandtes Selbstverständnis des Menschen als eines spracherzeugenden Wesens, das seine Entfremdung von der Welt rückgängig macht. Dies ist die Aufgabe des Dichters. Während Religionen und Philosophien über die Welt herrschen, durch Erklärung über sie verfügen wollen und sie ebendrum nur verwirren, schlichtet der Künstler die Beziehungen von Mensch und Welt. Leider wird ihm dies Vorhaben schwer genug, sieht er sich doch keiner Tabula rasa gegenüber, vielmehr einer geschichtlichen Situation. Die reine Gegenwart, die Versöhnung, die er anstrebt, wird belastet vom Überhang der Ideen und Gefühle eines Zeitalters der Völlerei, das sich mit Systemen, Experimenten, Entwürfen aller Art den Magen verdorben hat und im Katzenjammer beim Absurden angelangt ist.

Zumindest bestand diese Situation in den frühen vierziger Jahren, als sich Ponge mit dem erst im Manuskript vorhandenen *Mythe de Sisyphe* von Camus auseinandersetzte. »Natürlich ist die Welt absurd! Natürlich bedeutet die Welt nichts! Aber was ist daran tragisch? Ich möchte dem Absurden gern seinen tragischen Koeffizienten nehmen. Durch Ausdruck, durch Schöpfung der metaphysischen (d. h. metalogischen) Schönheit. Der ontologische Selbstmord betrifft höchstens ein paar junge (übrigens sympathische) Bourgeois. Dem die Geburt (oder das Wiederaufblühen) entgegensetzen, die *metalogische Schöpfung* (die POESIE).« Der Seitenhieb auf die jungen Bourgeois kam nicht von ungefähr, denn Ponge war während des Krieges als Mitglied der KPF in der Résistance tätig. Gewisse Lehren des Marxismus, so die Entfremdungstheorie, tauchen in seiner Konzeption in abgewandelter Form wieder auf. Die Erweiterung des Begriffes Entfremdung von einem sozialen, an eine bestimmte Produktionsweise gebundenen Phänomen zu einer allgemeinen geistigen Situation, die ihren Ursprung in einer hypertrophen Vernunftarbeit hat und ihren Ausdruck im Unbehagen des Menschen an sich selbst findet (Ponge sagt dafür *non-justification*), erlaubt ihm eine überraschende, doch höchst fruchtbare Synthese von frühem Marx – und Mallarmé.

In zwei Essays über die Bestimmung von Kunst und Künstler, *Le murmure* und *Le monde muet est notre seule patrie*, entwickelt Ponge eine Art Kulturmorphologie. Entstehen und Vergehen von Kulturen, heißt es da, sei mit der Entwicklung, Dogmatisierung und schließlichen Zerstörung gewisser tragender Werte verbunden. Unsere abendländische Kultur zum Beispiel, in der Gegend von Jerusalem, Athen und Rom entstanden, beruhe auf der Vorstellung, der Mensch sei vor allem Herz und Geist, was zu großartigen Leistungen und Fortschritten, allmählich jedoch zu Widersprüchen und Katastrophen geführt habe. Der Künstler, der Dichter könne diese Grundwerte zwar nicht einfach ignorieren, auch er sei ihrer Geschichtlichkeit unterworfen, gerade deshalb aber müsse er sie im Werk neutralisieren. »Auf diese Weise und anstatt ZWANGSLÄUFIG in die Katastrophe einzumünden, werden wir vielmehr DIE WERTE UNMITTELBAR TILGEN, in jedem Werk (und in jeder Technik), IM GLEICHEN AUGENBLICK, IN DEM WIR SIE ENTDECKEN, AUSARBEITEN, ERHELLEN, VERFEINERN. Dies ist, in der Dichtung, die Lehre schlechthin von Mallarmé.« Und in Analogie zu dessen Ausspruch, die Zerstörung sei seine Beatrice gewesen, definiert er das Kunstwerk als »Gegenstand menschlichen Ursprungs, in dem sich die Ideen zerstören«. Begleichung der schöpferischen und zerstörerischen Kräfte des Menschen im Kunstwerk also, damit sich keine Embolie im Kreislauf der Welt einstellt und der Mensch nicht zum Sklaven seiner eigenen Hervorbringungen wird, damit er sich nicht dem Kosmos entfremdet.

Wo wird nun der Hebel angesetzt? Ponge verfährt nicht summarisch, er geht vom einzelnen aus, und die Einzelheit verwandelt sich im Laufe der Inbesitznahme in einen Text, durch den weniger etwas *über* die Dinge ausgesagt wird, als daß er sie wörtlich verkörpert. Zwar geht die Aufmerksamkeit als sprachlicher Impuls nach außen, doch bleibt er provisorisch, bis er den Zuspruch der Dinge erfährt, die sich mit ihm ins Einvernehmen setzen. Aus der Implikation solcher Wachheit, die sich vorsichtig an die Dingwelt anpirscht, mit deren latenter Bereitschaft, den Geist zu erregen und sich von ihm ergreifen zu lassen, ergibt sich in der Mitte des Weges ein Rendezvous, der ebenso objekt- wie sprachhaltige Text, ein Glück ganz besonderer Art.

Vorbedingung dafür ist Innehalten, Orientierung am Nächstbesten, einem Kieselstein oder der Welle, die unsre Haut netzt; aber nun darf ihre Wirklichkeit nicht überfallen und mit Ausdruck genötigt werden, damit sie sich erkläre – es heißt abwarten, die Botschaft muß von allein kommen, sie kommt auch, wenn man in sich ein Vakuum schafft durch das Außerkraftsetzen aller geistigen Routine: »Der Geist, von dem man sagen kann, daß er sich in die Dinge (die nur *Nichts* sind) zunächst durch ihre Betrachtung versenkt, wird durch die Benennung ihrer Eigenschaften wiedergeboren, so daß sie es sind, die jene an seiner Stelle äußern.« Das Geheimnis der Betrachtung besteht in der Aufhebung des Ich-Bewußtseins, so daß sich die Dinge in dem Maße nähern, als das Ich sich verliert; beide gehen dann ineinander über, und die Welt öffnet sich zugleich urfremd und verwandt. Dies ist die Stunde, da sich dieselbe Familienzugehörigkeit alles Seienden offenbart. Was den Vorgang von der Meditation unterscheidet, ist das offene Auge, die Extrovertiertheit der Sinne. Keine Abkehr vom einzelnen, bis die erzwungene Leere irgendein symbolisches Bild suggeriert; vielmehr Fixierung des Details, bis die Sinne nach außen übergehen und nach einem abenteuerlichen Intervall mit Frische beladen heimkehren.

Aber kann noch vom Detail, vom Einzelding gesprochen werden, wenn Ponge den Gegenstand der Betrachtung von vornherein in einer alogischen Perspektive wahrnimmt, die ihn zur Totalität macht? Die Welt wird nicht, wie die Vernunft es fordert, als Kugel, als Inbegriff der Dinge, kurzum als Ordnung aufgefaßt, sondern vielmehr, wie es in dem Stück *Die Form der Welt* heißt, »auf ganz willkürliche Weise abwechselnd als Form der merkwürdigsten Dinge, der asymmetrischsten und von bedingtem Wert (und nicht allein als Form, sondern als alle Merkmale, als Einzelheiten der Farben, der Düfte), wie zum Beispiel ein Fliederzweig, eine Krabbe im natürlichen Felsenaquarium an der Molenspitze von Grau-du-Roi, ein Schwamm in meinem Badezimmer, ein Schlüsselloch mit einem Schlüssel darin«. Weil das Ding zur Welt wird, wird die Welt zum Ding, das sie vielleicht nicht einmal in seiner Ganzheit repräsentiert, sondern aufgrund willkürlich erlesener Eigenschaften – beim Schwamm etwa der Permeabilität, des Porösen als Verbindung von Innen und Außen bei gleichzeitiger Flexibilität der Form infolge Druck oder Wasserfüllung, was auf Schrumpfung oder Ausdehnung des Weltalls hinweisen könnte, auf den verschiedenen Abstand des Zeichens vom Objekt respektive die semantische Dichte: Sinnliches und Abstraktes also im gegenständlichen Wort beziehungsweise im verbalisierten Gegenstand, hervorgerufen durch aufmerksame Nahsicht, ein Ding-Gedicht mit voll entwickelten stillebenhaften Zügen. Nahsicht bedeutet hier Konzentration, wodurch das Gesichtsfeld mit dem vom Ding behaupteten Platz zusammenfällt und der umgebende Raum, für Betrachter wie Betrachtetes, hinfällig wird, nicht aber der Raum zwischen beiden, der sich in den Abstand von Zeichen und Ding transformiert. Daher der überaus dichte, plastische, ausschließliche Eindruck der Pongeschen Prosa. Ein Slogan wie ›hautnah‹ charakterisiert sie genau, ist es doch eine von Ponges erklärten Absichten, Gemeinplätze zu schaffen, das heißt neue Formeln für mensch-dinghafte Beziehungen. Dabei soll der menschliche, gedankliche Anteil das Ding nie zum bloßen Beispiel, zum Beleg entwerten, im Gegenteil, er wird einer Verstofflichung unterzogen: »Der Dichter darf niemals einen Gedanken, sondern er muß einen Gegenstand äußern, das heißt, daß er selbst dem Gedanken die Stellung eines Gegenstandes geben muß.«

Wie eine Statue aus Stein, Holz oder Metall besteht, ist der Gegenstand, den der Dichter herstellt, aus Sprache gemacht. Zwar wird er nach einem natürlichen Vorbild gefertigt, ist aber ebensowenig bloßes Abbild wie die Statue. Auch bedeutet er nicht nur, sonst wäre er Name. Wie der Logistiker Frege den Satz als zusammengesetzten Namen auffaßte, könnte man sagen, dieser Gegenstand sei ein komplexer Ausdruck. Ponge sagt nicht einfach Orange oder Zigarette, er stellt sie aus Sprache noch einmal her. Er interpretiert nicht, er macht. Er ist kein Intellektueller, er ist Handwerker oder, besser gesagt, Sprachhandwerker. *Le parti pris des choses*, wörtlich übersetzt: Die Stellungnahme für die Dinge ist ein Arsenal solcher Sprach-Gegenstände. Es gibt da einen Regen, einen Spankorb, eine Kerze, eine Auster, es gibt die Elemente Feuer und Wasser, es gibt Pflanzen und Steine. Soweit der Text ein einziges Objekt beinhaltet, spiegelt sich dieses nicht nur seinen äußeren sinnlichen Daten nach, sondern in seinem ganzen Aufbau, in der Art und Weise, wie es wahrgenommen wird, wie es raumzeitlich in unserem Denken vorkommt, im Satzbau des Ding-Gedichtes wider. Die Sprache geht den Gegenstand von mehreren Blickpunkten zugleich an und muß ihren eigenen Fähigkeiten das Äußerste abverlangen, um die Pluralität der Erfahrungen überhaupt noch in einen linearen Zusammenhalt zu zwingen. Das unvermeidliche Sichtbarwerden ihres inneren Gefüges, das Hervortreten ihrer Bauformen, ihrer Partikel, ja ihrer Anomalien scheint das Prinzip der Beschreibung zu leugnen, wonach ein Gegenstand entsprechend und sozusagen auf dem kürzesten Wege abzubilden ist, so daß er *reell* bleibt. Ponges Prosa aber ist, mathematisch gesprochen, komplex. In ihr kommt, so merkwürdig es klingen mag, der wirkliche Gegenstand vor (wie in kubistischen Kollagen der Gegenstand anwesend ist), zugleich jedoch der imaginäre, repräsentiert durch seinen Namen; ihr Zusammenwirken bildet die komplexe Einheit, genannt Text. Von den Brombeeren wird gesagt: »An den typographischen Sträuchern, Bildungen des Gedichts auf einem Weg, der weder aus den Dingen heraus noch zum Geiste führt, bestehen gewisse Früchte aus einer Ballung von Kugelsphären, die ein Tropfen Tinte füllt.« Das ist nicht mehr abbildhaft im metaphorischen Verstand, der Text ist nicht hier und sein Gegenstand dort; was übereinanderkopiert wird, Entstehung des Textes und Wachstum der Beeren, trägt wörtliche Früchte, die nach jener Tinte schmecken, welche sie beim Schreiben tatsächlich erst hervorruft!

Vielleicht wird hier zum erstenmal etwas von der Ambivalenz, von der Ironie spürbar, die Ponges späteres Werk durchzieht, als er die nominalistischen Möglichkeiten seines sprachlichen Materialismus, nämlich die Dinge deduktiv aus ihrem Namen abzuleiten, ganz bewußt nutzt, wie es in manchen Stücken von *La rage de l'expression* geschieht. *Die Nelke, Die Mimose* werden serielle, aus der Etymologie ihres Namens durch Wort- und Silbenkombinatorik gefertigte Sprachgegenstände sein, bei denen der Prozeß ihres Entstehens wichtiger ist als ihr stets von neuem überholbares Ergebnis. Der Ansatz zu dieser Produktionsweise zeigt sich schon früh, beispielsweise in der zwischen 1926 und 1934 geschriebenen *Garnele in allen ihren Zuständen*, von denen nur der letzte, sozusagen die endgültige Garnele, in *Le parti pris des choses* auftaucht: »Mehrere Eigenschaften oder Umstände machen zu einem der schamhaftesten Gegenstände, die es auf der Welt gibt, und vielleicht zum scheuesten Wild der Betrachtung ein kleines Tier, das man zu Beginn lieber gar nicht beim Namen nennen, sondern eher vorsichtig herbeizitieren, mittels seiner Eigenbewegung in die Leitungsröhre der Umschreibung hineingeraten lassen sollte, um schließlich durch das Wort den dialektischen Punkt zu erreichen, an den es seine Form und sein Lebenskreis, sein stummes Los und die Ausübung seines richtigen Berufes verweisen.« Die Unmöglichkeit, die durchsichtige Garnele im Wasser wahrzunehmen, wird durch den rhetorischen Terminus der circumlocutio, der Umschreibung, wiedergegeben, die im Gegensatz zur Periphrase, welche eine Sache absichtlich umgeht, ihren Gegenstand nicht zu finden vermag. Diese Umschreibung geschieht in Gestalt eines gewundenen Satzes, der in einer Art von grammatischen Mimesis das allmähliche Erkennen der Garnele, damit aber auch sie selbst vollzieht, und zwar bis zu dem Punkt, wo die Textbewegung zur Eigenbewegung des Schalentiers wird, Sprache also in Wirklichkeit umschlägt.

Ist die Garnele dabei nur ein Exempel für die Anwendung der circumlocutio oder diese lediglich ein Mittel zur Darstellung der Garnele? Glücklicherweise darf offenbleiben, welche der beiden Realitäten, die sprachliche oder die empirische, der anderen vorausgeht. Immerhin steht fest, daß sich der Gegenstand, kantisch gesprochen, nach der Erkenntnis richtet, wobei Ponge allerdings den Spieß sofort umkehrt und den Gegenstand von seiner Erkenntnis animiert sein läßt, wie das Stück *Meereskiisten* zeigt: »Und aus folgendem Grund wird es seinen eigenen Küsten immer abwesend vorkommen: indem es die wechselseitige Entfernung ausnutzt, die ihnen versagt, untereinander Verbindung zu halten, es sei denn auf großen Umwegen oder über das Meer hinweg, läßt dieses jede von ihnen zweifellos in dem Glauben, es wende sich nur und gerade an sie.« Genau besehen ist das eine moderne Version des antiken periplus. Während unsere Landkarten aus der Vogelperspektive, von einem der tatsächlichen Situation entzogenen Standpunkt aus festlegen, notierte der antike Seefahrer auf seiner Umschiffung, dem periplus, die Küste bekanntlich vom fahrenden Schiff aus. Die Unübersichtlichkeit, die daraus folgt, ist die der unmittelbaren Wirklichkeit; jeder, der in einem stark gegliederten Küstenstrich, womöglich noch mit reicher Inselwelt, gekreuzt ist, kann diese Erfahrung bestätigen. Aber bei Ponge ist die Sache noch komplizierter, nimmt er doch eine Rückübertragung der Sehweise des Schiffers auf ihren Gegenstand vor, so daß Küsten und Meer einander auf die gleiche Weise wahrnehmen, wie der Mensch sie wahrnimmt. Daß es sich dabei nicht bloß um Poetisierung, sondern um eine zwangsläufige Folge der Sprachauffassung Ponges handelt, wird noch zu erörtern sein.

Warum eine Dichtung, die den Menschen als Inhaber von »Herz und Geist« bewußt ausschließt, ihre scheinbar objektiven Gegenstände vermenschlicht, wie es auf Schritt und Tritt bei Ponge geschieht, darüber gibt *Die Seine* indirekte Auskunft. Ponge berichtigt hier seine Stellungnahme für die Dinge insofern, als ihm das Flüssige nun weitaus besser dem Geschriebenen zu entsprechen scheint als das Feste, ja es kommt ihm wie ein Irrtum vor, daß er seine Texte wie dreidimensionale Körper bauen wollte. Zwischen dem Gasförmigen und dem Festen vermittelnd, korrespondiert das Flüssige dem Geschriebenen zwischen Geist und Dingwelt. Einerseits verweist es seine Molekularstruktur in die Nähe des festen Aggregatzustandes, andrerseits ist es eine Verdichtung des Gasförmigen. Das Zu-Schreibende hat Ponge zufolge ebensosehr Niederschlag, Verdichtung des Geistes zu sein wie Einschmelzung des Festen; es sollte sich weder verflüchtigen noch verfestigen: es muß im Fluß bleiben. Kurzum, alle Eigenschaften, die das Flüssige kraft Definition aufweist, müssen rhetorischer Natur werden, soll die Sprache ihrer Mittlerrolle zwischen Geist und Dingwelt gerecht werden. Seinem Grundsatz »eine Rhetorik für jedes Gedicht« getreu, läßt Ponge die Seine ihren eigenen Stil erzeugen, eine literarische Gattung, die zwischen Diskurs und Prosagedicht schwankt: »Verkneten wir also von neuem die Begriffe Fluß und Buch! Wollen wir sehen, wie wir sie einander durchdringen lassen können! Verwechseln wir, verwechseln wir ganz schamlos die Seine mit dem Buch, zu dem sie werden soll!« Und warum gerade die Seine? »Weil die Seine mitten durch die Kultur fließt, deren Sprache wir ganz selbstverständlich gebrauchen. Weil sie durch Paris fließt, wo wir sie so bequem in den Griff bekommen oder, besser gesagt, daran verzweifeln (oder darüber frohlocken) können, daß wir sie nicht in den Griff bekommen. Endlich, weil dieser Fluß auf seiner ganzen Länge vom geographischen Gesichtspunkt aus keinerlei ungeheure Geschichte aufweist, von keinem Gebirge flankiert wird, keine Schlucht, kein Cañon, keinen Wasserfall, mit einem Wort keine großartige oder malerische Begebenheit kennt, die uns heftige oder zwiespältige Gefühle abnötigt, wie sie uns zu begeistern vermögen zur Betrachtung und zum Ausdruck, zur Erkenntnis und zum Genuß der allen Flüssen gemeinsamen und wesentlichen Eigenschaften, kurzum des Strömenden, des einfachen, einfachsten *strömenden Redeflusses*.« Nun also entwickelt sich vor den Augen des Lesers über achtzig Seiten die Seine, dieser Rede-Fluß, von ihren Quellen bis zu ihrer Mündung ins Meer, die Seine mit ihren Nebenflüssen, ihren Ufern, ihren Schiffen und Badenden, mit ihren Ertrunkenen und Dichtern, ihren Ausbeutern und Anrainern. Sie entwickelt sich in langen, schwellenden, gewundenen Satzfiguren, in tönenden Perioden, in einlullenden Wiederholungen und Abschweifungen, welche etwaige Hindernisse umgehen. Sie fasziniert, sie spiegelt wider, sie kühlt ab, sie stinkt, sie steigt über ihre Ufer, sie schwemmt davon, was ihr anvertraut wird. Sie ist nichts als Strom, der die Gewässer der Erde, die vom Regen leben, wieder einsammelt und dem Ozean zurückerstattet; sie ist nichts als Sprache, die alle Worte der Menschen, die sich als Verdichtung des Geistes niedergeschlagen haben, dem allgemeinen Sprachschatz wieder zuführt. Sie ist nicht mehr jung, sie fließt nicht mehr schnell, sie ergeht sich gemächlich in Schleifen und Bogen, die der Verdunstung Vorschub leisten. Jawohl, auch hier die Ironie, das Wissen um die Redseligkeit des Alters, um den Gewinn an Breite bei Verlust an Tiefe, aber auch um das eigne Vermächtnis und seine Bedeutung.

Denn die Seine ist der alternde Dichter, sie hat Bewußtsein erlangt, und bevor sie sich im Meer verliert, faßt sie ihren Lebenslauf noch einmal zusammen, erinnert sie zum letztenmal daran, was alles sie unabsichtlich hervorgerufen und gespeist hat in dem Land, durch das sie fließt. Denn Ponge weiß sehr wohl, was ihm die moderne Literatur verdankt: daß seine bewußte Abkehr vom konventionellen Menschenbegriff und seine methodische Zuwendung zur Dingwelt neue Ausdrucksmöglichkeiten eröffnet haben. Was macht es also schon, daß er kein Großer im landläufigen Verstand ist, weder der Amazonas, noch der Nil, noch der Amur . . . Er hat sich eingegraben in die Landkarte der französischen Literatur, er ist nicht mehr wegzudenken, man kann ihn nicht übersehen.

*Die Seine* stellt in Ponges Werk insofern einen Wendepunkt dar, als hier zum erstenmal eine Allegorie, der Redefluß, unter Zuhilfenahme einer szientifischen, besser gesagt naturphilosophischen Begründung zum generativen Prinzip eines ganzen Textes erhoben und konsequent durchgeführt wird. Hinter der Absicht, »die Seine zu diesem Buch umzubilden«, steckt wie bei Mallarmé, für den die Welt dazu bestimmt war, in ein Buch zu münden, eine gleichsam synthetische Sprachleidenschaft, die sich gewisser Modelle und Methoden bedient, um die Welt aus dem Wort neu zu erschaffen. Folgerichtig beherrscht nicht mehr das Ding-Gedicht, sondern der Artefakt den zweiten Teil des Pongeschen Werkes, wobei der terroristische Sprachgebrauch im gleichen Maße einer ironisch gefärbten Rhetorik weicht, in dem sich die Selbstzerstörung der Worte in ein »verbales Funktionieren« wandelt, das Ausgleich stiftet zwischen Sprache und Welt. Weil im Text Sprache und Gegenstand, Bedeutungshaltigkeit und Nichtigkeit zusammenfallen, balanciert Ironie diese beiden Aspekte aus. Im Scheitelpunkt des Umschlags von materialistischer zu nominalistischer Sprachübung steht eine exemplarische Dichtung, *Le soleil placé en abîme*, und es ist charakteristisch, daß sich die Arbeit an diesem Hauptwerk, das mit Recht als anspruchsvollste Schöpfung seit Mallarmés *Coup de dés* bezeichnet worden ist, über ein Vierteljahrhundert, von 1928 bis 1954 erstreckt. Schon der Titel ist Ausdruck gezielter Zweideutigkeit, wird doch die Sonne nicht nur in den Abgrund, sondern dem heraldischen Ausdruck »placer en abîme« gemäß in die Mitte des Schildes, die sogenannte Herzstelle, versetzt. Ein Untertitel macht die Sache zunächst noch komplizierter: *»Das Wir in bezug auf die Sonne – Einweihung ins Objeu.« Objeu* bezeichnet das Zusammenfallen von verdinglichter Sprache und verbalisiertem Gegenstand im dichterischen Spiel; deshalb besteht dieser Neologismus aus *objet, je* und *jeu*. Das *Objeu* ist eine neue literarische Gattung, die sich bei der Erarbeitung des Sprachgegenstandes Sonne gebildet hat und später, in der *Seife*, eine Abwandlung zum sogenannten *Objoie (objet + joie)* erfahren wird. Wie die wirkliche Sonne den Gegenstand abgibt, so ihre Situation als Zentralgestirn unsres Planetensystems das Modell der Beziehungen, die sie zum Betrachter bzw. der Betrachter zu ihr unterhält: »Jeder weiß zum Beispiel von der Erde, und folgerichtig auch von uns, daß sie sich auf einer elliptischen Bahn um die Sonne bewegt, die nur *einen* ihrer Brennpunkte einnimmt. Fragt man sich, wer den anderen einnimmt, so ist man nicht weit davon entfernt, uns zu begreifen.« Im anderen Brennpunkt kann natürlich nur die Sonne aus Sprache stehen, gleich wichtig für das Spiel wie die wirkliche. Erinnert man sich an die Definition der Ellipse, so wird klar, mit welcher Präzision das Modell funktioniert: Die Ellipse ist der geometrische Ort für alle die Punkte, für welche die Summe der Entfernungen von zwei festen Punkten, den Brennpunkten, gleich einer konstanten Größe, der großen Achse, ist. In Analogie dazu könnte man das *Objeu* definieren als geometrischen Ort für alle die Stationen des Ich, für welche die Summe der Beziehungen zu zwei festen Punkten, den Brennpunkten natürliche Sonne und sprachliche Sonne, gleich einer konstanten Größe, der großen Achse des Spiels, ist. Das im Untertitel angesprochene Wir ist nämlich nicht etwa im plural majestatis gemeint: »Hat man begriffen, daß dieses *Wir*, ohne Emphase ausgesprochen, ganz einfach die Summe der aufeinander folgenden Phasen und Stellungen des *Ich* darstellt?« Schließlich heißt es »Einweihung ins Objeu« und nicht Einführung, weil Ponge sich bewußt ist, daß es die verschiedensten Gesichtspunkte in bezug auf die Sonne gibt, sein eigener jedoch bestimmte Konsequenzen hat: »Es gibt aber unter diesen Gesichtspunkten einen, aus dessen Richtung wir gewisse Passagen entworfen, wenn nicht gar bis zu Ende ausgeführt haben, der wirklich unseren eigenen darstellt und in dem wenn nicht das Modell, so doch wenigstens die Methode der neuen Gattung besteht, von der wir sprachen. Ob man ihn *nominalistisch* oder *kulteran* nennt oder ihm irgendeinen anderen Namen zulegt, besagt wenig: für uns selbst haben wir ihn *Objeu* getauft. Es ist derjenige, bei dem das Objekt unserer Emotion zunächst in den Abgrund versetzt wird und die schwindelerregende Dichte und die Absurdität der Sprache, als solche betrachtet, derart gehandhabt werden, daß durch die innere Vervielfachung der Bezüge, durch die Verknüpfungen, die sich auf der Ebene der Wurzeln bilden, und durch die unter doppeltem Verschluß gehaltenen Bedeutungen jenes Funktionieren erzeugt wird, das allein über die strenge Harmonie der Welt Rechenschaft abzulegen vermag.«

An diesem Punkt schießen alle Konsequenzen aus Ponges Denken zusammen. Die wirkliche Sonne, als lebenspendende der Inbegriff aller Realität, der sich der Mensch entfremdet hat, muß in den Abgrund, die Herzstelle, versetzt werden, damit sie innerhalb der Literatur, die uns wieder mit ihr versöhnt, aufgehen kann. Ebendies geschieht an den beiden Extremstellen der Ellipse, das heißt des Textes, die sich am Schluß der Dichtung befinden. Das Minimum ist die *»Barocke Nacht«*, das Verschwinden, die Abwesenheit der Sonne, was eine sprachliche Ausschweifung von manieristischer Pracht zur Folge hat; das unmittelbar darauf sich einstellende Maximum *»Die Sonne erhebt sich über der Literatur«* zeigt in der Beschwörung des Mittags, welche die Sonne der Sprache einverleibt, den Höhepunkt der Dichtung an. Zwischen der methodischen *»Einweihung«* und den beiden Extremstellen entwickelt sich das Hauptthema assoziativ in kurzen Abschnitten, Vers- und Prosagedichten, poetischen Aphorismen, wobei astronomische, physikalische, mythologische Eigenschaften der Sonne teils unter literarischen Anspielungen verarbeitet werden – gleichsam ein Anlaufnehmen zum Aufschwung am Ende dieser Dichtung, die bei aller Begründbarkeit hinsichtlich ihres Aufbaus und Anspruchs etwas Irrationales, fast Okkultes ausstrahlt. An keinem anderen Text Ponges tritt klarer hervor, daß sein lebenszugewandter Materialismus, der sich der atheistischen Tradition von Lukrez bis Marx verpflichtet fühlt, eine pessimistische Kehrseite hat, die an gnostische Erfahrungen erinnert. Die Sonne ist nämlich für ihn kein Gegenstand wie alle anderen, sie ist der Ursprung unsrer Welt; doch obwohl sie demnach eine metaphysische Dimension hat, die nicht gegenständlich erfahrbar ist, zeigt sie sich innerhalb der Welt. »Der strahlendste Gegenstand der Welt ist – aus diesem Grunde – nein – ist *kein* Gegenstand: er ist ein Loch, ein metaphysischer Abgrund: die eigentliche und unerläßliche Bedingung alles dessen, was auf der Welt ist. Die Bedingung aller anderen Gegenstände. Selbst die Bedingung des Blicks.« Die dichterische Aufgabe, die Sonne zum Zwecke der Versöhnung zu preisen, hat auf die Unbedingtheit der Sonne, die wiederum alles Seiende bedingt, insofern Rücksicht zu nehmen, als der von Ponge bis zu diesem Zeitpunkt geübte sprachliche Materialismus hier zwangsläufig in sein nominalistisches Gegenteil und das Ding-Gedicht damit in den Artefakt umschlagen muß. Daß diese kulterane Haltung gerade am Minimum der Ellipse, der *»Barocken Nacht«*, ihren eigentlichen Ausdruck findet, beruht auf der Paradoxie, daß die Sonne als Lichtquelle alle Erkenntnis erst ermöglicht, ja erfordert, andrerseits aber dem Auge verwehrt, sie anzublicken, wodurch die Nacht für das Auge zur Erholung von rationaler Erkenntnis wird: »Die Nacht ist das Schauspiel, die Betrachtung; der Tag aber das Gefängnis, die Zwangsarbeit des Azurs.« Die zweideutige Rolle, die die Sonne für die Welt spielt, zeigt sich auch an deren Schicksal: »Die Sonne belebt eine Welt, die sie zuvor dem Tode geweiht hat: sie belebt also nur das Fieber oder die Agonie.« Von hier aus erhalten viele im Gesamtwerk verstreute, doch untereinander zusammenhängende Gedankengänge Ponges einen tieferen, fast religiös anmutenden Sinn, so wenn er davon spricht, daß die Individuen der Gattung Garnele »für diese Form büßen, deren besondere Verdammnis erleiden«, oder wenn die Ziege für ihn »wie alle Kreaturen ein Irrtum und zugleich die vollendete Perfektion dieses Irrtums ist«.

Worauf solche Philosophismen hinauslaufen, zeigt *Ad litem*, wo zwischen natürlichen Schmerzen wie Unfällen und Krankheiten und anderen, schwerwiegenderen unterschieden wird: »jenen, die in allen Geschöpfen das Gefühl des *Nicht-gerechtfertigt-Seins (non-justification)* hervorrufen, jene zum Beispiel, die beim Menschen zum Selbstmord führen und bei den Pflanzen *zu ihren Formen* . . .« Ponge hat jene metaphysische Schwermut, die man Abgrund oder Entfremdung nennen mag, zweifellos erfahren, und gerade diese Erfahrung ist es, die seine Solidarität mit allen Dingen und Wesen so überzeugend macht, daß sich seine Dichtung der Versöhnung über das Idyllische, Stillebenhafte erhebt. Dafür bürgt nicht nur die berühmt gewordene Geschichte mit dem Tisch, dem er anläßlich eines in Brüssel gehaltenen Vortrags zum Abschied einen Kuß gab, sondern auch das folgende Eingeständnis aus ebendieser *Tentative orale*: »Es genügt, daß man irgendeinen Gegenstand beschreiben will, und schon öffnet er sich seinerseits und wird zum Abgrund, aber den kann man wieder schließen, das ist nicht schwer; man kann mit den Mitteln der Kunst einen Kieselstein wieder schließen, nicht aber das große metaphysische Loch, doch vielleicht wirkt sich die Art und Weise, wie man den Kieselstein schließt, auch für alles andere heilend aus.« Für den Materialisten Ponge ist nicht der Augenblick des Todes die Wahrheit, sondern der Augenblick der Liebe, wenn der Abgrund sich schließt, der im unscheinbarsten Ding klafft, weil es die Welt im kleinen verkörpert. Wie am Schluß von *Le soleil placé en abîme*, wo das Loch des Ursprungs, die Sonne, als »entsetzliche Freundin, rotblonde Dirne« besessen wird, geschieht dies orgiastisch: »Der gesegnete, der glückliche Augenblick ist folglich der Augenblick der Wahrheit, wenn die Wahrheit *kommt* (verzeihen Sie). Es ist der Augenblick, in dem der Gegenstand jubiliert, von selbst seine Eigenschaften äußert, wenn ich so sagen darf; der Augenblick, in dem so etwas wie Ausflockung geschieht: das Wort, das Glück des Ausdrucks.«

Dieses Glück des Ausdrucks kann sich bis zur Manie, zur Ausdruckswut steigern wie in *La rage de l'expression*, einer im Zweiten Weltkrieg geschriebenen Sammlung von Texten, die zwischen Ding-Gedicht und Artefakt stehen und aus objektiven Gründen kaum übersetzbar sind. Ponge bezieht jetzt die früher stillschweigend geleistete Vorarbeit mit dem Littré offen ins Werk ein, so daß die Entstehung des Textes, meist in Tagebuchform, mit allen Zuständen, Umwegen und Rückschlägen von Anfang bis Ende nachvollziehbar wird. Diese serielle Arbeitsweise macht den Vorgang weitaus interessanter als das im Endeffekt oftmals zufällig, ja banal wirkende Ergebnis, eine Tatsache, die Ponge ebensowenig störend empfindet wie seinerzeit die tachistischen Maler an ihren Bildern, folgt sie doch aus seinem Grundsatz: »Niemals den Versuch unternehmen, *die Dinge zu arrangieren.* Dinge und Gedichte sind nicht miteinander zu versöhnen.« Merkwürdigerweise führt jedoch sein Bestreben, sich dem herkömmlichen Poesiebegriff zu entziehen, zu allerdings ironisierten Formen herkömmlicher Poesie, namentlich dem abgewandelten Alexandriner. Ponges Verhältnis zur Poesie ist seit jeher zwiespältig gewesen. Seine gelegentlichen Versgedichte halten zwar den qualitativen Vergleich mit seinen Ding-Gedichten nicht aus, sind aber insofern legitim, als sie bestimmten Problemlagen entspringen, die nur in Vers- bzw. Strophenform ausdrucksfähig zu sein scheinen. Was ihnen im Wege steht, ist genau der Objektivismus, der seinen Ding-Gedichten zugute kommt, die mangels besserer Bezeichnung wiederum als Poesie gelten, obwohl sie ihr nur bedingt zugehören. Dieser glücklicherweise nur terminologischen Zwickmühle entspricht, daß Ponge sich in jungen Jahren durchaus als Dichter bekannte, dann diese stets etwas zweifelhafte Betitelung entrüstet von sich wies, um sie zu guter Letzt widerwillig zu ertragen. Daß er in seinem Alter zu vers- und strophenartigen Gebilden zurückfindet, die ihre klassische Abkunft schwerlich verleugnen können, hat Gründe, die mit seiner Wendung zur eher deduktiven, nominalistischen Sprachübung zusammenhängen, mit seiner rückwärts gewandten Vorliebe für eine Rhetorik, die sich auf Malherbe als ihren Ahnherrn beruft. Handwerklich liegt ein weiterer Grund vor, nämlich die Notwendigkeit, das weniger durch generative Syntax als durch selektive, kombinative Arbeit mit dem Wörterbuch gewonnene Sprachmaterial irgendwie zu binden, zumal wenn ein Gegenstand wie *Die Mimose* von Natur aus mehr zu offener als geschlossener Form neigt.

Überhaupt sucht sich Ponges Kombinations- und Variationskunst wahlverwandte Gegenstände aus, so den Kiefernwald, die Nelke, dramatisch gefärbte Himmel. Die Ansatzpunkte, die ersten Empfindungen und Beobachtungen, sind dabei ganz subjektiv; aber bald wird jeder Ausdruck, jedes einzelne Wort auf seine Etymologie, seine semantische Mannigfaltigkeit hin untersucht. Aus Worttabellen entwickeln sich auf kombinativem Wege einzelne Abschnitte, assoziative Höfe gleichsam, die ein sprachsinnliches Gegenstandsbild suggerieren, das durch eingeblendete Arbeitsnotizen bald aufgelöst, bald von neuem organisiert und gesteigert wird, sich aber auch abflachen kann, so daß schließlich ein Reizhöhepunkt oder umgekehrt Indifferenz eintritt, womit der Text sein Ende findet. Die Möglichkeit, innerhalb des Einzelabschnitts immer wieder verbessernde Umstellungen vorzunehmen, ohne die Sprachmasse wesentlich zu vergrößern, die Bildung von Varianten also, die sich durch verschiedene Anordnung gegebener Elemente voneinander abheben, verwandeln den Abschnitt dabei allmählich zur Strophe, deren Verse untereinander in einem gewissen Maße austauschbar sind.

Tatsächlich gelangt Ponge, im *Notizbuch des Kiefernwaldes*, zur Permutation, die er selbst als »Bildung eines poetischen Abszesses« nicht ernst nehmen mag: »Wozu also diese Unordnung, diese Entgleisung, diese Verirrung? Nachdem ich zu dem kleinen Gedicht in Prosa gelangt war, das auf Seite 95/96 steht, habe ich mich wieder einmal an den Ausspruch von Paulhan erinnert: ›Von jetzt an ist das Prosagedicht nichts mehr für dich‹, und ich habe aus diesem Prosagedicht ein Versgedicht machen wollen. Dabei hätte ich dieses Prosagedicht auseinandernehmen und die interessanten Elemente, die es enthielt, in meinen objektiven Bericht (sic) über den Kiefernwald eingliedern sollen.« Folgerichtig löst sich das Unternehmen Kiefernwald am Schluß in seine Bestandteile, seine Wörter auf, so wie sie im Littré stehen; denn es handelt sich »weniger um die Geburt eines Gedichtes als um einen (bei weitem nicht gelungenen) *Mordversuch an einem Gedicht durch seinen Gegenstand*«. Äußert sich hier, trotz aller neuen Rhetorik, nicht wieder der alte ›Terrorismus‹, nun zwar völlig in die eigene Konzeption integriert, doch als nach innen gewendeter um so mörderischer? Wenn aber auch, wie damit erwiesen, Ding und Gedicht miteinander nicht zu versöhnen sind, so ist doch das poetische Notizbuch nicht umsonst geführt worden; gerade infolge seines eingestandenen »Akademismus«, der einer genauen Entsprechung von Ausdruck und Sache gilt, hat es bestimmte Eigenschaften des Kiefernwaldes herausgearbeitet, indem es die ihm geltenden Wörter sensibilisiert hat. Nachträglich gesehen diente die scheinbare Entstehung des Gedichtes nur diesem Zweck.

Die eigentliche Poesie liegt für Ponge schon in den Elementen, den Wörtern; der Text entwickelt nur, was sonst verborgen bliebe, weil der praktische Gebrauch der Sprache es unterschlägt. Bezeichnete Hegel das Urteil, nicht den Begriff als Ur-Teil der Logik, so ist für Ponge das Wort, nicht der Satz der Ur-Teil der Poesie. (Wie sonst könnte er ohne Berücksichtigung des Rhythmus, der das Gedicht jeweils vollzieht, auf die Idee verfallen, ein Prosa- in ein Versgedicht zu verwandeln?) Dieser Atomismus trägt bei ihm, der es stets sowohl mit Dingen als auch mit Wörtern zu tun hat, ein Doppelantlitz. Was die materielle Welt angeht, führt er über Lukrez auf Demokrit zurück, was die Welt der Sprache betrifft, über den Mallarmé des *Livre* bis auf Raymundus Lullus. Inwieweit der beider Verfahren miteinander verknüpfende Rückgriff bewußt erfolgt oder nicht, mag dahingestellt bleiben; aber wenn bei ersterem alles Seiende durch unaufhörliche Neu- und Umgruppierung von Urkörpern entsteht, bei letzterem alles Sprachliche durch kombinative Synthese von Buchstaben, so vollzieht Ponges Spätwerk gewissermaßen die Hochzeit von Materialismus und Nominalismus, ironisch natürlich, im Zeichen der Fabrik.

In der Tat geht *La fabrique du pré*, ein kurzes Lehrgedicht, das Ponge 1971 zusammen mit seinen fortlaufenden Werkaufzeichnungen veröffentlichte, von einer ironischen Zweideutigkeit aus: Sprachlich gesehen sowohl Fabrik wie Fabrikat, gibt die Wiesenfabrik zu verstehen, daß die Natur eine Industrie ist, die sich selbst herstellt. Diesen Arbeitsprozeß, bei dem herauskommt, was ihn hervorgerufen hat, diese produktive Tautologie also, welche die sich selbst erzeugende Wiese darstellt, verwandelt Ponge in einen poetischen, der die Anfertigung der Natur durch Sprache zum Ziele hat, und zwar unter Zugrundelegung folgender, Paulhans Kennzeichnung des ›Terroristen‹ bestätigenden Maxime: »Die Dinge sind bereits *ebensosehr Wörter* wie Dinge, und umgekehrt die Wörter bereits *ebensosehr Dinge* wie Wörter. Das (richtige beziehungsweise vollkommene) Schreiben verwirklicht ihre Paarung: der Orgasmus, den sie bewirkt, ruft unsern Jubel hervor.« Überraschend am ersten Teil dieser Maxime ist, daß Wort und Ding ohne vermittelndes Vorstellungsbild aufeinander verweisen, strukturalistisch gesprochen, daß für Ponge das Bezeichnete nicht etwa das Vorstellungsbild ist, sondern dessen Bezug. Ausgeschaltet wird dadurch der gesamte psychische Bereich von »Herz und Geist«, der notwendigerweise subjektiv ist, zugunsten einer scheinbar objektiven Wechselbeziehung zwischen Wort und Ding.

Solche Objektivität wirft freilich Probleme auf. Könnte man den Vorstellungsbereich tatsächlich ausschalten, um das Bezeichnende direkt mit dem Bezug zu koppeln, gäbe es nämlich keine verschiedenen Interpretationen von Sachverhalten mehr; es würde dann Eindeutigkeit herrschen, eine statische, unverrückbare Wahrheit, die seit jeher bestanden haben müßte. Wahrscheinlich ist sich Ponge dieses Dilemmas bewußt, aber was seine Poesie betrifft, geht es ihm zweifellos um das, was man wechselseitige Identität von Wort und Ding nennen könnte. Und weil Poesie nicht durch logischen Widerspruch aufgehoben wird, fragt sich, was mit dem psychischen Zwischenreich geschieht. Wie nicht anders zu erwarten, kommt das verdrängte Vorstellungsbild im Text, der seinen Gegenstand verkörpert, als anthropomorphe Metapher wieder zum Vorschein; der Text ist im animistischen Sinne animiert, und er animiert seinen Leser auf jene bezaubernde, doch augenzwinkernde Weise, die aus seiner zweideutigen Magie herrührt: »Vom Felsen bis hin zum Wasser, die Wiese. Sie saugt an, pumpt sich voll, staut auf und floriert. Sat prata biberunt. Und das kurze, merkwürdige Wort mit dem accent aigu. Punkt und Akzent: Gras. Eine an die Erde gebundene Metamorphose des Wassers, das heißt der Felsen und tausend Überreste des Pflanzen- und Tierreichs, das Ganze zu winzigen bettlägerigen Samenkörnern reduziert. Sie richten sich auf zu Hälmchen, florieren. Ort des Übergangs, bisweilen transversal, doch vornehmlich longitudinal oder lateral, zwischen schroffen Felsen vertikalen Steilhangs und tiefem Horizontalbett des Ertrinkens, des Untergangs.« Schon bald entwickelt sich dieser erste Ansatzpunkt, im Unterschied zu den Texten von *La rage de l'expression*, in funktionale Richtung. Ponge hat in einem Interview mit Philippe Sollers dargelegt, wie es dazu kam. Das Wort *pré* wurde für ihn zu einer Art von Besessenheit, weil es in völlig andrer Funktion, nämlich als Vorsilbe, beim Sprechen und Lesen dauernd gebraucht wird, weil es phonologisch gesehen ein Morphem ist: »Also bin ich zum Wörterbuch gegangen, um einmal nachzuschauen, was es mit diesem *pré* auf sich hat, und ich bin mir sofort darüber klar geworden, daß es sich bei ihm tatsächlich um eine der wichtigsten Wurzeln im Französischen handelt. Wieso? Nun, weil *pré*, die Wiese *pré*, vom lateinischen *pratum* kommt, was die Etymologen unter den Latinisten eine Kontraktion nennen, nämlich für *paratum*, das heißt, *das was vorbereitet worden ist*. Ich forschte weiter und sah nach, was *près* oder *prêt* war usw. und da merkte ich, daß all das von einer gemeinsamen vedischen Wurzel kam und daß *pré* letztlich ein Einsilber ist, der zugleich *paratum* bedeutet, das heißt, das was vorbereitet worden ist, das heißt also das Participium perfecti schlechthin. (...) Doch zu gleicher Zeit bedeutet diese Vorsilbe *auch* alles Kommende. Sie ist die Zukunft, alles was *vor*ausgeht, kurzum alles, was vorher ist. Da befinde ich mich also, an der Wurzel dieses Wortes, in einem wunderbaren Widerspruch, der zugleich Vergangenheit, Gegenwart und Zukunft bedeutet.«

Neu an der *Wiese* ist demnach, und das liegt am Glücksfall des mehrdimensional fungiblen Morphems, daß das Lautbild hier zur Strukturierung des ganzen Textes verwendet wird. Der Bedeutungsraum der Wiese ergibt sich aus ihrer sprachlichen Wurzel, wobei zwischen der etymologischen und phonologischen Ebene zu unterscheiden wäre, die in der Praxis des Textes zur Deckung gelangen sollen. In diese Struktur baut Ponge alle Einzeldaten ein, und zwar nach Möglichkeit so, daß alles Sprachliche Natürliches sei und umgekehrt, ganz wie die tautologische Ausgangsmaxime es fordert. Der Akut über dem Vokal von *pré* wird ihm zum Vogelflug; die Seite, auf der die endgültige Version der Wiese gedruckt steht, ist als Vertreterin des Erdreichs tatsächlich braun; die Wahrheit des Textes grünt wie die Wiese, die sie hervorbringt. Diese zweideutige Technik, semantische Kalauer zu schaffen, die auf die Selbstvollkommenheit bzw. Selbstgenügsamkeit von Sprache wie Natur verweisen sollen, beruht auf dem sozusagen konstitutionellen Aberglauben, die Herkunft des Zeichens impliziere die Beschaffenheit des Bezugs. An die Stelle der Erzeugung von Fiktion mittels Sprache in der herkömmlichen Poesie tritt bei Ponge die Explizierung der fiktiven Bindung zwischen Wort und Gegenstand zur Textwelt. Am deutlichsten zeigt sich das am tautologischen Gebrauch der Metapher. Wenn die Dinge bereits Wörter sind, hat dies zur Folge, daß die Außenwelt von vornherein anthropomorph ist; die Metapher leistet dann keine Zurückführung von Unbekanntem auf Bekanntes, sondern eine Verdoppelung, bestenfalls Variation vorhandener Beziehungen. Ponge treibt den Rigorismus daher so weit, daß er aus den fortlaufenden Werkaufzeichnungen gerade die schönsten Erfindungen, etwa das Bild von der Wiese als einer »*grünen Inkarnation* des Regens«, als zu subjektiv verbannt. Das von Rimbaud stammende »Cembalo der Wiesen« findet erst Gnade vor seinen Augen, nachdem er sich Josquin des Prés erinnert, dessen monotone, statische Musik, die gleichsam auf der Stelle tritt, ihm das Geklingel der vom Winde bewegten Grashalme suggeriert. Ponge träumt davon, eine ganze Wiese aus phonetisch-phonologisch aufeinander verweisenden Wörtern wachsen zu lassen, deren musikalische Polyphonie auf der Vielfalt komplexer sprachlicher Aspekte beruht. Tatsächlich gilt es, beim Lesen seiner *Wiese* eine besondere Sensibilität für solche Kombinatorik zu entwickeln, die mit Wiederholung, Vertauschung, Reihung, Entgegensetzung weniger Elemente das Eigenleben der Sprach-Natur sicht- und hörbar machen will, so als befänden wir uns genau an der Stelle, wo Modulationen und Denkoperationen »nicht so sehr der Musik als der redeverknüpfenden Logik mit den bloßen Lippen, nicht aus dem Herzen oder der Brust« geschehen.

Auf semantischer Ebene bedeutet der Text seine Hervorbringung. Wie Ponge in der *Seine* und der *Seife* das Schreiben als Redefluß bzw. Schaumbildung ironisiert, diese Allegorien jedoch gleichzeitig als generatives Textprinzip nutzt, geht er auch hier buchstäblich von einem Gemeinplatz aus, dem Pariser Pré-aux-Clercs, wo die Studiker des Mittelalters miteinander diskutierten und im Sommer bisweilen Vorlesungen hörten. Die Wiese wird gleichbedeutend mit Palaver, das allerdings in tödlichen Ernst umschlägt, und zwar mit Hilfe der Redewendung *»appeler quelqu'un sur le pré«*, was soviel wie jemand auf den Rasen fordern, zum Duell herausfordern heißt. Damit wird eine symbolische Ebene in den Text eingezogen. Die beiden Duellanten sollen nämlich, wie Ponge in seinem Interview erläutert, Autor und Gegenstand vorstellen, die beide um der Geburt seines Textes willen verschwinden müssen: »Das Duell ist auch ein Liebesakt und sein Ergebnis der Tod dieser beiden; allein die Wiese bleibt, und zwar allein, die Wiese ist da, die Wiese ist konstituiert. Die Beziehung zwischen Eros und Thanatos ist also evident, und der Tod ist in diesem Sinne natürlich ein Teil des Lebens. Ich habe dies sehr viele Male, gewissermaßen in eigenen Ausdrücken, gesagt und habe auf der Tatsache bestanden, daß man in gewisser Hinsicht sterben muß, um etwas anderem oder jemand anderem zum Dasein zu verhelfen, und ich bin nicht der erste, der bemerkt hat, daß die Geburt des Textes den Tod des Autors erfordert.«

*La fabrique du pré* scheint, in mehrfacher Hinsicht, der letztmögliche Ausdruck jener dialektischen Spannung zu sein, die Ponges Werk seit seinen Anfängen beherrscht und es bis zu diesem Stand des Ausgleichs, der Vertauschbarkeit seiner Ausgangspunkte, vorangetrieben hat. Wenn Wort und Ding wechselseitige Identität beanspruchen, wenn die terroristische Sprachgebärde in eine Rhetorik umgeschlagen ist, die ihren einstigen Antrieb zum System verfestigt und dabei seine Unruhe zur Selbstgewißheit abgeklärt hat, kurzum, wenn sich der Aufruhr des produktiven Fehlers zur unfehlbaren Herrschaft des Wörterbuchs etabliert, die sich als Tautologie begreift, wäre dann nicht mit der Unabänderlichkeit, daß das Schreiben sich selber schreibt, auch der

Zeitpunkt des Schweigens gegeben? Ponge hat mit der vollkommenen Aufrichtigkeit, die ihm eigen ist, dieses Drama des Ausdrucks, diese verzweifelte und zugleich lächerliche Absurdität, längst durchschaut. Von den vielen sarkastischen Einsichten, die seine Schriften diesbezüglich durchsetzen, hier eine sprichwörtliche: »Man entgeht den Bäumen nicht mit Baummitteln.« Aber wenn er sich auch, was die Moral des Schreibens betrifft, mit Montaigne darüber im klaren ist, daß es keinen Wert hat, so überantwortet er sich doch schon deshalb nicht dem Schweigen, weil Schreiben für ihn eher ein körperliches Bedürfnis als eine geistige Verpflichtung ist, weil es ihm um *naître* statt um *connaître* geht. Daß die Sprache nichts spricht als sich selbst, daß sie weiter nichts tut, als sich fortwährend zu regenerieren, flößt ihm keinen Überdruß ein, im Gegenteil, diese Erkenntnis verschafft ihm Lust, weil er sie im Namen der Dinge vollzieht. Erkennen gewinnt jetzt erotischen Wortsinn: es besitzt leibhaftig, was es liebt. Nach Jahrzehnten geduldigen Kampfes mit der Sprache, die ihre Seinsleere mit Vernünftigkeit tarnte, ereignet sich für ihn das legitime Glück, das in der Gewißheit gipfelt: »Ich habe dem menschlichen Geist zur Lust verholfen.«

# Nein ist mein Name

## René Daumals Orientalisierung des Geistes

> »Kulturen wandern auf dem Weg ihres natürlichen Verfalls von Osten nach Westen; um zu den Quellen zurückzukehren, muß man den umgekehrten Weg gehen.«
>
> *Der Berg Analog*

Es gibt Menschen zwischen den Welten, zwischen Orient und Okzident, zweigeteilte, verzweifelte, die weder dort noch hier zu Hause sind, Mittler zwischen Metaphysik und Aufklärung, deren Schicksal heute Unmöglichkeit ist und die dort belächelt, hier verstoßen werden –: auf ihnen, den Opfern der künftigen Wahrheit, beruht unsre Hoffnung. Denn was sich mit der Befreiung des Orients vom Kolonialismus abzeichnet, was die Jugend Europas und Amerikas in Mode, Musikübung, Denk- und Lebensformen des Untergrunds vorwegnimmt, während unser Kulturbetrieb weiterhin seine abendländische Nabelschau betreibt, ist die Chance eines geistigen Austauschs zwischen beiden Welten, wie es sie in diesem Umfang seit der Zeit des römischen Weltreiches nicht mehr gegeben haben dürfte. Dieser Prozeß begann mit der Selbstzerstörung der europäischen Großmächte während zweier Weltkriege, kulminierte in der Entwicklung der ehemaligen Kolonien zu selbständigen Staaten in den letzten dreißig Jahren und erreicht gegenwärtig das Stadium, wo mit der Beseitigung neokolonialistischer Einflußnahme eine Selbstbesinnung auf die jahrhundertelang unterdrückte Identität einsetzt. Weil die Auswirkungen der beiden ersten Etappen unser wirtschaftliches Wohlergehen bedrohen, ruft auch die dritte, weniger machtpolitische als geistige, bei uns Egoismus hervor. Die Angst vor Öl- und Rohstoffentzug, die Sorge um Absatzmärkte und Arbeitsplätze, das ganze Gebarme einstiger Herrenvölker, die jetzt aufs Wohlverhalten ihrer Freigelassenen angewiesen sind, verstellt uns den Blick. Dabei haben weitschauende Männer, zum Beispiel Paul Valéry in der *Krise des Geistes*, schon nach dem Ersten

Weltkrieg die Tragweite dieser Veränderung diagnostiziert. Allerdings meistens vom eurozentrischen Standpunkt aus. Daß mit der Verlagerung des weltgeschichtlichen Schwerpunkts zurück nach Asien eine entsprechende Umkehrung auch des mentalen Gefälles einsetzen könnte, die dem bisherigen Transfer westlicher Vernunft mit einer Gegenströmung östlicher Spiritualität begegnet, so daß beide in dialektischer Bestreitung einander teils zerstören, teils erneuern könnten, diese Möglichkeit faßte kaum einer ins Auge. Und wer sie ahnte, empfand die Infragestellung von Geist, Wissenschaft und Kunst, die vom Orient »drohte«, als Angriff auf sich selbst. Erst recht jede Unterminierung des Vernunftbegriffs, wie die Aufklärung ihn zeitigte. Dies gilt besonders für Deutschland, das zu kurze Zeit Kolonialmacht war (und mit Ausnahme von Tsingtau in keiner Hochkultur), als daß echtes Verständnis für fremde Kulturen hätte reifen, geschweige denn die dafür erforderlichen Institutionen hätten geschaffen werden können. Anders in England und Frankreich. Hier gab und gibt es eine Tradition geistigen Austauschs mit dem Orient, die sich in Religion und Philosophie, Kunst und Wissenschaft niederschlägt. Hier auch ergriffen zwischen den Kriegen, als die Krise des Abendlandes offenkundig wurde und in den von Europa unterjochten Kontinenten die ersten Befreiungsbewegungen aufflackerten, junge Intellektuelle deren Partei und bestritten energisch unser Recht, andre Kulturen im Namen unsrer Wertvorstellungen ihrer selbst zu entfremden, das heißt ihre Identität zu zerstören. Vor allem gab es hier ernsthafte Ansätze für eine Öffnung zum Orient hin. Zum Teil gingen diese Anstöße, was Frankreich betrifft, von Ethnologen wie Lévy-Bruhl, Sinologen wie Marcel Granet oder hinduistisch orientierten Esoterikern wie René Guénon und Gurdjeff aus, zum Teil von eigenwilligen Psychoanalytikern wie dem Dr. Allendy, der für Artauds geistige Entwicklung eine erhebliche Rolle gespielt hat. Von den literarischen Bewegungen verarbeitete namentlich der Surrealismus solche Impulse, besonders jene häretischen Gruppen und Persönlichkeiten, die den Kurs von Breton aus verschiedenen Gründen nicht akzeptierten. Dazu gehört die Gruppe um die kurzlebige Zeitschrift *Le Grand Jeu*, in deren Mittelpunkt René Daumal stand. Die kürzlich erfolgte Faksimile-Veröffentlichung dieser Zeitschrift sowie die fortlaufende, wenn auch etwas chaotische Edition der Schriften Daumals lassen allmählich erkennen, welche Bedeutung dieser frühverstorbene Außenseiter nicht nur für die französische Literatur besitzt.

Daumal ist schwer zu fassen. Wer sich in seine Gedichte vertieft, wer seine beiden Kurzromane liest, seine literarischen und philosophischen Essays aufschlägt oder sich gar an seine indologischen Arbeiten heranwagt, gewinnt den Eindruck einer kühlen, beherrschten Intelligenz, die von verhaltener Leidenschaft vibriert; aber diese Intelligenz scheint keinen Wert auf sich zu legen, sie ist konstruktiv in der Selbstverneinung, und was die Leidenschaftlichkeit angeht, so ist sie in solchem Maße sach- und problembezogen, daß sie völlig unpersönlich wirkt. Doch die Schwierigkeiten liegen anderswo. Die Aufrichtigkeit dieses Autors, seine fraglose Authentizität scheint von ihm zu fordern, daß er nicht mehr im Gesagten anwesend ist. Selbst wenn er *ich* sagt, liegt das Ich hinter ihm. Er spricht, um zu schweigen. Die Sprache ist für ihn Abraum des Denkens; er selbst bleibt als Höhle zurück. Dasselbe gilt für seine Auffassung von Realität: »Ich will aus einem immer realeren Leben heraus leben, indem ich alles in die Welt verstoße, was mich begrenzt und woraus ich sogleich Existenz, Materie, Objekt der Erkenntnis mache. Da sich diese Negation in der irreversiblen Dauer abspielt, verstoße ich dasjenige, was ich aus mir verstoße, zugleich in die Vergangenheit. So existiere ich eigentlich nur im Akt der Verneinung und im Augenblick. Mein Bewußtsein strebt in jedem Augenblick der Dauer nach Ewigkeit, indem es seine aufeinanderfolgenden Hüllen tötet, die zu *Materie* werden. Ich gehe auf eine Zukunft zu, die es nicht gibt, und lasse jeden Augenblick einen neuen Kadaver hinter mir zurück.« So spricht ein junger Mann, der das Menschenleben nicht sonderlich liebt, das man ihm verpaßt hat. Für ihn ist es eine Zwangsjacke aus Schmerz, Absurdität und Ungerechtigkeit, ja er hält es für bloße Illusion, für eine Selbsttäuschung des Geistes, die durch fortwährende Verneinung zerstört werden muß, will man zur Wahrheit gelangen. Ein paar Jahre später steigert sich seine Ausdrucksweise ins Bildhafte, sie entschlägt sich aller philosophischen Begrifflichkeit und gibt in hastigem, interpunktionslosem Rhythmus ein genuin mystisches Erleben kund: »Ich bin der Denker des Nicht-Seins und seines Glanzes ich bin der Vater des Todes er ist dessen Mutter die ich mit dem vollkommenen Spiegel der Nacht beschwöre ich bin der umgekehrte Mensch mein Wort ist ein Loch in der Stille ich kenne die Ent-Täuschung ich zerstöre was ich werde ich töte was ich liebe.« Diese leidenschaftliche Verneinung war für Daumal kein Spiel der Gedanken; er wandte sie systematisch auf den eigenen Körper an. Mit Rimbaud war ihm bewußt, daß unser Leben *Eine Zeit in der Hölle* ist, und wie dieser strebte er danach, »die Wahrheit in einer Seele und in einem Körper zu besitzen«; doch im Gegensatz zu ihm hielt er es für unmöglich, dieses Ziel in dieser Welt durch Entfesselung aller Sinne zu erreichen, damit das Ich ein anderer werde. Nicht um Freiheit ging es ihm, sondern um Befreiung. Und schon bald wurde ihm klar, daß dafür ein Preis zu entrichten sei. Der höchste von allen – die Preisgabe des Ichs. Im methodischen Vorspann zu seinem einzigen bei Lebzeiten erschienenen Gedichtband *Der Gegenhimmel* faßte er seine Absage an das Leben in die kurze Formel: NON EST MON NOM. Diese Formel weist einige sprachliche Merkwürdigkeiten auf. NON ist ein Rückling, das heißt ein Wort, das vor- und rückwärtsgelesen denselben Sinn ergibt. MON und NOM entsprechen einander spiegelverkehrt, verwandeln sich also rückwärtsgelesen ineinander. Die Verneinung, die Rücknahme der Bejahung, wird wörtlich genommen. Außerdem kommt in allen drei französischen Wörtern nur ein einziger Vokal vor, das O, seiner Form nach ein Loch, ein Symbol für die Null, den Kreis der Leere, der im indischen Denken für *sunyata* steht. Deshalb bezeichnet Daumal sein Wort als Loch in der Stille. NON EST MON NOM – diese kurze Formel klingt wie eine Beschwörungsformel, ein Mantra, und in der Tat erinnern das dreimalige O plus Nasal entfernt an die heilige Silbe OM, im Hinduismus die Anrufung des Brahman, der absoluten Wahrheit. Diese Beziehungen sind keineswegs zufällig, Daumal bekannte sich zum Hinduismus, und wie seine einschlägigen Arbeiten zeigen, war er ein hochbegabter Indologe. Aber diese Fakten würden kaum um ihrer selbst willen interessieren. René Daumal leistete nicht bloß durch Glaubensbekenntnis und geisteswissenschaftliche Tätigkeit eine Mittlerfunktion zwischen Orient und Okzident, sondern durch seine gesamte Existenz. Ob im Gedicht, Roman oder Essay, ob im Experiment mit dem eigenen Körper, in der Erfahrung der Transzendenz oder seiner philologischen Arbeit – immer ging es ihm ausschließlich um jene »experimentelle Metaphysik«, die zur Befreiung des Menschen aus seiner selbstverschuldeten Begrenztheit führen sollte. Mit europäischem Nihilismus hat seine Negation nichts zu tun. Wie minus mal minus plus ergibt, wollte er die Verdrängung der absoluten Wahrheit seitens der Vernunft durch deren Entlarvung als Schein wiederaufheben. Denn er hielt den Glauben an den Homo sapiens, das heißt das Selbstverständnis des Menschen als eines vorwiegend durch Vernunft bestimmten Wesens, für einen verhängnisvollen Irrtum. Von Jugend an war er davon besessen, jene Kräfte der Wahrheitsfindung wiederaufzuspüren, welche die Vernunft im Menschen unterdrückt hat. Daumal gehört damit in die lange Reihe französischer Dichter von Nerval über Baudelaire, Mallarmé und Rimbaud bis hin zu Artaud und Michaux, die in bewußtem Gegensatz zur Aufklärung eine Vision vom Menschen gelebt haben, die seiner ausschließlich rationalen und sozialen Bestimmung sich widersetzt.

## *Schlafen, Erwachen*

»Meine erste Erinnerung an mein irdisches Leben ist folgende: Ich lag in weiße Windeln gewickelt an einem afrikanischen Strand, den in der Ferne die dunkelgrüne Mauer des tropischen Urwaldes umringte. Den ganzen Strand lang lagen andere, gleichfalls in weiße Windeln gewickelte Kinder. Am Horizont reckte eine Karavelle ihren glänzenden, aus Purpur gehauenen Goldbug aus dem blauroten Spiegel; sie sollte mich abholen und in das nördliche Land meiner zweiten Geburt bringen.« Diese zweite Geburt erfolgte am 16. März 1908 in den Ardennen, an einem Ort, den Daumal mit 49°37′ nördlicher Breite und 2°22′

östlicher Länge des Meridians von Paris angibt. Daumal spricht von einem »sozialen Aszendenten«, der sein Erscheinen auf der Welt begleitet habe: »Es war sechs Uhr abends, Arbeiter verließen in Scharen eine nahegelegene Fabrik, laut redend und diskutierend gingen sie unterm Fenster meines Geburtszimmers vorbei. Damals ging eine ziemlich starke Welle sozialistischer Agitation übers Land. Ich wurde also unter dem hörbar sozialen Aszendenten einer roten Umgebung geboren, gleichsam dem Lichthof eines zornigen proletarischen Gestirns.«

Abgesehen von seinem Hang zu mythischer Überhöhung der Wirklichkeit bezeichnen diese beiden Mystifikationen recht zutreffend die beiden Pole, aus deren gegensätzlicher Spannung sich der Lebensansatz Daumals entwickelt hat: Metaphysik und Sozialismus. Das hat biographische Gründe. Von seinem Vater, der Schullehrer war, erbte Daumal einen radikalen Antiklerikalismus sowie dessen sozialistische Ideale; von seinem Großvater, einem Bienenzüchter und Wünschelrutengänger, der mit der Freimaurerei sympathisierte, gleichsam den sechsten Sinn. Die Ausstrahlung der Mutter dürfte eher das Lebensgefühl Daumals bestimmt haben, und zwar negativ, wie seine asketische Haltung und das Verliebtsein in den eigenen Tod, *La Néante*, vermuten lassen. Für ihn bestand der bohrende Antrieb zur Metaphysik in der Unerträglichkeit der conditio humana, in Schmerz, Verblendung und Aberwitz der menschlichen Existenz; daher sein verzweifelter Widerstand gegen das Schicksal, geboren worden zu sein, wie er in Gedichten wie *Ekel am Dasein* zum Ausdruck kommt:

> Ich bin nicht auf die Welt gekommen,
> am Anfang gab's nur großes Gelächter,
> an einer Straßenecke öffnet eine Puppe aus Gips,
> die meergrünen Zorn ausschwitzt,
> Dosen enthaltende Dosen,
> immer nur Dosen.

Zwar ist das Ich auf die Welt gekommen, nicht aber das Selbst. Die natürliche Geburt wiederholt sich ohne Unterlaß, die Puppe öffnet ihre Dose, sie empfängt und gebiert immer denselben

Menschen. Solange ihm die Lebenszwänge nicht bewußt werden, wiederholt er die uralte Rückkoppelung von Schuld und Lust, die ihn zu immer neuer Existenz verdammt. Aber eines Tages erwacht er aus seinem Schlaf, und es geschieht ihm die »Offenbarung durchs Lachen«. Er entdeckt plötzlich, daß er gar nicht er selbst ist, daß es Millionen von Ichs gibt, die sich für verschiedene halten und doch nur einunddasselbe sind. Was ihm am liebsten war, sein Ich, wird ihm am fremdesten. Aber im gleichen Maße verwandeln sich ihm die fremden Ichs zwangsläufig zu allernächsten. Das Besondere ist absurd, ist revoltierend; nicht weniger das Allgemeine, solange es als Summe von Besonderheiten erscheint. Solidarität entspringt zwar dem Bewußtsein falscher Individualität, aber sie wird zur selben Falle, nur auf höherer Ebene, wenn sie aufs Kollektiv abzielt. Die Erkenntnis der Nichtigkeit kann nicht auf halbem Wege stehenbleiben. Der Wille zur Revolte muß sich gegen Existenz als solche richten, nicht bloß gegen ihre mißliebigen sozialen Aspekte. Hier tritt die methodische Verneinung in ihre Rechte. »Man wird alles verneinen müssen, weil man das Absurde *sehen wird.* Dann wird der Akt der Verneinung zur einzigen Realität werden und das verneinte Objekt zum Symbol der Negation. (. . .) Nun ist aber Objekt dasjenige, was nicht Ich ist. Die objektive Welt ist daher dasjenige, was im Verlauf des Weges zum Selbst verstoßen wird. Da aber die Vorstellung des verneinten Objektes nichts andres ausdrückt als den Akt der Negation unter besonderen Bedingungen, wird alles ›Existierende‹ in seiner Eigenschaft als vom Selbst *Verleugnetes* zum Symbol des geistigen Fortschritts.« Der fortgesetzte Akt der Verneinung ist gleichbedeutend mit wachsender Selbstbewußtwerdung, insofern die unendliche Abfolge von Negationen zur potentiellen Bewußtseinsleere führt. Allerdings setzt Daumal stillschweigend voraus, daß dieses Selbst im Sinne von *âtman* erfahren wird (was man früher mit *Weltseele* übersetzte, um die Diskrepanz zwischen menschlichem und absolutem Selbst zu überbrücken), nicht im psychologischen Verstand. Seine Verneinung gleicht dem *neti-neti* der indischen Philosophie, und wie diese sagt er: »Das Absolute, auf das ich zustrebe, kann nur negativ bestimmt werden.«

Zwei Fragen erheben sich: Was wird aus der durch Negation verstoßenen Welt? Und was heißt Negation erkenntnispraktisch? Zunächst einmal bedeutet *verstoßen* so viel wie Nichtanerkennen durch Liebesentzug, Aufgabe der interessehörigen, letztlich libidinösen Bindungen an die Objektwelt. Das läuft auf Askese hinaus. Was die Außenwelt angeht, so ist sie nur bedingt durchführbar, weil der Mensch sich ernähren, das heißt fremdes Leben vernichten muß. Am eignen Leib dagegen ließe sie sich bis zur Vollkommenheit steigern, ist doch der Tod absolute Enthaltsamkeit. In der Tat laufen alle Askesetechniken, Einschränkung von Atem-, Herz-, Denktätigkeit usw., auf Verwirklichung des Todes im Leben hinaus. Zur Erreichung der unbedingten Wahrheit müssen systematisch alle Bedingtheiten aufgehoben werden. Erst durch stufenweise Abnahme der Körperfunktionen, durch möglichstes Anhalten ihres natürlichen Verlaufs und damit der Zeit, öffnet sich das Absolute. Doch so weit ist Daumal noch nicht. Wenn er auch die »Provokationen zur Askese« in Betracht zieht, so tut er es doch als angehender Schriftsteller. Er entwirft mehr, als daß er vollzieht. Und wo er sich seiner experimentellen Metaphysik überläßt, begibt er sich zwar in Todesnähe, aber aufs Geratewohl, ohne Anleitung. Bei aller Leidenschaft zum Außer-sich-Sein ist noch viel Neugierde, viel Ausprobieren mit im Spiel, auch die Lust am Phänomenalen. Wie könnte er sich sonst um die verstoßene Welt dennoch kümmern? Mit Jarry versucht er ihr pataphysisch beizukommen, er spricht von »methodischer Verhöhnung«, und das kritische Gelächter wird ebenso literarisches Mittel wie Ausdruck der Revolte für ihn sein. In einem kurzen Essay *Die Pataphysik und die Offenbarung durchs Lachen* (1929) wendet er die berühmten Definitionen Jarrys ins Metaphysische. Aus der Reibung der absurden Einzelexistenz von Objekten wie von Menschen mit dem all-einen Sein entspringt der schwarze Funke des Humors. In Analogie zu Jarrys »supplementärem Universum« entsteht die Vorstellung einer Gegen-Welt, zu der nur Träumer und Tote Zutritt haben. Wir werden noch sehen, daß diesen Phantasmen ganz konkrete Erfahrungen zugrundeliegen. Literarisch nehmen sie überraschende Gestalt an, so im *Leben der Basilen* und der Erzählung von den Hohlmenschen, die in den *Berg Analog* eingesprengt ist.

Wichtiger als die Frage nach dem Sein der verstoßenen Welt und die praktische Anwendung der Negation ist für Daumal in diesem Lebensstadium die Erforschung der Dialektik von Schlafen und Erwachen, das heißt die Entfaltung der metaphysischen Selbstbewußtwerdung in der Zeit. Ihr hat er in einem hinterlassenen Essay, der erst sechsundzwanzig Jahre nach seinem Tode von seinem Bruder veröffentlicht worden ist und den Titel *Die metaphysische Intuition in der Geschichte* trägt, eine eigene Untersuchung gewidmet. Vielleicht ist sie der kühnste, jemals unternommene Ansatz, Metaphysik und Marxismus miteinander zu verbünden. Ausgangspunkt ist ein gleichsam orientalisierter Hegelianismus, der Versuch nämlich, die Entwicklung des Weltgeistes zu sich selbst nicht gemäß der abendländischen Logos-Idee als zu vervollkommnende Aufklärung, sondern im Sinne von Hinduismus und Buddhismus als durch Selbstaufhebung des Menschen anzustrebendes Nicht-Sein zu deuten. Der Läuterungsprozeß, den die Geschichte als Entwicklung zur Freiheit für Hegel darstellt, wird für Daumal zum soteriologischen, dessen Endziel Befreiung im Sinne von *mokṣa* ist. Die dialektische Bewegung erfährt eine wertmäßige Verschiebung zur Negation hin. Während Schlafen, das Sinnbild für Unbewußtheit, der affirmative Naturzustand des Menschen ist, stellt Erwachen als Akt der Revolte gegenüber dem Schicksal, als Nein zur Welt, die metaphysische Grundtatsache dar. »Was ich unter Metaphysik verstehe, wird durch einen ersten Akt des Erwachens, durch Bewußtwerdung ausgelöst. Jede metaphysische Erfahrung wird demnach in einem Bewußtseinsakt, das heißt in einer Kraftanstrengung bestehen, welche die menschliche Trägheit in höchstem Grade verwirft.« Diese Trägheit ist zwar eine geistige, doch wurzelt sie in der physikalischen, weil der Mensch auch Materie ist. Das stoffliche Beharrungsvermögen widersetzt sich dem geistigen Fortschritt, der es infolgedessen reduzieren muß, was Umwandlung von Materie in Energie, will sagen Sublimierung bedeutet. Die Schwierigkeit liegt darin, *»erwacht zu bleiben«*. Die uranfängliche Negation wird durch Trägheit in Affirmation rückverwandelt. Der Akt degeneriert zum Zustand. Ironischerweise wird gerade das Wissen um die *Möglichkeit* der Befreiung zur Fessel. »Dein Nachdenken über dieses fortwährende Erwachen zu höchstmöglicher Bewußtheit wird die Wissenschaft aller Wissenschaften ausmachen. Ich nenne sie METAPHYSIK. Doch obgleich sie die Wissenschaft aller Wissenschaften ist, so vergiß nicht, daß sie immer nur die vorhergehende, summarische Reisebeschreibung eines realen Fortschritts ist. Wenn du das vergißt, wenn du glaubst, du seist für immer erwacht, weil du die Bedingungen deines fortwährenden Erwachens vorher festgelegt hast, so verfällst du augenblicklich aufs neue dem Schlaf, schläfst du ein im geistigen Tod.« Die erneute Affirmation, also die Synthese, die im Gegensatz zu Hegel keineswegs positiv bewertet, eher als unausweichlich in Kauf genommen wird, äußert sich im Glauben an Wörter wie Absolutes, Wahrheit, Gott oder Sein, gleichsam Auskristallisierungen des Denkprozesses, der dadurch zu versteinern droht. Je beharrlicher der Mensch zum Beispiel am Begriff des Absoluten festhält, desto mehr entzieht es sich ihm infolge der Trägheit, die solche Fixierung in ihm bewirkt. Daumals Mißtrauen gegenüber dem Logos geht so weit, daß er empfiehlt, alle diese Wörter aus dem Diskurs zu streichen und sich einzubilden, es gäbe auch keine anderen, die ihre Stelle vertreten könnten. Diese asketische Einstellung zur Sprache, ihre strikte Begrenzung auf das Notwendige und das Bewußtsein ihres uneigentlichen Charakters verweisen wiederum auf die indische Philosophie, deren Sprachgebrauch infolge der nur negativen Bestimmbarkeit des Absoluten vornehmlich dazu dient, den Schüler zur Erkenntnis der illusionären Natur von Denken überhaupt zu bewegen. An diesem Punkt wird Daumal ein paar Jahre später Ernst machen, indem er unter Anleitung eines Lehrers mit praktischen Übungen beginnt, die bei Ausschaltung der Verstandestätigkeit zu somatischen Erkenntnisfähigkeiten führen.

Erstarrt das Erwachen zur selbstgenügsamen Metaphysik, zum System um seiner selbst willen, so wird es in Form von Ideologie repressiv. Der geistige Eigennutz schlägt in sozialen um. Was das Erwachen ursprünglich mit sozialer Auflehnung gemeinsam hat, ist der Akt der Revolte, die Verneinung des

Bestehenden. Aber wie Auflehnung in der Herrschaft einer Besonderheit, einer bestimmten Klasse, über die Allgemeinheit der Unterdrückten endet, so verfestigt sich Erwachen zum geistigen Besitz von Kasten und Ständen, die anstelle aller übrigen Menschen zu denken befugt sind. Daumal entwickelt diesen gleichlaufenden dialektischen Prozeß am Beispiel des Brahmanismus und zeigt auf, inwiefern *Die Gesetze des Manu* zugleich Inbegriff spiritueller Wahrheit und sozialer Privilegienherrschaft sind, gegen den in einem neuen Akt geistigen wie gesellschaftlichen Erwachens die *Upanishaden* und die *Bhagavadgita* aufbegehren, insofern es hier der Fürst oder Krieger ist, der Unterrichtung erteilt, nicht mehr der Brahmane. Doch obwohl sich dieser Prozeß in Jainismus und Buddhismus fortsetzt, bleibt der Akt revolutionären Erwachens im alten Indien stets unvollkommen, weil er allein die Kriegerkaste erfaßt, nicht die übrigen Kasten und die Kastenlosen. Immerhin hält Daumal, wohl im Hinblick auf den religiösen Sozialismus Europas, der eine Vorstufe des wissenschaftlichen war, eine Umwandlung des religiösen Gedankengutes Indiens in revolutionäre Methodik für möglich: »Das in den Upanishaden, diesen von kleinen Schülergruppen redigierten Büchern, verborgene revolutionäre Ferment könnte für Indien die gleiche Rolle spielen wie die Philosophie Hegels für das Abendland. Eines Tages wird es einen indischen Karl Marx geben, der die in dieser Literatur versteckte dialektische Methode ihrem Wesen nach zu extrahieren vermag. Gandhi ist zu früh erschienen, um die Theorie von der Einheit der Gegensätze, die seine jainistischen Lehrer vertraten, auf die nur ansatzweisen Klassenkämpfe seines Landes anwenden zu können. Ein anderer wird dieses notwendige Werk vollbringen.«

Das unfertige Manuskript Daumals ist bezeichnenderweise recht ungleichgewichtig. Die Projektion aufklärerischen Denkens auf die indische Welt, die Übertragung der dialektischen Methode auf die Polarität von Schlafen und Erwachen, gerät überzeugender als umgekehrt die Anwendung metaphysischer Grundsätze auf die revolutionäre Entwicklung im Abendland. Dafür gibt es objektive Gründe. Während sich zu seiner Zeit in China und Annam revolutionäre Bewegungen entfalteten, die möglicherweise noch Bindungen an das metaphysisch-religiöse Weltbild ihrer Kulturen hatten, konnte bei ihren europäischen Vorbildern davon keine Rede mehr sein. Aber daß der Marxismus keine die Gesellschaftlichkeit des Menschen übergreifende metaphysische Dimension aufweist, sie aufgrund seines materialistischen Ansatzes sogar leugnen muß, scheint Daumal nicht zu stören. Es gibt bei ihm keine Kritik an der reinen Immanenz der Aufklärung, welche diese Soziallehre begründet. In seinem leidenschaftlichen Bestreben, Metaphysiker *und* Revolutionär zu sein, will er beide miteinander versöhnen. So scheint er zu glauben, daß die revolutionäre Entwicklung über Jahrhunderte hinweg zum Umschlag in eine metaphysische Geisteshaltung führen könne. In diesem Sinne interpretiert er die Emanzipation des Individuums von Familie, Klasse und Nation, die zu seinem Aufgehen im revolutionären Proletariat führen soll, als asketisches Moment der Befreiung vom Ich: »Die revolutionäre Haltung ist daher ein Moment der asketischen Entwicklung, ein Moment, das ein ganzes Menschenleben anhalten kann. Damit will ich aufzeigen, daß die Metaphysik, diese Vorwegnahme möglichen Fortschritts, steril und vergebens wäre, wenn nicht konkrete Handlungen ihr Sinn und Leben einhauchen würden.« Angesichts der Dynamik von Selbstbestimmung und Selbstverwirklichung, welche der *homo europäicus* aus seiner naturrechtlichen Bestätigung in seit Jahrhunderten steigendem Maße bezieht, und zwar ungeachtet der jeweiligen Gesellschaftsform, ist eine Umkehrung dieses Trends eher unwahrscheinlich, wogegen das asketische Moment, wie die chinesische Kulturrevolution, aber auch das Beispiel Gandhis zeigt, ein der asiatischen Entwicklung inhärentes, periodisch wiederkehrendes Element sein könnte. Wie sehr Daumal aber darauf bedacht ist, die Vernunfthaltung aller Aufklärung in transzendierende Spiritualität überzuführen, läßt jene heimliche Orientalisierung des Geistes erkennen, die er mittels seiner Umfunktionierung der Hegelschen Dialektik betreibt und die in seiner Auffassung vom todgeweihten Bewußtsein gipfelt: »Das dialektische Gesetz, demzufolge das Bewußtsein, indem es offenbar wird, den Mechanismus seines eigenen Todes entwirft, ist das Gesetz jeder Entwicklung.« Was ist der Tod des Bewußtseins, wenn nicht die Erfahrung der Nicht-Identität, also Überschreitung schlechthin? Und wer oder was ist der Mensch, der diese Erfahrung macht? Daumal hat diese Fragen durch seine experimentelle Metaphysik zu beantworten versucht.

## *Le Grand Jeu*

Als René Daumal 1927 in Paris zu studieren beginnt, widmet er sich unter dem Einfluß der Schriften Guénons der Erlernung des Sanskrit, zugleich verfolgt er jedoch seine literarischen Interessen, falls man eine Aktivität, die sich notgedrungen der Literatur bedienen muß, um sich artikulieren zu können, überhaupt so bezeichnen will. Denn immer enger kreist sein Denken, wie das seiner Freunde, um das Doppelgestirn Révélation–Révolution. Hier muß erwähnt werden, daß Daumal nicht allein stand. Die Ausarbeitung seines Entwurfs, die entscheidenden Experimente, die ihm zugrunde liegen, geschahen in einem Kreis von Gleichgesinnten, der sich während seiner Gymnasialzeit in Reims gebildet hatte. Diese jungen Leute, neben Daumal waren es Roger Gilbert-Lecomte, Roger Vailland und Robert Meyrat, zu denen sich später André Rolland de Renéville gesellte, verband ein vehementer Abscheu vor der Realität der bürgerlichen Gesellschaft, in die sie als Erwachsene eintreten sollten, sie haßten die moralische Heuchelei, den Besitzdünkel, den abgestandenen Rationalismus, der sie umgab, in solchem Maße, daß ihnen alle Mittel recht waren, um dieser sogenannten Wirklichkeit zu entfliehen. Gemeinsam experimentierten sie mit Träumen, Drogen, spirituellen Denk- und Lebensformen; besonders zwischen Gilbert-Lecomte und Daumal war das Zusammengehen so eng, daß der Anteil des einzelnen an der Gesamtkonzeption in dieser frühen Periode kaum auseinanderzuhalten ist. Höchst überrascht war der Freundeskreis, als er im Jahre 1924 in einer Buchhandlung zu Reims auf die erste Nummer der *Révolution Surréaliste* stieß. Offenbar gab es in der Metropole andere, eine ganze Gruppe sogar, die ihre Ansichten zu teilen schienen. In der

Folgezeit, nun in Paris, verband sie eine seltsame Haßliebe mit den um zehn bis zwölf Jahre älteren Surrealisten, die im Gegensatz zu ihnen den Krieg mitgemacht hatten und aus dem dadaistischen Nihilismus mit Hilfe von Freud und Marx zu ihrer chaotischen Doktrin des Überwirklichen gelangt waren. Was den Willen zur Revolution, die Feindschaft gegenüber der kartesianischen Tradition und die Offenheit für alle Äußerungen des Irrationalen wie Rausch, Traum und Wahnsinn anging, waren sie sich mit Breton und dessen Mitstreitern einig. Aber ihr Ziel lag in anderer Richtung. Während die Surrealisten auf einer anthropozentrisch bestimmten Diesseitigkeit beharrten, die lediglich mittels neuer Methoden als surreal erfahrbar gemacht werden sollte, ging es den Jüngeren um die Konfrontierung des Menschen mit der Transzendenz. Um ihre Anschauungen und praktischen Schritte zu dokumentieren, gründeten sie ihre eigene Zeitschrift *Le Grand Jeu*, eigentlich mehr ein Jahrbuch, da sie zwischen 1928 und 1930 jeweils einmal im Jahr erschien (eine vierte Nummer ist im Umbruch erhalten). Das Programm der kaum Zwanzigjährigen klang noch recht vag; am ehesten wird es im Kontrast zu den Surrealisten klar, die die neue Gruppe gern zu sich herübergezogen hätten. Bezeichnend ist der *Offene Brief an André Breton*, mit dem Daumal dieses Ansinnen zurückwies. In ihm heißt es: »Was haben Sie seit der Gründung des Surrealismus im Bereich positiver Forschungen eigentlich geleistet? Was haben Sie getan, umgeben von einer gewissen Zahl von Leuten, deren Gegenwart an Ihrer Seite uns stets verblüfft hat? Neun Zehntel von denen, die sich Surrealisten betiteln oder betitelt haben, haben lediglich eine von Ihnen gefundene Technik in Anwendung gebracht; auf diese Weise sind sie zu Schablonen gelangt, die diese Technik nunmehr unbrauchbar machen. Und da sollte ich heute zu Ihnen kommen und mich mit Ihren kleinen Gesellschaftsspielen abgeben, diesen lächerlichen Untersuchungen, die nicht vorankommen und auf etwas abzielen, was Sie unpassenderweise das ›Überwirkliche‹ nennen? Für die unterhaltsamen Entdeckungen des *Cadavre exquis*, der automatischen Niederschrift allein oder zu mehreren, sollte ich alle die Techniken aufgeben, mit deren Ausarbeitung *Le Grand Jeu* beschäftigt ist und an der jeder von uns nach Maßgabe seiner Kräfte mitwirkt! Auf ihre *amüsante Wissenschaft* antworten wir mit dem Studium aller Verfahren zur Depersonalisation, zur Bewußtseinsumwandlung, zum Sehertum, zur medialen Fähigkeit; wir haben das unbegrenzte (in alle möglichen Richtungen sich erstreckende) Feld der indischen Yogins; den systematischen Vergleich des lyrischen und des Traumfaktums mit der Lehre im Sinne der okkulten Tradition (doch zum Teufel mit dem *Pittoresken* der Magie) sowie mit derjenigen, welche die Mentalität der sogenannten Primitiven darstellt . . . und das ist noch nicht alles.«

Natürlich war das mehr Absichtserklärung als Rechenschaftsbericht, doch kennzeichnet es das spirituelle Klima innerhalb der Gruppe. Immerhin machten die Freunde auf eigene Faust Wiederentdeckungen uralter Techniken zum Verlassen des eigenen Körpers im Wachtraum, wie Daumal sie in *Nerval, der Tagblinde* beschreibt. Es handelt sich um Verfahren, durch die der Körper bei Einhaltung einer bestimmten Atemtechnik methodisch bis in alle Einzelheiten derart vergegenwärtigt wird, bis ein Verdoppelungseffekt einsetzt, die Ausbildung eines Doubles, das über die reale Situation hinaus willentlich steuerbar wird. Wer autogenes Training getrieben hat, eine ohne besondere Begabung erlernbare Technik, die es damals übrigens noch nicht gab, kann sich zumindest das Eintreten des Wachtraums und das Gefühl der Körperverdoppelung mühelos vorstellen. Freilich geht Daumals Erfahrung weit über diese Stufe hinaus; sie zeigt, daß verschiedene Menschen, die sich der gleichen Prozedur unterziehen, in diesem Zustand miteinander kommunizieren können. Und sie beansprucht, Zugang zu einer symbolischen Welt gefunden zu haben, die im Lauf der Zeiten in den angeblichen Phantasmen einzelner – hier Nervals – immer wieder aufgetaucht ist und die sich von den großen Mythen der Menschheit herleitet. Entscheidend für Daumal ist jedoch das experimentelle Moment; er will erfahren und nicht etwa glauben. Das zeigt ein lebensgefährliches Abenteuer, das er mit siebzehn Jahren provozierte und das sein Leben fortan bestimmte. Er hat es zweimal beschrieben, skizzenhaft in der letzten, nicht mehr erschienenen Nummer des *Grand Jeu*, genau analysierend ein Jahr vor seinem Tode in dem Essay

*Eine wesentliche Erfahrung* (1943). Was diesen Selbstversuch mit Tetrachlorkohlenstoff von Drogenversuchen anderer, zum Beispiel denen Michaux', unterscheidet, ist seine Zielsetzung. Daumal experimentierte bewußt auf seinen Tod hin, er suchte »die Gewißheit der Existenz von *etwas anderem, etwas Jenseitigem*, einer anderen Welt oder einer anderen Art Erkenntnis«. Deshalb wählte er keine das Denken und die Sinneswahrnehmungen variierende Droge, sondern eine hochgiftige Chemikalie, die sofort zur Sache kam. Zwar trat auch bei ihm eine Bewußtseinsveränderung ein, aber weniger hinsichtlich der Außen- oder Innenwelt, vielmehr schlug sie ohne Vermittlung auf die Struktur des Geistes selber durch. Natürlich vermag kein Außenstehender einer auf solche Weise gewonnenen »Gewißheit« teilhaftig zu werden, zumal sie sprachlos sich ereignete; selbst das gleichlautende oder abweichende Zeugnis anderer Versuchspersonen wäre, wie im Falle von Daumals Freunden, nur bedingt beweiskräftig. Indessen sind bestimmte Merkmale, etwa das Gewahrwerden einer sich ohne Unterlaß wiederholenden Melodie bzw. eines Rhythmus, die vom Erfahrenden selber hervorgebracht und mit dem Wesen der eigenen Existenz gleichgesetzt werden, heutzutage zu sehr Allgemeingut der Drogenerfahrung geworden, als daß sie prinzipiell angefochten werden könnten: »Ein Klang begleitete diese Lichtbewegung, und ich bemerkte plötzlich, daß dieser Klang von mir selber stammte; fast war ich selbst dieser Klang, ich bewahrte durch die Aussendung dieses Klangs meine Existenz. Dieser Klang fand seinen Ausdruck in einer Formel, die ich, um ›der Bewegung zu folgen‹, immer schneller wiederholen mußte; diese Formel (ich erzähle die Tatsachen, ohne ihre Absurdität vertuschen zu wollen) lautete etwa ›Twem gwef twem gwef dr rr rr‹, mit dem Akzent auf dem zweiten ›gwef‹, während die letzte Silbe mit der ersten verschmolz und so den Rhythmus unaufhörlich in Gang hielt, der, ich wiederhole es, der Rhythmus meiner eigenen Existenz war. Ich wußte, sobald ich nicht mehr folgen könnte, weil es zu schnell ginge, würde etwas Unnennbares und Schreckliches geschehen. In der Tat war dies Etwas seiner Verwirklichung immer *unendlich nahe* und an der Grenze ... mehr kann ich darüber nicht sagen.« Daumal beschreibt seine Erfahrung nicht nur in Bildern und Begriffen, sondern auch in den Kategorien von Raum und Zeit, und obwohl diese Formulierungen eingestandenermaßen nachträgliche sind, liegt in ihnen die zukunftweisende Bedeutung dieses Abenteuers, das seinen frühen Tod durch Immunschwächung mitverschuldet hat. Diese sogenannte »mathematicologische« Formulierung übersetzt die sprachlose Gewißheit in eine Formel, die trotz oder infolge ihrer Paradoxie deren Unbegreiflichkeit, die durch bloße Wiederholung sich abgeschwächt hätte, einen praktikablen Sinn anweist: »Identität von Existenz und Nicht-Existenz des Endlichen im Unendlichen.« Während Daumal in seinen bisherigen Überlegungen und Erfahrungen lediglich die Vernichtung des Ichs, das eigene Nicht-Sein vor Augen hatte, also den negativen Aspekt der Aufhebung, die der Tod darstellt, begreift er ihn jetzt auch in seinem positiven Aspekt, nämlich als Überschreitung der eigenen Endlichkeit zum Unendlichen hin. Mehr noch, ihm geschieht zugleich mit dieser Gewißheit des Absoluten die andere, daß es Verfahren gibt, diesen Zustand schon bei Lebzeiten wenigstens punktuell zu erfahren. Und vielleicht ist es kein Zufall, daß zum Zeitpunkt der ersten sprachlichen Fassung dieses metaphysischen Abenteuers jener Mensch in Daumals Leben trat, den er am Schluß seines Essays erwähnt und der zu ihm sagte: »Sieh, es gibt eine offene Tür, zwar eng und schwer zugänglich, aber es ist eine Tür, und für dich die einzige.«

Dieser Mensch, ein ehemaliger Künstler und Gurdjeff-Schüler namens Alexandre de Salzmann, muß eine so überzeugende Persönlichkeit gewesen sein, daß die Gruppe um *Le Grand Jeu*, die ihm im Jahre 1930 begegnete, nach allerdings vorausgehenden Richtungskämpfen durch sein bloßes Erscheinen endgültig polarisiert wurde und auseinanderbrach. Von Anfang an hatte es in der Gruppe Spannungen zwischen mehr revolutionär und mehr spirituell Ausgerichteten gegeben. Die drei Essays der ersten Nummer standen zwar unter dem gemeinsamen Titel *Notwendigkeit der Revolte*, aber zwischen dem politisch orientierten Maler Maurice Henry einerseits und Gilbert-Lecomte und Daumal andererseits gab es kaum einen Konsens über den Begriff der Revolte. Das kam schon in den Untertiteln der beiden letzteren, *Die Macht des Verzichts* und *Freiheit ohne Hoffnung* zum Ausdruck.

Beide sehen die wahre Revolte erst *nach* der gesellschaftlichen Revolution sich erheben, wobei Lecomte seinen Standpunkt poetisch verbrämt, Daumal den seinigen wie immer mit aller Härte vertritt: »Das Wesen des Verzichtes besteht darin, alles zu akzeptieren, indem man alles verneint. Nichts was Form besitzt, bin ich; vielmehr werden die Bestimmungen meines Individuums in die Welt verstoßen. Nach der Revolte, welche die Freiheit in der möglichen Wahl zwischen mehreren Handlungsweisen sucht, hat der Mensch darauf zu verzichten, irgend etwas in der Welt verwirklichen zu wollen. *Freiheit ist nicht freier Wille, sondern Befreiung;* sie ist die Negation der individuellen Autonomie.« Bei verschiedenen Anlässen, zum Beispiel der Affäre Aragon, reagierte die Gruppe uneinheitlich. Rolland de Renéville, der spätere Rimbaud-Interpret und Verbindungsmann zu Artaud, verweigerte sich der revolutionären Aktion, die bei den radikaleren Gruppenmitgliedern allerdings auch nur verbaler Natur war; Gilbert-Lecomte, der später an Drogensucht starb, insistierte auf der Verwirklichung der Poesie im Leben; und Daumal, der die Hauptlast der Zeitschrift trug, versuchte eine Zeitlang zu vermitteln. Daß er im Augenblick der größten Schwierigkeiten absprang, hat eine Reihe von Ursachen, die sich zu seinem abrupten Entschluß steigerten. Materielle Not, fortwährende Drogenabhängigkeit und häufige Krankheiten machten ihn labil und stimmten ihn zunehmend düster; er hatte sein Studium beendet, war nun verheiratet und mußte sich den Lebensunterhalt durch Übersetzungen, Buchbesprechungen und literarisch-philosophische Essays für Zeitschriften wie die *Nouvelle Revue Française* und die *Cahiers du Sud* verdienen – keine einfache Sache während der Weltwirtschaftskrise; und schließlich hatte er seine ersten lebendigen Erfahrungen mit indischer Kultur gemacht: er sah in Paris die Tanz- und Musikgruppe von Uday Shankar, dem älteren Bruder des berühmten Sitar-Spielers, und wurde erst in Frankreich, dann in den USA zeitweise der Pressesekretär des Ensembles. Trotzdem kann man nicht umhin, seinen plötzlichen, unwiderruflichen und sein ganzes Leben neu bestimmenden Entschluß, sich unter Anleitung eines geistigen Lehrers den praktischen Formen der Meditation und eines Lebens inmitten Gleichgesinnter zu widmen, als sein Damaskus zu bezeichnen. Daumal war an einem inneren Wendepunkt angelangt. Die experimentelle, auf eigene Faust betriebene Metaphysik genügte ihm nicht mehr; sie wiederholte und variierte seine Erfahrungen nur, ohne sie wesentlich zu erweitern und zu vertiefen. Ihm fehlte ein umfassender Rahmen und eine geeignete Methodik. Beide konnte er nur durch Einweihung, durch Unterrichtung von Mund zu Ohr und durch entsprechende Lebensführung erlangen. Daß er im Paris dieser Jahre auf die von Gurdjeff ausgearbeitete und von einem seiner Schüler vermittelte Spielart der esoterischen Tradition stieß, war zwar naheliegend, doch nicht unbedingt zwingend. Sein Entschluß ist von zwei Seiten her kritisiert worden, von seinen bisherigen literarischen Freunden, unter anderen von Jean Paulhan, und später von esoterisch Interessierten, die sich mit ihm beschäftigten. Erstere warfen ihm Verrat an der Literatur vor und warnten ihn vor Sektierertum; letztere geben zu bedenken, daß der Gurdjeff'sche Synkretismus ihm vielleicht den Zugang zu *seiner* Wahrheit bzw. zur echten Tradition verstellt habe. Solche Einwände dürften sich erübrigen. Als sich René Daumal seinem selbstgewählten Lehrer anschloß, war er zweiundzwanzig Jahre alt. Weitaus der größte Teil dessen, was er geschrieben hat, fällt auf die vierzehn Jahre von diesem Zeitpunkt bis zu seinem Tode. Sektierertum ist seinen Schriften nicht anzumerken; davor bewahrten ihn seine soliden indologischen Kenntnisse, auch seine Haßliebe zur Religion. Allerdings sind seine literarischen Werke ohne diese Initiation schwerlich denkbar. Sowohl seine Gedichte wie die beiden Kurzromane sind ihr in Form, Aufbau, verdeckten Korrespondenzen und Anspielungen, überhaupt in ihrem ganzen spirituellen Habitus verpflichtet. Und die indologischen Arbeiten verdanken ihre Ausstrahlungskraft der Tatsache, daß hier ein *metaphysical poet* spricht, der sein ganzes Leben einer Sache weiht, nicht bloß ein Fachgelehrter. Was nun den zweiten Teil der Bedenken angeht, so sind sie gegenstandslos. Daumal verfügte weder über Mittel noch Wege, um nach Indien zu gehen. Aber hätte nicht selbst dann die Gefahr von Synkretismus und europäischer Mißdeutung bestanden? Jeder Schritt über die eigene Kultur hinaus birgt solche Risiken in sich, wie beispielsweise die Geschichte der Laotse-Übersetzungen zeigt. Der Mut zum Irrtum um der Wahrheit willen ist da unabdingbar. Daumal mußte einfach irgendwo, irgendwie anfangen. Und er tat es.

## *Das Große Besäufnis*

Wenn es auch unmöglich ist, die spirituelle Erfahrung Daumals zu teilen, ohne ihre Vorbedingungen zu erfüllen, das heißt sich vergleichbaren Exerzitien zu unterziehen, so gibt es doch Berichte von Mitgliedern seiner Übungsgruppe über deren Wesen und Verlauf, ja Daumal hat sich in einem Zeitschriftenartikel *Die Bewegung in der integralen Erziehung des Menschen* sogar selbst zu ihnen geäußert. Da es wenig Sinn hat, über eine Erfahrungsweise zu reflektieren, deren vorwiegend somatische Techniken solches Reflektieren gerade ausschließen sollen, dürfen diese Äußerungen hier unerörtert bleiben. Wichtiger für uns sind die Rückwirkungen seiner neuen Lebens- und Seinserfahrung auf die Persönlichkeit im ganzen. Daumal war bis dahin ein kopflastiger junger Mann gewesen, der den Selbsthaß des Intellektuellen in eine zugegebenermaßen konstruktive Methode der Selbstverneinung umgewandelt hatte. Seine praktischen Ausbruchsversuche aus diesem Selbst, sein Bedürfnis nach absolutem Außer-sich-Sein hatten etwas Anarchisches, Gewaltsames – daher ihre Gleichsetzung mit Revolte, sogar mit Revolution. Seine asketische Haltung, die rücksichtslose Konzentration auf ein einziges, geistiges Ziel verrieten ein emotionales Defizit, das ihn für den *trockenen Pfad* vorbestimmte. In seinem Denken hatten Liebe und Gnade wenig Platz. Nur die Selbsterlösung des Menschen zählte für ihn. Insofern war die Begegnung mit Gurdjeff bzw. einem seiner Schüler kein Zufall, setzte sie doch seinen willensbetonten Ansatz auf anderer Ebene fort. Aber seine bislang eher mißhandelte Körperlichkeit fand jetzt eine positive, wenn auch nüchterne Entfaltung. Zur Konzentration, die manchmal verkrampft wirkte, trat ergänzend die Entspannung. Seine Briefe zeugen von einer Selbstsicherheit, wie eine endgültige Entscheidung sie verleiht. Diese Selbstsicherheit spricht auch aus der Abrechnung mit seiner Jugend und dem Freundeskreis um *Le Grand Jeu*, mit der er alle Brücken hinter sich abbricht. Er greift nicht zur moralischen Standpauke, sondern hält der Pariser Intelligentsia, der er einst angehörte, den satirischen Spiegel vor. Dabei kam ihm sein schwarzer Humor zustatten. Sinn für alles Extravagante, Mysteriöse, Groteske sowie der Umstand, daß er zeitweise als Sachbearbeiter für Naturwissenschaften in der Redaktion der *Encyclopédie Française* beschäftigt war, taten ein übriges. Ihm glückte eine Form zwischen phantastischem Roman und science-fiction, in der er sein Vorhaben indirekt, als Kritik an den etablierten Formen des Geistes, lancieren konnte. Streckenweise ist dieser Kurzroman, den er 1932 während seines Aufenthaltes in Amerika begann, der aber erst sechs Jahre später unter dem Titel *Das Große Besäufnis* erschien, ein Schlüsselroman.

Eine zwanglose Gesellschaft junger Leute versammelt sich zum nächtlichen Umtrunk, der in ein gewaltiges Besäufnis ausartet. Da es durchweg Intellektuelle sind, die sich zwecks Betäubung ihrer Verzweiflung und Ratlosigkeit zusammengefunden haben, verheddern sie sich mit wachsender Trunkenheit immer grotesker in ihrem sogenannten Geist, was Daumal durch hinreißende Persiflage des politischen, philosophischen und pseudoreligiösen Jargons seiner Zeit anprangert. Ein mysteriöser Unbekannter, der hinterm Brennholz des Kamins residiert und in dem man unschwer Salzmann erkennt, greift auf provozierende Weise in den *»Mühsamen Dialog über die Macht der Wörter und die Schwäche des Denkens«* ein; aber die fidele Gesellschaft kapiert nichts mehr, sie will immer nur trinken und sich berauschen. Auch der Ich-Erzähler wird betrunken, volltrunken sogar, und gerät in die Wirrnisse von Träumen und Zwangsvorstellungen, die das Labyrinthische von Geist und Welt zu formelhafter Besessenheit steigern. Durch potential-unendliche Spiegeleffekte innerhalb der Sprache, verbunden mit einer Technik des *déjà-vu*, wie sie bei Rückblenden im Stummfilm vorkommt, erzeugt Daumal gestochen scharfe, doch irreale Bilder, welche Alpträume und Wirklichkeit zur Deckung bringen. Der Umnebelung, dem wattierten Schrecken des Eingesperrtseins antwortet halluzinatorische Klarsicht, die in teuflischen Rundtänzen der Saufgemeinde sich entlädt, bei denen Vorsänger und Chor in Wechselgesängen die eigene Zerrüttung feiern. Allmählich gehen die Getränke aus, und es droht Ernüchterung. Das ist die Stunde der Weltuntergangspropheten, religiöser wie politischer, die lauthals ihre Auswege verkünden – und dennoch bleiben. Wer jedoch, wie der Erzähler, nach dem richtigen Ausgang, der simplen Türe fragt, den schafft man gewaltsam ins Hilfslazarett für Alkoholleichen im ersten Stock, wo die bislang halbwegs realistische Schilderung ins Phantastische umkippt. Man weiß nicht mehr, ob das Geschehen tatsächlich ist oder sich nur im Traum des Betrunkenen abspielt. Ein Krankenwärter zeigt ihm die *Künstlichen Paradiese*, nämlich die Welt derer, die sich nicht wie gewöhnliche Sterbliche vollaufen lassen, sondern von ihren Hirngespinsten trunken werden. Genannt werden sie ob dieser seltsamen Geisteskrankheit die »Flüchtigen«, glauben sie doch allen Ernstes, der gemeinen Welt des Rausches und der Illusionen entronnen zu sein. Dabei sind diese Tee- und Saftschlucker unheilbar krank. Nach der Natur ihrer Obsessionen geordnet, bilden sie eine Klimax immer schlimmeren Wahns, die von den »Geschäftigen« über die »Verfertiger unnützer Dinge« zu den »Erklärern« führt und in den »Künstlichen Göttern« gipfelt. Diesen Gruppen sowie den Untergruppen, in die die Gruppen gruppenweise zerfallen, widmet Daumal einige Dutzend satirischer Miniaturen, die mittels surrealistischer Verfremdungen und witziger science-fiction ganze Berufssparten, zumal die künstlerischen und wissenschaftlichen, der Lächerlichkeit preisgeben. Seine speziellen Freunde sind natürlich die Verfertiger unnützer Reden, die drei Hauptklans bilden: die Pwatts (Poeten), die Ruminssiers (Romanciers, wobei hier *ruminer, wiederkäuen* mitschwingt) und Kirittiks (Kritiker). Die von den Barden abstammenden Pwatts zerfallen ihrerseits in zwei Unterklans, die Aktiven und die Passiven, die gegensätzliche Methoden zur Nutzung des Lyrismus entwickelt haben. Lyrismus? fragt sich der unfreiwillige Besucher und schaut verstohlen in das Taschenwörterbuch, das ihm der Krankenwärter zu Beginn ihres Rundgangs in die Hand gedrückt hat: »*Lyrismus,* subst., m., chronische Verwirrung der inneren Wertordnung eines Individuums, die sich bei dem hieran Erkrankten als sogenannte *Inspiration* bemerkbar macht, nämlich als periodisch auftretendes, unwiderstehliches Bedürfnis, in rhythmischem Tonfall unnütze Reden zu halten. Nicht zu verwechseln mit dem, was die Alten *Lyrismus* nannten und worunter sie die Kunst verstanden, die durch lange, geduldige Arbeit zuvor gestimmte menschliche Leier zum Klingen zu bringen.« Während die passiven Pwatts, mit denen die Anhänger Bretons gemeint sein dürften, in Stimmung machen, setzen die aktiven, für die Valéry Modell gestanden haben dürfte, auf Vernunft. Wieder muß der Besucher erst im Taschenlexikon nachschlagen, um diesen absonderlichen Ausdruck zu verstehen: »*Vernunft,* subst., w., imaginärer Mechanismus, den man fürs Denken verantwortlich macht.« Obwohl es zugkräftigere Beispiele für Daumals Satire gibt, sind diese hier deshalb von Interesse, weil sie seine spätere Kritik an der modernen Dichtung vorwegnehmen. Allgemein gilt für die Verfertiger unnützer Dinge, ob sie nun Bilde- oder Redekünstler, Schauspieler oder Musiker sind, daß sie ihre Berufung der Krankheit verdanken. Darin besteht Daumals auf eigne Erfahrung gestützter Haupteinwand, darin gipfelt seine Kulturkritik, die, um mit Novalis zu sprechen, auf die transzendentale Gesundheit des Menschen abzielt. In einer seiner so entwaffnenden Beweisketten erklärt Daumal den Drang des Menschen, seine kranken Innereien zu unnützen Dingen zu sublimieren, folgendermaßen: »Er fabriziert unnütze Dinge; unnütze, also verwendet man sie nicht; man verwendet sie nicht, also nutzen sie sich nicht ab; also sind sie von langer Dauer. Das ist nicht unlogisch. In jedem dieser Dinge – und darin liegt das Geheimnis, das das Publikum nicht kennt – verbirgt er ein Quentchen seiner Innereien. Wenn alles verbraucht ist, stirbt der Mensch. Aber seine kranken, zärtlich geliebten, in zahllosen und mannigfaltigen Gestaltungen konservierten Innereien überdauern zuweilen jahrhundertelang.« Gemeinsam ist diesen drei Zitaten verdeckte Kritik an unsrer exoterischen Weltsicht, die Geist und Seele vom Körper trennt, so daß deren Schöpfungen nicht in unsrer Physis widerhallen. Insofern sind sie äußerlich, bloße Ästhetik, die bestenfalls erfreut, ohne zur Veränderung des Menschen beizutragen. Die Reise durch die künstlichen Paradiese, die bei den Mächtigen dieser Welt beginnt und bei ihren Göttern endet, ist eine falsche Initiation. Auf dem Höhepunkt der schwarzen Hierarchie stürzt der Besucher zwangsläufig ab und findet sich wie der Geringste aller Sterblichen auf einem alten Strohsack wieder.

Mit diesem heilsamen Sturz zurück ins Erdgeschoß, wo die Ausflucht in eine Scheinwelt begann, hebt der dritte und letzte Teil der Tragikomödie an, *»Das gewöhnliche Licht des Tages«* überschrieben, weil dem Erwachen aus wüster Nacht und ihren Phantasmagorien die Ernüchterung folgt. Alles gähnende Leere ringsum. Die Trinker haben sich verzogen. Es herrscht eine Hundekälte. In Erwartung des Sonnenaufgangs verheizt der Einsame alles, was er vorfindet, zuerst das Stroh, dann Kisten und Stühle, schließlich die Bücher und ganz zuletzt die eigne Kleidung. Nach diesem Brandopfer, dieser Reinigung von aller Habe, bleibt ihm nichts. Nackt und bloß, zitternd nach Wärme und Licht, sucht er den Sonnenaufgang zu beschleunigen, beschwört er das Große Licht durch linkische Gebete herauf. Im gleichen Augenblick, da die Sonne erscheint, geschieht eine seltsame Metamorphose. Der Erwachende wird zum Haus, in dem er sich befindet. Er steigt in die unteren Stockwerke hinab, entdeckt die Maschinerie, die alles Leben in Gang hält. Ein Heer von Affen, seine Affekte und Triebe, hilft ihm auf die Beine. Und richtig, das Menschenhaus steht auf und wandelt, mit staksigen Beinen geht es in den Sonnenaufgang hinein, die Straße entlang bis zur nächsten Kneipe, wo der Bericht wieder ins Realistische umschlägt. Da hocken sie alle, die Trinker der Nacht, und kurieren ihren Kater mit starkem Kaffee aus. Genau das ist die Stunde der Ernüchterung, wo der mysteriöse Unbekannte, dem man nachts nicht zuhören wollte, sein Märchen vom Larven-Menschen erzählt, der wie der mexikanische Lurch Axolotl nur im Embryonalzustand existiert und nicht weiß, daß er eigentlich für ein höherentwickeltes Leben bestimmt ist. Mit voller Absicht will *Das Große Besäufnis* die mögliche Befreiung des Menschen aus selbstverschuldetem

Schein nur indirekt darstellen. Daumal schrieb darüber an einen Leser: »Ich wollte ein satirisches Werk schreiben und kein panegyrisches. Was in diesem Buch unvollendet bleibt und nicht genannt wird, ist etwas anderes: das praktische Mittel, um dieser Hölle zu entkommen. Das Lachen ist kaum mehr als der erste Schritt zu diesem Entkommen, und ich habe zu verstehen geben wollen, daß dieses praktische Mittel nicht in einem Buch enthalten sein kann.«

## *Indische Welt*

Der geheime Mittelpunkt der Daumalschen Welt heißt Indien. Seit er unter dem Eindruck der Schriften Guénons Sanskrit erlernte, um die heiligen Schriften der Inder im Urtext lesen zu können, gewann hinduistisches Denken und Fühlen immer nachhaltigeren Einfluß auf seine Lebensführung, deren Weltverneinung und Wahrheitssuche im Absoluten das Licht metaphysischer Erkenntnis, wie es in Veden, Upanishaden und der Bhagavadgita erstrahlt, in Wort und Tat umzusetzen versuchte. Aber es gab ein schwerwiegendes Problem: Kann man Hindu *werden*? Im Gegensatz zu den Stifterreligionen ist im Hinduismus die Umsetzung dieser Erkenntnis in die tagtägliche Lebenspraxis unauflöslich an die sozialen Funktionen des Individuums gebunden, wie sie in Kastenzugehörigkeit, jeweiligem Lebensalter und Stand als Lediger, Verheirateter usw. zum Ausdruck kommen. Daumal gestand sich ein, daß er keinen direkten, das heißt tätigen Zugang zu Veden und Upanishaden haben könne; aber er faßte seinen Beruf als Schriftsteller im Sinne des *dharma* als unauflösliche Verpflichtung in dieser Welt auf und leitete aus ihr seine Mittlerfunktion ab: »Aber ich bin von Beruf Schriftsteller, und ich möchte eines Tages Dichter sein. Die Tür zur indischen Tradition, die mir offensteht, sind demnach die Wissenschaften der Sprache, der Rhetorik und der Poetik. Indem ich meinem *dharma* als Schriftsteller Folge leiste, werde ich den Lehren dieser Bücher einen praktischen Inhalt geben können.« Daumals Zugang zur indischen Literatur und Kunst, vornehmlich zu Musik und

Theater, ist weder der des Wissenschaftlers noch der des Liebhabers, obwohl er sich zwangsläufig historisch-philologischer Hilfsmittel bedienen muß und seine Leidenschaft für sie außer Frage steht; vielmehr entziffert er sie wie ein gläubiger Hindu, dem im *kali-yuga*, dem schwarzen Zeitalter, infolge seines verdunkelten Geistes kein anderer Zugang zur höchsten Wahrheit offensteht als die Kunst, in der diese Wahrheit sich für den Menschen materialisiert bzw. verkörpert. Dabei stützt sich Daumal auf die indische Tradition selber, ihre älteste ästhetische Abhandlung, den *Nâtya-Çâstra* genannten Traktat vom Theater des Bhârata, den er selbst ins Französische übersetzt hat und der als fünfter Veda gilt. Als Daumal in Paris die Schöpfungen des indischen Musiktheaters in Gestalt der Realisationen von Uday Shankar und seiner Truppe miterlebte, geschah ihm eine Offenbarung vom Ursprung der Kunst und damit der Welt, der sich in getanzten Götterdramen manifestierte. Diese Erfahrung war für ihn genauso überwältigend und bahnbrechend wie für Artaud im gleichen Jahre 1931 die Begegnung mit dem balinesischen Theater anläßlich der Pariser Kolonialausstellung*. Nicht das Bedürfnis nach Exotik, sondern das Verlangen, den abendländischen Dualismus aufzuheben, um an den Punkt zurückzukehren, wo Mensch und Kosmos, Ausdruck und Substanz noch ungeteilt eins waren, beherrschte diese beiden Renegaten der Aufklärung, die das Lebensgefühl einer ganzen Generation junger Europäer und Amerikaner vorweggenommen haben.

In polemisch zugespitzter Form hat Daumal in der kurzen Abhandlung *Über die indische Musik* sowie in einer Kontroverse,

* Es scheint zur Dialektik von Orient und Okzident zu gehören, daß sich Metaphysik und Aufklärung zur heutigen Weltstunde nicht miteinander versöhnen lassen. So protestierten die Surrealisten in ihrem Aufruf *Ne visitez pas l'exposition coloniale* zwar energisch gegen die imperialistische Nutzung außereuropäischen Kulturgutes, gestanden ihm aber in *Premier bilan de l'exposition coloniale* lediglich einen »unbestreitbaren wissenschaftlichen Wert« zu, wogegen es »aus diesem Grunde seinen heiligen Charakter völlig verloren« habe. Ist der Gegensatz zwischen Artaud bzw. Daumal und den Surrealisten, die sich bei ihrer Argumentation auf Marx und Engels stützten, nicht in den sechziger Jahren zwischen Engagierten und Hippies erneut aufgebrochen? Heute steht auf dem Ausstellungsgelände in Vincennes ein buddhistischer Tempel!

die er mit einem zeitgenössischen Musikkritiker ausfocht, den Unterschied zwischen europäischer und indischer Musik herausgearbeitet und damit das Substrat seiner Erfahrung sichtbar gemacht, die er an andrer Stelle in die Worte kleidete: »Bis auf den heutigen Tag hat mir die indische Musik, eine objektive, vom Individualismus völlig gereinigte Musik, den intensivsten Geschmack des Ewigen in der Gegenwart vermittelt.« Geschmack ist hier im Sinne von *rasa*, der Essenz aller Kunst, zu verstehen. Die Ewigkeit manifestiert sich im Tongeschehen auf eine Weise, daß der Zuhörer Geschmack an ihr findet. Daumal erläutert dies mit Hilfe einer psychologischen Parallele. Wie bei der Paramnesie, dem falschen Wiedererkennen, ein gegenwärtiger Augenblick als bereits schon einmal erlebter, also bekannter erfaßt wird, so vermittelt ihm indische Musik die beklemmende Gegenwart des Ewigen. Sie vermag dies aufgrund einer Erfahrung der Zeit, die derjenigen aller europäischen Musik widerspricht. Diese nämlich faßt sie als Fluß, als Abfolge auf – die orientalische als Dauer, als in sich geschlossene Einheit. Damit verbunden ist ein völlig anderes Verhältnis von Klang und Stille. Während unsere Musik die Stille durch Tonfolgen überlagert, die höchstens von Pausen unterbrochen werden, bezieht die indische die leere Zeit, also die Stille, aktiv in ihr Tongewebe ein. Unsere Musik vertreibt durch kunstvolle Erfindungen namentlich melodisch-harmonischer Art die Zeit, diese schlimmste Feindin des Menschengeschlechts, die ihm seine Vergänglichkeit vor Augen führt, die orientalische dagegen macht sie durch rhythmisches Insistieren auf der immer gleichen Dauer zum beharrlichen Ereignis: »Und wirklich langweilt orientalische Musik jedes rein abendländische Individuum. Anstatt ihm die abscheuliche Menschenverschlingerin hinter einer schönen Maske aus Tönen zu verbergen, anstatt es zu *zerstreuen*, führt sie die nagende Obsession immer aufs neue herbei, besteht sie mit immer wiederkehrender Insistenz auf der Bloßlegung des schmerzlichen Bewußtseins der Dauer. Der Abendländer sucht in der Musik eine tönende Prozession, welche ihm die Dauer verkleidet und verbirgt. Die Musiker Indiens, ja des ganzen Orients, brauchen den Klang nur, um die Stille evident zu machen.« Die Stille aber ist Ausdruck der Ewigkeit.

Wenn Daumal sie durch indische Musik als »willentliche Paramnesie« erfährt, so weil hier Musik als Meditation geschieht, die diese absolute Wahrheit aktualisiert, im Akt der Improvisation wachruft, wogegen europäische Musikübung mit ihren vor-geschriebenen Kompositionen die Originalität des Künstlers als eines Demiurgen im kleinen reproduziert. Natürlich kann auch unsre Sakralmusik eine Epiphanie der Ewigkeit sein, aber ihre Schöpfungen *bedeuten* sie nur, statt sie *körperlich* wachzurufen. Der Hauptgegensatz besteht zwischen intelligibler und organischer Wirkung. Ein Vergleich absoluter Musik, etwa der *Kunst der Fuge*, mit einem beliebigen *Raga*, der an eine bestimmte Jahres- und Tageszeit gebunden ist, macht den Unterschied deutlich. Dort tönende Architektur, die nach abstrahierbaren Gesetzen entworfen wird, was in einem präzisen, meßbaren Tongeschehen zum Ausdruck kommt; hier ein diffuses Tongewebe, das eine Struktur unendlich variiert, wobei das komplexe, durch Mikrotöne erweiterte Material keine Quantifizierung erlaubt, zumal es durch Improvisation erzeugt wird. »Daher eine Kraft physiologischer Durchdringung, die um so erstaunlicher wirkt, als sie keineswegs an die Lautstärke gebunden ist. Im Gegenteil, der indische Musiker vermag wunderbarerweise fast ohne Töne zu spielen; er zupft eine Saite: im Instrument erwachen lebendige Echos, wie sie im Körper des Zuhörers auf entsprechende Weise wach werden. Seine spinnenflinken Finger modulieren nun in präzisem Erzittern das Resonanzbündel; indem er den Klang bis zum Verschwinden hin modelliert, läßt er ihn in Stille ersterben. Und wenn man seinen Ohren trauen darf, modelliert er sogar die Stille noch. In diesem Augenblick wird die Musik rings um den Musiker beinahe *sichtbar*; seine Finger scheinen mit schweigenden Lichtadern umzugehen. Wer zu hören versteht, wird in diesem höchsten Augenblick durch das musikalische Wunder, in einem Moment vollkommener Stille, eine Selbstoffenbarung erleben. Die Melodie, welche Form auferlegt, und die Harmonie, welche lebendige Substanz evoziert, haben sich zu ihrem gemeinsamen Ziele gefunden: dem schweigenden Augenblick der Wahrnehmung des Selbst.«

Mit sicherem Gespür für jenen Dichter, mit dem sich die

europäische Literatur, wenn auch aus logizistischer Richtung, am ehesten der indischen Metaphysik der Kunst annähert und der in seinem Werk die Wahrheit des Nichts indirekt, durch Aufhebung der Realität mittels Sprache und deren Umwandlung in eine Musik der Stille zum Ereignis werden ließ, hat Daumal seiner Abhandlung einen Vers von Mallarmé als Motto vorangestellt: »Musicienne du silence«. Diese unerwartete Querverbindung wirft ein neues Licht auf Daumals asketische Einstellung zur Sprache, wie sie in seinen frühen philosophischen Versuchen offenbar wird, gibt sie doch zu vermuten, daß Mallarmés Auffassung von der Poesie als der zu rekonstruierenden Idealsprache des Menschengeschlechtes für Daumals Zugang zum Sanskrit und zur indischen Poetik, rückwirkend mithin für seine eigene, von dieser abhängigen Poetik von Bedeutung gewesen ist. »Das Monument des alten Indien schlechthin ist seine Sprache. Aus verbaler Materie haben die alten Hindus ihre Pyramiden, ihre Sphinxe, ihre Zikkurats, ihre Parthenons gehauen. Die sanscroutane Sprache (wie sich die ersten Franzosen ausdrückten, die von dort zurückkamen und das Wort weit weniger entstellten, als wir es durch die Aussprache Sanskrit tun) ist die ›gebaute‹, ›sorgfältig ausgearbeitete‹ Sprache – *lingua confecta*, ich möchte beinhe sagen *concreta* – und in einem anderen, ebenso gebräuchlichen Wortsinn die ›geheiligte‹, eine Sprache, die bis in ihre geringsten Artikulationen hinein das Kennzeichen einer bewußten Arbeit, einer willentlichen Ausarbeitung aufweist; von unseren ›natürlichen‹ Sprachen *(prâkrits)* fast ebenso weit entfernt wie diese von den Schreien der Tiere.« Von den insgesamt sechs dem Veda zugeordneten Wissenschaften waren von alters her vier der Sprache gewidmet und galten als traditionelle, das heißt heilige Künste: Phonetik, Grammatik, Lexikologie und Metrik. Als heilig galten sie in ihrer Funktion im Befreiungsprozeß des Menschen von Unwissenheit und Verstrickung in die Existenz; auch ihr Ziel ließ sich, wie das der Metaphysik, die sich ihrer bedient, nur negativ bestimmen. Hierin besteht für Daumal der Vergleichspunkt zu Mallarmé. Als europäischer Dichter französischer Sprache, aber Hindu seiner Überzeugung nach, nimmt er gleichsam eine enharmonische Verwechslung beider Traditionen vor: während er indische Sprach- und Kunsttheorie mit den Augen Mallarmés ansieht, erfüllt er dessen Poesie mit indischem Geist. Erstere wird in ihrer poetologischen Anwendbarkeit für uns reaktualisiert, letztere in ihrer Bewegung auf eine leere Transzendenz hin als Askese vom Sein interpretiert. Das geschieht nirgends als gegenseitige Verfälschung, etwa in Form eines unzulässigen Synkretismus, sondern durch suggestive Hinweise, die im Falle des genannten Mottos beide Sphären gleichsam zu einem west-östlichen Denken kollagieren, oder aber durch Gedankengänge, die zwar innerhalb einer der Sphären verbleiben, aber durch kollagierte Begriffsbilder zu erkennen geben, daß sie auf die jeweils andere abzielen. Eine solche Synthese leistet der methodische Vorspann zum *Gegenhimmel*, der den noch zu erläuternden Titel *»Schlüsselbeine zu einem großen poetischen Spiel«* trägt, wenn er ausführt: »Von jetzt an gilt es zu begreifen, daß alle Poesie ihre Wurzel im unmittelbaren Akt der Verneinung hat. Der Dichter gelangt zum Bewußtsein seiner selbst, indem er die von ihm verneinten Formen zum Vorschein bringt, die ebendrum zu Symbolen, zu sinnlich wahrnehmbaren Aspekten seiner Askese werden. (...) Diese Rückwärtsbewegung, die gemeinhin der Initiative des Lesers überlassen bleibt, hat Stéphane Mallarmé in den Körper des Gedichtes selber überführt, indem er für das zunächst evozierte Bild die verneinende Askese ins Werk setzte, die auf wunderbare Weise das essentielle Nichts eines Dinges sichtbar macht. Die Wörter ›aboli bibelot‹ setzen durch den Begriff ›bibelot‹ ein konkretes Bild, das von vornherein durch den Begriff ›aboli‹ verneint wird, so daß die suggerierte Sinnesvorstellung nicht diejenige eines beliebigen Nichts, sondern des Nichts eines bibelot ist. Überall in der Poesie Mallarmés findet sich dieses Streben nach dialektischer Askese vom Bild, das gesetzt, verneint und aufgehoben wird; sie zeugt von einzigartiger Luzidität hinsichtlich des höchsten poetischen Mysteriums.«

Die Parallele zur indischen Musik, deren Tongeschehen das eigene Substrat, die Stille, hör- und sogar sichtbar macht, indem es sich selber negiert, liegt auf der Hand. Inwiefern aber kann die Poetik des Sanskrit als einer künstlichen Sprache (*samskrita* = verfertigt) zum Vorbild für den Dichter einer natürlichen werden, der auch Daumal sich bedienen muß? Weil die Aufgabe der Selbstbewußtwerdung durch Poesie, die mit Askese vom Sein einhergeht, in Dekadenzsprachen wie den unsrigen infolge ihrer Mangelhaftigkeit nur bedingt möglich ist. Der Läuterungsprozeß, den die poetische Vernichtigung bewerkstelligen soll, stößt nicht nur auf subjektive Hemmnisse wie mangelnde Eignung, Vorbereitung und Einsicht, er begegnet auch objektiven Hindernissen, die buchstäblich ›in der Natur‹ unsrer Sprachen und infolgedessen auch ihrer Poetiken liegen. Denn wir betrachten die Sprache als Mittel, als Zeichensystem, dem keine Realität innewohnt; der Hindu dagegen erfährt Sprache – wie Musik – als eine körperliche Realität, und das Gedicht ist ihm ein Körper, der im eignen Körper Resonanz finden soll. In drei einander zum Teil überschneidenden Abhandlungen über indische Poetik, deren umfassendste im Jahre 1938 unter dem Titel *Das Vermögen des Wortes in der indischen Poetik* erschien, gibt Daumal anhand der wichtigsten Traktate zur Ästhetik einen Abriß der geistig-körperlichen Dimensionen dieser Dichtung sowie der hauptsächlichen Mittel zu ihrer Verwirklichung. Nicht im entferntesten kann und soll sein Exposé hier wiederholt werden; nur Essenz und höchstes Ziel dieser Kunst müssen, weil sie sowohl Daumals Verwurzelung in der indischen Welt wie sein eignes dichterisches Ideal aufzeigen, kurze Erwähnung finden. An oberster Stelle aller Spekulationen über das Wesen der Poesie steht *rasa*, der Geschmack, eigentlich nur negativ zu definieren, weil direkt auf das Brahman verweisend. Im *Sâhitya-darpana* taucht er zusammen mit dem Licht-Prinzip, das sowohl die Schwärze der Finsternis, d. h. von Trägheit und Unwissenheit, wie die Röte der Leidenschaft überwindet und selber weiß ist, ungeteilt und in eigener Evidenz erstrahlend auf. Geschmack ist eine durch Poesie vermittelte Bewußtwerdung des Selbst, nicht unabhängig von seiner Wahrnehmung existierend, und kündigt sich durch »übernatürliche Bewunderung« an. Er entsteht aus der »Vereinigung von Freude und Denken« und wird als »unabtrennbare Eigenform des Selbst« bezeichnet. Nur durch seine acht Erscheinungsformen läßt sich *rasa* wahrnehmen. Es sind die vier grundsätzlichen: das Erotische, das Zornige, das Heroische, das Entsetzliche; und die vier abgeleiteten: das Komische, das Pathetische, das Wunderbare und das Schreckliche. Diese Skala von Temperamenten, wie wir sagen würden, drückt sich im »Körper der Poesie«, das heißt in ihrer Sprache aus. Der Zuhörer schmeckt diesen Sprachkörper, wozu er ihn sich einverleiben muß; und hier verschmilzt *rasa* mit dem anderen Grundbegriff der indischen Poetik, *dhvani*, der Resonanz. Beide sind zwei Aspekte ein und desselben Vorgangs. Beim Schmecken der menschlichen Seelenzustände, wie die acht Erscheinungsformen von *rasa* sie zeigen, erfolgt eine Bewußtwerdung des individuellen, mehr oder weniger geläuterten Selbst; es erfährt dadurch einen Anstoß, spürt den Widerhall des absoluten Selbst in sich, zu dessen körperlicher Wahrnehmung es durch Poesie erwachen soll. Diese Auffassung vom Gedicht scheint sich lückenlos in Daumals »experimentelle Metaphysik« einordnen zu lassen. Je tiefer er in die Poetik und Rhetorik des Sanskrit eindrang, umso stärker faszinierte ihn die Möglichkeit, aufgrund umfassender und ebenso präziser wie differenzierter Sprachlichkeit, die nicht bloß formal erfahrbar ist, dichterisch auf die metaphysische Veränderung des Menschen hin zu experimentieren. Und zwar sowohl auf die des Dichters wie seines Zuhörers, der bei ihm nie als Publikum, sondern stets als Du, als andere Form des Ichs angesprochen wird. Denn mit veräußertem Bewußtsein, also Öffentlichkeit, rechnete Daumal nicht. Solche Selbstbespiegelung des Geistes hatte Indien ihm abgewöhnt. Was er dem Hinduismus verdankte, war ein zusammenhängendes, lebendiges System metaphysischer Prinzipien über die Stellung des Menschen im Kosmos, ein auf die befreiende Tat ausgerichtetes System, das den ganzen Menschen forderte. Zu Beginn seines Aufsatzes *Näherung an die Dichtkunst der Inder* (1940) hat er diese Herausforderung durch den Hinduismus zusammengefaßt: »Der moderne Mensch hält sich für erwachsen, voll ausgebildet und glaubt, daß er bis zu seinem Tode nur noch Substanzen wie Geld, Lebenskräfte, Wissensstoff abwechselnd einzunehmen und auszugeben braucht, ohne daß dieser Austausch jenes Etwas, das *Ich* genannt wird, berühren würde. Der Hindu sieht *sich* als etwas zu Vervollkommnendes an, als eine falsche Erscheinung, die es zu berichtigen gilt, als eine zusammengesetzte Substanz, die verwandelt, eine Vielheit, die zur Einheit gebracht werden muß.

Bei uns wird Erkenntnis die spezifische Tätigkeit des Intellekts genannt. Für den Hindu müssen alle menschlichen Funktionen an der Erkenntnis teilhaben.

Fortschritt der Erkenntnis heißt bei uns, durch unser derzeitiges Wahrnehmungsvermögen, unsren gegenwärtigen logischen Fähigkeiten neue Informationen über Dinge zu erwerben, die uns begreiflich sind bzw. von denen wir reden hören. Für das Denken des Hindu besteht Fortschritt der Erkenntnis in der Vervollkommnung dieser Vermögen als solcher und im organischen Erwerb neuer Erkenntnisfähigkeiten. Wir sagen, Erkenntnis sei Macht und Voraussicht. Für den Hindu ist sie Werden und Wandlung.

Unsere experimentelle Methode erhebt den Anspruch, auf alle Gegenstände anwendbar zu sein – nur nicht auf das *Selbst*, das in den Bereich philosophischer oder religiöser Spekulation verwiesen wird. Für den Hindu ist das *Selbst* das erste, letzte und fundamentale Objekt der Erkenntnis, einer nicht bloß experimentellen, sondern verändernden Erkenntnis.

Bei uns hält man die Menschen für gleich im *Sein* und nur für im *Haben* unterschieden, was angeborene Eigenschaften und erworbenes Wissen betrifft. Der Hindu erkennt eine Hierarchie im Sein der Menschen an; der Lehrer weiß nicht nur mehr als der Schüler und ist geschickter, er *ist* substantiell mehr als er. Gerade dies ermöglicht die ununterbrochene Übermittlung der Wahrheit.

Schließlich ist für den modernen Menschen die Erkenntnis eine von anderen abgetrennte, unabhängige (oder als unabhängig erwünschte) Aktivität. Für den Hindu setzt Erwerb von Erkenntnis, insofern sie Veränderung des Menschen ist, den Wandel aller seiner Äußerungen, seiner gesamten Lebensführung voraus bzw. hat ihn zur Folge.«

## *Schwarze Poesie und weiße Poesie*

Als René Daumal mit achtundzwanzig Jahren seinen ersten und einzigen Gedichtband *Der Gegenhimmel* (1936) veröffentlichte, sprach er in einem kurzen Vorwort den neunzehn Gedichten und dem vorangestellten poetologischen Essay ein gewisses Mißtrauen aus, hielt er sie doch für unvollkommen und durch seine persönliche Entwicklung für teilweise überholt. Dabei hatte er den Band, der schon 1930 erscheinen sollte, gründlich überarbeitet. Die eher subjektiven, bildkräftigeren Jugendgedichte waren einem radikalen Schnitt zum Opfer gefallen, der die Gedichtmasse um die Hälfte reduzierte. Was übrigblieb, hatte zwar mehr Substanz, krankte aber dafür an einem Hang zur Abstraktion, der sich in der Folgezeit noch verstärkte. Auch das Bestreben, die eigene Poesie durch eine Art Gebrauchsanweisung zu rechtfertigen, befremdet bei einer Erstveröffentlichung. Drückte sich darin Zweifel an der Eigenwirkung der Gedichte aus, oder war dieses Amalgam von Dichten und Denken beabsichtigt? Wohl eher das letztere, wenn man in dem etwa gleichzeitig geschriebenen Essay *Die Grenzen der philosophischen Sprache* mit Bezug auf Heraklit lesen kann: »Das von einem Denker in der Absicht, eine von ihm erfahrene Wahrheit verständlich und lebensfähig zu machen, geschaffene Gedicht verpflichtet mein ganzes Wesen, sobald ich meine Aufmerksamkeit erklärtermaßen auf ihn richte. Vielleicht wird die ästhetische Emotion weniger intensiv, vielleicht sogar gleich null sein, trotzdem wird der richtige Ausdruck nicht nur hinsichtlich einer äußeren Essenz richtig sein; sondern richtig auch bezüglich einer Essenz, die mich durchtränkt.« Richtigkeit statt Schönheit, Überzeugung statt Bezauberung, objektive Einsicht anstelle individueller Eigenart sind in der Tat die Grundsätze von Daumals Poesie, welche seine Metaphysik mit ästhetischen Mitteln fortsetzt. Trotzdem ist sie keine Gedankenlyrik. Ihr Hang zur Abstraktion, ihre spekulative Haltung rühren vielmehr vom Prinzip der Negation her, das ihr zugrundeliegt. Diese Verneinung nimmt in der Welt der Erscheinungen, der auch der Dichter angehört, die Gestalt des Todes an. Auch darin ist keine blutleere Allegorie zu erblicken. Daumal hat die kaum unterbrochene Folge seiner Todeserfahrungen, von der kindlichen Todesangst über das bewußte Experimentieren mit dem eignen Ende bis zur Einsicht des Lungenkranken in die Unausweichlichkeit seines frühen Todes, zu einer Metaphysik der Poesie verdichtet, die in ihrer Reinheit und Größe ihresgleichen sucht. Nicht nur bekannte er sich zum Tod als dem Tor zum Nicht-Sein, er wollte ihn auch seiner Natürlichkeit, seiner blinden Zufälligkeit entreißen und ihn Stück für Stück schon im Leben verwirklichen. Was ihm für die Welt der Handlungen Askese und Meditation waren, nämlich Mittel zur Befreiung, um im Absoluten aufzugehen, das bedeutete ihm für Denken und Sprache die Poesie. Keine imaginären Reiche sollte sie erschaffen, keine Realität durch ihre Sprachformen vorgaukeln, nicht etwa den Menschen in seiner Hiesigkeit bestätigen, im Gegenteil, alle diese geistigen und stofflichen Trugbilder sollte sie systematisch auflösen und zersetzen, bis auch sie selbst sich als *mâyâ* erweisen würde, als Gespinst aus Worten, durch das die schweigende Wahrheit hindurchscheint.

Daumals Poesie ist eine Poetik des Todes. Von Anfang bis Ende, in allen ihren Erscheinungsformen wie ihrem inneren Baugesetz nach, ist sie Anleitung zum Tode. Wie die Liebeskunst aus dem all-einen Eros die mannigfaltigen Formen des Sexus entwickelt, führt sie als Todeskunst die Vielfalt des Sterbens auf den einen, gemeinsamen Tod zurück. Röcheln und Ächzen, Schreie und verzweifeltes Gelächter hallen in diesen Gedichten wider, die von Messern, Äxten und Keulen wimmeln, die nach Staub, Todesschweiß und Verwesung riechen, in denen Heulen und Zähneklappern vor dem Großen Rachen herrscht, der die Opfer und ihre Mörder, die Kranken und Sterbenden unerbittlich zermalmt. Doch es sind nicht verschiedene Gestalten, die auf dieser düsteren Bühne auftreten; es ist stets dasselbe, oft als Du angeredete Ich des Menschen. Auf dem Schlachtfeld, im Leichenhaus dieser Welt wird es zur Puppe, zur hohlen Statue, die inmitten der Leere ihr mechanisches oder regloses Leben führt. Auch die vier Elemente gebärden sich mörderisch, zu schweigen von der Heimtücke einer unberechenbaren Gegenstandswelt, die zum bloßen Dekor verblaßt, um bald darauf über den Menschen herzufallen. Gewiß huldigt Daumal damit jener surrealistischen Anti-Ästhetik, die er seinerzeit vorfand; doch ihre libidinösen, aus dem Unbewußten hochsteigenden Bilder verwandeln sich ihm zu Symbolen der Askese, die bewußt und häufig unter Anspielung auf ihre mythische Herkunft gebraucht werden. Das gilt besonders für die Dialektik des Todes, der als Negation des Lebens in seiner gegenwärtigen Gestalt zugleich Neubeginn, Wiedergeburt bedeutet und einst endgültige Auslöschung, das heißt Erwachen zum Absoluten schenken wird. Diese Kongruenz von Eros und Thanatos, wie wir sagen würden, verkörpert sich für Daumal in La Mort, der schreckenerregenden Geliebten, hinter der in Umrissen die indische Göttin Kali sichtbar wird. In *La Seule* und *A La Néante* hat er dem Tod, in den er nach eigener Aussage verliebt war, hymnische Denkmäler gesetzt:

> Für deinen Ruhm, nicht für meinen, dies milde
> Gemetzel. Es war leicht, der Welt zu entsagen,
> die Sonne zu töten, alles für dich zu verraten,
> es war leicht, mir die Augen auszukratzen:
> ich war deiner sicher wie meines Todes,
> ich war sicher der Untrüglichkeit meiner Nacht,
> die dein lebendiger Körper aus Stille ist.

Hinter dieser schwärmerischen Hingabe an das weibliche Nichts steckt ein vielschichtiger Symbolismus, der auf das Verhältnis von Geist, *puruṣa*, und Natur, *prakrti*, verweist. Einerseits ist der Tod als fortgesetzte Negation, die alles positiv Gegebene, also Natürliche in die Welt verstößt, eine spezifische Tätigkeit des Geistes, der im Hinduismus als in sich ruhende Leere erscheint; andrerseits zeugt er durch diese Akte der Vernichtung immerfort neues Leben, das aus seinem leeren Schoß wiedergeboren wird, ist also Vater und Mutter des Lebens zugleich. Daher die eingangs zitierte Formel: »Ich bin der Vater des Todes, er ist dessen Mutter«, deren zyklische Paradoxie nicht nur den Kreislauf von Leben und Tod, sondern auch ihre Einheit evoziert, eine gleichsam androgyne Einheit, die in Daumals Bildbegriff *La Néante* gipfelt. Wahres Leben, Leben im absoluten Selbst, ist nur durch liebende Negation des Irdischen zugänglich; die Hochzeit mit dem Tode wird buchstäblich zum Akt der Befreiung, dessen Orgasmus das Ich verzehrt:

> Aus Liebe zu dir schinde ich mich bei lebendigem Leib,
> gestaltlose Mutter der Formen, du, die ich quälte,
> die ich noch immer quäle in diesem Prokrustesbett,
> meiner schmählichen Menschengestalt:
> Du ohne Ausmaß und frei aller Grenzen,
> ich streck dich auf dieses groteske Brautbett,
> ich will dich in dieses dicke Fell einsperren.
> Jetzt, da ich dir Treue geschworen habe,
> da ich sie liebe, die Ängste, gekleidet in Fleisch,
> da ich es liebe, das Unglück, sichtbar in einem Körper,
> soll es doch sterben, dies Fleisch!, soll er doch sterben,
> dieser Körper!,
> und mit mir leiden, und leiden für dich,
> denn mit Riesenschritten geh ich jetzt schlafen,
> Zelle für Zelle langsam verzehrt
> vom grausamen Feuer dieser klarsichtigen Liebe.

Nicht in allen Gedichten geschieht das Einswerden mit dem Tode als zwar gräßlicher, doch immerhin Liebesakt, häufig wird es als Verbrechen, als Mord im Namen höherer Gewalt herbeigeängstigt. Solche Obsessionen verdichten sich in *Strafpredigt*, wo »der Mörder die eigene Kehle erwürgt / zwischen unkenntlichen Händen«, zu selbstmörderischer Bestrafung oder rufen wie in *Ekel am Dasein*, wo »mich ein riesiges Fleischloch einschlürft, / lebendige Mauern, rot und heiß«, Todesangst vor der Wiedergeburt hervor. Überhaupt ist die Aussicht, wiedergeboren zu werden, keinesfalls tröstlich, selbst wenn sie zur Inkarnation in einer für Daumal höherstehenden, farbigen Rasse führen sollte. Denn immer wieder wird sich im Kopfe des Menschen jene trügerische Gedankenflucht abspielen, die Daumal mit unüberbietbarer Ironei das »Kino der Armen« genannt hat; und immer wieder werden seine Hände, indem sie gestalten und kämpfen, ihn zum Zirkelschluß der Existenz, *samsâra*, verdammen:

*Danach*

Ohne Herz werde ich wiedergeboren,
immer wieder im gleichen All,
immer wieder mit gleichem Kopfe,
den gleichen Händen,
vielleicht sind sie dann andersfarbig,
doch selbst das wird mich keineswegs trösten.
          Grausam werde ich sein und allein
Nattern werde ich fressen
und rohe Insekten.
          Zu niemandem werde ich sprechen
es sei denn Insektenworte
oder solche gehäuteter Nattern,
Worte, die leben und lachen werden –
ob ich will oder nicht.

Der einsame Waldmensch, der von Insekten und Schlangen lebende Anachoret, spricht in Worten, die nicht ihn selbst ausdrücken. Da er sein Leben anderem Leben verdankt, da sein Körper transsubstantiierte Nahrung ist, schuldet er dem hingeopferten Leben, durch das er existiert, ein reines Zeugen-Bewußtsein, eine Zeugen-Sprache, die sich in Insekten- und Schlangenworten manifestiert. Daumals asketische Einstellung zur Sprache gewinnt hier eine neue Dimension. Nicht nur Mißtrauen gegenüber dem Logos und Verachtung der Persönlichkeit, dieses höchsten Glücks der Erdenkinder, bringt sie jetzt zum Ausdruck; ihr Nein zum Menschen leistet im Gedicht Sühne für geopfertes Leben, indem sie ihm zur Wiederauferstehung im Wort verhilft. Erst eine solche scheinbar unmenschliche, weil gegen unseren Egoismus verstoßende Sprache hat für Daumal universale Daseinsberechtigung. Als bloßes Mittel, als vom Bezeichneten wie vom Bezug getrenntes Zeichensystem allerdings leistet die Sprache diese höhere Art von Kommunikation nicht. Sie muß dichterische Sprache, »Körper der Poesie« sein, um Widerhall zu finden. Und sie muß damit rechnen, samt ihrem Menschen zu verschwinden. Im gleichen Maße, wie der Dichter Teilhabe am absoluten Selbst gewinnt, indem er sein erstes, naturgegebenes

Leben durch Askese zum Nullpunkt hin reduziert, entfaltet sich in ihm ein zweites, dessen Träger der von ihm erarbeitete Feinkörper ist. Dieses Double nährt sich gleichsam vom natürlichen Menschen und bringt ihn dabei um. Am Ende der Zeiten, der Wiedergeburten, wenn uns endgültige Auslöschung winkt, wird es sich vom Menschen befreien und im All des Absoluten aufgehen. In diesem Augenblick, der endlose Dauer sein wird, verschwindet infolge Aufhebung allen Bewußtseins der Subjekt-Objekt-Gegensatz mitsamt seinen Trugbildern von Hier und Dort, Dann und Jetzt, Ich und Du; und es geschieht jene namenlose, unbegreifliche Einheit, die unser Denken in Begriffen wie Chaos oder Nichts vorwegnimmt:

*Kurze Offenbarung von Tod und Chaos*

Du, der du dich vergaßt in diesem unsteten Grab:
mit mir selbst spreche ich, mein Double bringt mich um,
Salzsäule in der Luft, Blase im Wasser,
wenn der Himmel sich einst mit dem Ozean mischt,
kennt das Salz im Wasser ringsum keine Glieder,
kein Herz, keinen Namen weit und breit – bin das ich,
bist es du, die Blase ohne silbrige Haut,
die zurück in die Lüfte steigt?
Eine letzte Stimme, die unsre,
um alle Tränen auf einmal zu leeren,
und weder ich noch du, gib acht:
DAS OHR WIRD VOM MUND VERZEHRT WORDEN SEIN,
DIE STIMME WIRD SEHEN.

In seltsamem Kontrast zu diesen von endzeitlichem Bewußtsein durchdrungenen Gedichten des *Gegenhimmels* steht der lehrhafte Diskurs des vorangestellten poetologischen Essays *»Schlüsselbeine zu einem großen poetischen Spiel«*, der die Philosophie der Erweckung aus *Die metaphysische Intuition in der Geschichte* in die dichterische Arbeit umsetzen möchte. Offensichtlich will der Titel eine Brücke zum *Grand Jeu* schlagen, wobei zu vermuten steht, daß die »Schlüsselbeine« wie in der menschlichen Anatomie eine Verbindung zwischen Kopf und Körper herstellen, also zwischen Denken einerseits und den mehr leibhaften Lebensfunktionen andererseits vermitteln sollen. In der Tat wird von einem absoluten Idealismus ausgehend, der das Prinzip der Negation mit dem männlichen Geist gleichsetzt, mit Hilfe eines komplexen Synkretismus hinduistischer und kabbalistischer Formen die Entstehung des Gedichtes im Körper des Dichters entworfen. Entscheidend ist dabei der Punkt, wo sich das absolute Wort, das seinem Wesen nach stumm ist, durch teils psychologisch, teils platonisch gefaßte Bilder in der Kehle des Dichters kraft seines Atems artikuliert. Daumal stößt hier zwangsläufig auf die platonischen Probleme von Metexis und Parusia, ohne sie beim Namen zu nennen. Statt dessen rekurriert er mit Hilfe der in ihrer metaphysischen Funktion schon erwähnten Paramnesie auf das Wiedererinnern bei Platon und den Mythos der Ewigen Wiederkehr, der hier zum uranfänglichen kosmischen Rundtanz der indischen Mythologie umgedeutet wird: »Ich erinnere mich des uranfänglichen Rundtanzes nicht nur als der innersten, bewegendsten Erinnerung an eine unendlich weit zurückliegende Kindheit, sondern auch als eines uralten kosmischen Ritus. Dieser Rundtanz ist zugleich derjenige der Welten, und dieselbe Musik gebietet beiden. Ich habe von der Genesis des Gedichts gesprochen, ich sprach ebensogut von der Genesis dieses Universums. Ich? Welches ›ich‹? Wenn ich ein Geschöpf, ein Teil dieses Universums bin, so vollziehe ich die poetische Schöpfung der Welt nicht als solcher nach. Der totale Dichter kann nicht ›Ich‹ sagen, Er ist es.« Als Verkünder, ja als Verkörperung der universalen Tradition aller Zeiten und Völker vertritt der Dichter den Menschen überhaupt, der zwischen Schwarz und Weiß, zwischen Verderbnis und Befreiung, sein Schicksal erleidet, aber es auch aktiv gestalten kann. Angesichts dieser Aufgabe, dieser Verpflichtung vermochten die meisten Gedichte Daumals vor seinen Augen nicht zu bestehen. Ihm schwebte eine objektive, gemäß der Poetik des Sanskrit mit magischen Sprachkräften operierende Poesie vor. In einem drei Jahre vor seinem Tode geschriebnen Text *Schwarze Poesie und weiße Poesie* (1941) vergleicht er die Dichtung mit der Magie, die einen Hang zum »Untermenschlichen«, aber auch zum »Übermenschlichen« hat.

Schwarzer Dichter und weißer Dichter verfügen über dieselbe rätselhafte Berufung, die Genie oder Krankheit, Mysterium oder Wahnsinn genannt wird; aber sie machen einen höchst unterschiedlichen Gebrauch von ihr. Während der schwarze Dichter sich ihr unterwirft und sie zu seinem Prestige nutzt, während ihn Hochmut, Imagination und Trägheit gefangen halten, sucht der weiße Dichter sich von dieser seiner Natur zu befreien, indem er sie für sich und andere zur Selbstbewußtwerdung nutzt. Natürlich kann und soll von keinem Dichter behauptet werden, er sei das eine oder andere, denn alle Poesie ist eine Mischung dieser beiden Tendenzen; entscheidend bleibt jedoch für Daumal, ob sie sich gehenläßt und dem natürlichen Hang zum »Untermenschlichen« folgt oder gegen den Strom anschwimmt, um des »Lichtkeims« wenigstens ansichtig zu werden: »Jedesmal wenn die Morgenröte erscheint, ist das Mysterium voll und ganz da. Doch wenn ich einst Dichter war, so war ich sicherlich schwarzer Dichter, und wenn ich morgen Dichter sein darf, so will ich weißer Dichter sein.«

Durch Veranlagung und Konzeption vorbestimmt, nahm Daumals dichterische Entwicklung nach dem *Gegenhimmel* eine Richtung zum Gnomischen, sogar Lehrhaften, wie die längeren Prosagedichte *Die letzten Worte des Dichters* und *Der heilige Krieg* zeigen. Der von ihm eingeschlagene *trockene Pfad* setzte sich auch in der Poesie durch. Schon in einem Brief aus dem Jahre 1930 hatte er lakonisch festgestellt: »Den Wert meiner Gedichte zu beurteilen, steht mir immer weniger zu. Immer weniger setze ich auf poetische Weise um. Ich sage einfach, was ist. Für andere kommen möglicherweise Gedichte dabei heraus.« Hinter dieser sympathischen Bescheidenheit verbarg sich jedoch ein ernstes Problem, das Daumal nicht sah, vielleicht gar nicht sehen wollte: die Frage nach der Möglichkeit metaphysischer Dichtung in unserer Zeit. Mit dem Anknüpfen an Mallarmé hatte Daumal zwar divinatorische Sicherheit bewiesen, ließ dessen Aufhebung von Realität mittels Sprache sich doch zur Askese umdeuten; aber gerade diese Aufhebung des Bestehenden, seine liebende Negation, wie sie in Mallarmés Ausspruch »Die Zerstörung war meine Beatrice« zum Ausdruck kommt, verbot das einfache Sagen dessen, was ist. Wenn schon die Wahrheit des Nichts ins *nirvâna* mündete, durfte sie sich nur indirekt zeigen. Diesen schmerzlichen Verzicht auf das Absolute leistete Mallarmé durch lebenslängliche Selbstaufhebung von Sprache, bei der das Schweigen, weil unsagbar, wiederum nur indirekt hervortritt. Auch ihm wird »das verneinte Objekt zum Symbol der Negation«, doch stets *als* Sprache, nie durch expliziten Hinweis. Jedes Zeigen aufs Objekt, jede Art von Anweisung versagte er sich als eine Bewußtseinsverdoppelung, die ihn seine Identifikation mit Dichtung gekostet hätte. Daumal dagegen verwehrte umgekehrt die wachsende Einsicht in die Dialektik und Methodik der Befreiung konsequenterweise die Selbstverwirklichung als Dichter. Die durch körperliche Meditation gewonnene Bewußtheit erübrigte die Notwendigkeit, sich diese auf sprachlichem Wege zu erarbeiten. Vielleicht wäre von seinem hinduistischen Standort aus eine poetische Entwicklung analog zur Selbstbewußtwerdung mittels der Stufenleiter der *çakras* möglich gewesen; doch solche Spekulationen führen zu nichts. Ihn als gescheiterten Dichter zu bezeichnen, wäre allerdings grundfalsch. Seine Haltung zur Poesie war zwangsläufig von Haßliebe bestimmt. Einerseits sah er in ihr eines der höchsten, kaum je zu erreichenden Ziele, andererseits mißtraute er ihr als Versprachlichung dessen, was für ihn nur durch Selbstbewußtwerdung und entsprechendes Handeln zu verwirklichen war. Wie der ihm geistesverwandte Nerval lebte er eine spirituelle Poesie, die sein ganzes Dasein durchtränkte und viel zu umfassend war, als daß sie sich in Worte einsperren ließ. Gerade davon legen seine Gedichte paradoxerweise Zeugnis ab.

## *Der Berg Analog*

Im Sommer des Jahres 1939 wurde Daumal klar, daß die Tuberkulose, an der er schon jahrelang litt, seine Krankheit zum Tode war. In einem Tagebuch berichtet er, wie er, der leidenschaftliche Alpinist, zum letzten Male das Bergmassiv des Pelvoux in der Dauphiné erstieg. Auf dem Rückweg durch Gletscher und Felsspalten, auf dem Abstieg ins aussichtslose Krankenlager, kam ihm die Idee zu einem Buch, das den wirklichen Berg mit jenem geistigen zur Deckung bringen sollte, mit dessen Bezwingung er sich schon so lange Zeit abmühte: »Ich würde nicht *vom* Berg, sondern *durch* den Berg sprechen. Mit dem Berg als Sprache, würde ich von einem anderen Berg sprechen, welcher der Weg ist, der die Erde mit dem Himmel verbindet; und ich würde sprechen davon nicht aus Resignation, sondern mir zur Ermahnung. Und eingekleidet in Worte des Berges lag plötzlich meine ganze Geschichte vor mir, bis zu diesem Tag: eine Geschichte, zu der ich jetzt die Zeit brauche, sie zu erzählen, und auch die Zeit, sie zu Ende zu leben.« Auf diese Weise entstand Daumals zweiter, unvollendet gebliebener Kurzroman mit dem zunächst verwirrenden Titel *Der Berg Analog – Ein nichteuklidischer, im symbolischen Verstand authentischer Abenteuerroman.* Aus einem Brief Daumals wissen wir, daß dieses Buch ganz bewußt als Gegenstück zu *Das Große Besäufnis* geplant war. Hatte Daumal damals eine »chaotische, von Larven bewohnte Scheinwelt« beschreiben wollen, so unterzog er sich jetzt der Aufgabe, ein positives Gegenbild zu entwerfen. War die Wanderung durch die »künstlichen Paradiese« eine alptraumartige Initiation in eine falsche geistige Welt gewesen, so ging es jetzt um die Konstruktion einer zwar nicht vorhandnen, doch möglichen Welt des Wahren, Guten und Schönen. Das Negativ des Larven-Menschen sollte gewissermaßen entwickelt werden, so daß sein Positiv zum Vorschein kam. Die Schwierigkeit bestand darin, nicht didaktisch zu werden, sondern das Anliegen in eine spannende Fabel zu kleiden, wie es von Apulcius bis Novalis alle Verfasser von Initiationsromanen vor ihm getan hatten. Um die Verbindung, aber auch den Kontrast zum *Großen Besäufnis* klarzumachen, wählte Daumal wiederum eine Erzählform zwischen phantastischem Roman und science-fiction, ersetzte jedoch den Wirrwarr von Künsten und Wissenschaften, den er seinerzeit kunstvoll erzeugt hatte, um zu bedeuten, daß unser Denken und Trachten nur *mâyâ* sei, durch eine metaphysische Utopie, die sich zur Erreichung ihres Zieles szientifischer Mittel bedient.

Eines Tages erhält der Ich-Erzähler eine Leserzuschrift auf

einen Artikel, den er in einer Zeitschrift für Paläontologie über die hypothetische Existenz eines Berges geschrieben hat, den er aufgrund seiner symbolischen Eigenschaften den Analog nennt. Analog zu den heiligen Bergen der Menschheit, einem Olymp, einem Sinai oder Himalaja, die die Aufgabe hatten, Erde und Himmel miteinander zu verbinden, und diese Funktion heutzutage nicht mehr erfüllen, muß dieser Berg folgenden Bedingungen genügen: Sein Gipfel muß unzugänglich, sein Fuß hingegen zugänglich sein, denn »die Pforte zum Unsichtbaren muß sichtbar sein«; er muß irgendwo auf der Erdoberfläche existieren, und schließlich muß er der einzige seiner Art sein. Existieren aber muß er deshalb, weil das Bedürfnis des Menschen nach Transzendenz nicht ausgestorben ist, sondern nur schläft. Die Leserzuschrift stammt von einem Pierre Sogol, der ebenfalls an den Analog glaubt, ja sogar seinen Standort berechnen will. Dieser Mann ist ein Nachfolger des mysteriösen Unbekannten aus Daumals erstem Roman, eine Mischung aus Salzmann und ihm selber, wird er doch als entlaufener Mönch eines häretischen Ordens und Alpinist geschildert. Sein Name Sogol ist ein Anagramm des Wortes Logos, ein Rückling wiederum, weil er von der Manie besessen ist, die Gesetze der Vernunft zwecks Erschließung der absoluten Wahrheit umzukehren. Hier nun kombiniert Daumal esoterische und physikalisch-mathematische Denkformen zu einer metaphysischen science-fiction, wie man sie spannender nicht erfinden könnte. Vordergründig handelt der Roman von der Expedition einer kleinen Schar von Sonderlingen, die einen legendären Berg entdecken wollen; bei näherem Zusehen lassen die symbolischen Ebenen und Korrespondenzen erkennen, daß es um eine Initiation, eine Art Geistreise, um das metaphysische Abenteuer des Menschen überhaupt geht. Durch Anwendung der Einsteinschen Gesetze vom gekrümmten Raum gelingt Sogol der Nachweis, wo der Analog sich befinden muß und warum er bis zum heutigen Tage verborgen blieb. Zusammen mit ein paar anderen Idealisten aus mehreren Nationen machen sich die beiden Propheten mit der Jacht *Impossible* auf große Fahrt, die sie in die Wasserwüste des Pazifik führt. Dort nämlich, auf einer sonst unsichtbaren Insel, soll der Analog liegen. Der entscheidende Augenblick des Zugangs zum Arkanum bedarf der geistigen Vorbereitung seitens der kleinen Gemeinschaft. Schon während der Reise sind sie sich im Glauben an ihr Ziel nähergekommen, haben Selbstbewußtsein, Stolz auf Wissen, Besitz und Macht durch geduldige Arbeit verringert. Jetzt schlägt ihnen die Stunde einer anderen Welt. Tatsächlich gelangen sie auf die Insel – und sie ist bewohnt! Daumal entwirft die Utopie einer vom Durst nach Wahrheit beseelten Gemeinde, deren Oberhäupter die Bergführer sind, welche die Menschen bei der Besteigung des niemals ganz zu bezwingenden Analog geleiten. Nach einer Schilderung der geographischen, sozialen und kulturellen Inselverhältnisse in jener Mischung von Phantastik und Realismus, die Daumal schon im *Großen Besäufnis* so überzeugend vorgeführt hatte, kommt es im letzten, unvollendet gebliebenen Kapitel zum Aufstieg der Neuankömmlinge bis zum ersten Lager.

Die realistische Beschreibung des Aufstiegs zum Gipfel hätte, wie schon der Anfang zeigt, zugleich eine verschlüsselte Schilderung des praktischen Lebens im Geist ergeben, wie Daumal es unter Anleitung Salzmanns kennengelernt hatte. Darauf läßt eine Fülle von Details, Anspielungen und Einschüben schließen, und in diesem Sinne ist der Abenteuerroman »im symbolischen Verstand authentisch«. Die Geschichte von der alten Ratte zum Beispiel, die einst von einem unerfahrenen Bergsteiger getötet wurde, was eine Störung des gesamten natürlichen Gleichgewichts und schließlich einen verheerenden Bergrutsch zur Folge hatte, ist nicht nur eine – zu Daumals Zeit recht kühne – ökologische Fabel, sondern auch eine Warnung davor, sich menschlicher Schwächen und Laster gewaltsam zu entledigen, weil sonst die ganze Persönlichkeit Schaden nehmen könnte. Ein poetischer Fingerzeig darauf, was es mit der Bergbesteigung auf sich hat, findet sich in der als Episode eingefügten *»Geschichte von den Hohlmenschen und der bitteren Rose«*. Der Zauberpriester Kissé (qui sait = Geist) und seine Frau Hulé-Hulé (hyle = Materie) haben ein Zwillingspaar Ho und Mo, die sich äußerlich gleichen wie ein Ei dem andern, obwohl sie verschiednen Wesens sind: Ho verkörpert die Essenz, Mo die Persönlichkeit des Menschen (= homo).

Der Überlieferung getreu soll der älteste Sohn Nachfolger des greisen Priesters werden – aber welcher ist der ältere? Da sie beide vorzügliche Bergsteiger sind, sagt der Vater zu ihnen, er werde demjenigen, der ihm die bittere Rose bringe, das Große Wissen vererben. Nun vermag die bittere Rose der Weisheit nur derjenige zu pflücken, der weder Furcht noch Begehren kennt; vor allen andern zieht sie sich ins Felsgestein zurück. Außerdem besteht noch die Gefahr, von den Hohlmenschen eingefangen zu werden, die in hohler, wandernder Gestalt unter der Oberfläche der Welt hausen und sich von leeren Dingen ernähren. Mo macht sich sofort auf, er gewahrt auch die bittere Rose, wird aber von den Hohlmenschen, da er aus Versehen einen von ihnen tötet, eingefangen. Nun versucht es Ho, er sieht Mo als Hohlform unterm Eis, tötet ihn noch einmal mit einem Beilhieb, schlüpft in seine Gestalt und kehrt als Moho zurück. Erst nachdem die Essenz die Persönlichkeit abgetötet hat, wodurch der Homo sapiens zum »umgekehrten Menschen« wird, von dem Daumal sprach, wird ihm die Weisheit zuteil. Und wirklich gelingt es Moho, der brüderlich Leben und Tod in sich vereint, die bittere Rose zu pflücken. Auf andere Art kommt diese Einsicht in der Parabel von Kugel und Tetraeder zum Ausdruck, einem der kosmischen Mythen, die ein Bergsteiger den Ankömmlingen erzählt. Als einziges Wesen, heißt es da, erhielt der Mensch ein Licht, aber er wollte es zu seinem Vorteil gebrauchen, und so wurde er durch das Eine verjagt. Er zerstreute sich und bevölkerte die ganze Erde im Verlangen nach Macht und Genuß, die sein Licht ihm verschaffte; aber »manchmal unterwirft sich ein Mensch in seinem Herzen, unterwirft das Sichtbare dem, was sieht, und versucht, zum Ursprung zurückzukehren. Er sucht, er findet, und er kehrt zurück zum Ursprung.«

Zurück zum Ursprung, zurück zu dem Punkt, wo Idee und Realität menschlicher Vollkommenheit eins waren – dies ist das Ziel der Bergbesteigung, die niemals ganz, immer nur in Stückchen gelingt. Aber was zählt, ist der Anfang, der praktische Beginn, der alle Theorien über Möglichkeit oder Unmöglichkeit des Gelingens überflüssig macht. Er erübrigt auch die dichterische Beschreibung. Zu denjenigen, die sich vor Auslaufen der

Jacht vor dem Unbekannten gedrückt haben, gehört bei Daumal auch der Dichter, der statt aktiver Teilnahme die bergsteigenden Gefährten mit Wegliedern erquicken will. Als ob Bergsteiger ihren Atem nicht für den Aufstieg brauchten, als ob sie ihn auf ästhetische Weise vergeuden könnten! Und trotzdem gelangen sie, wie die Gestalten Daumals, vielleicht nur bis zum ersten Lager. Denn hier unterbrach der Tod die Niederschrift. Am 21. Mai 1944 starb René Daumal im Alter von sechsunddreißig Jahren in Paris. War es ein symbolischer Zufall, daß dieses Buch unvollendet blieb? Ein Zufall im Sinne jener von fernher gelenkten Notwendigkeit, von der Schopenhauer spricht? Wie er sich den Schluß des *Analog* vorstellte, hat Daumal allen Weggefährten als Verpflichtung zur Solidarität hinterlassen: »Um zu seinem Gipfel zu gelangen, muß man von Zuflucht zu Zuflucht gehen. Aber bevor man eine dieser Zufluchten verläßt, hat man die Pflicht, diejenigen, die den Platz nach einem beziehen werden, entsprechend vorzubereiten. Erst wenn man das getan hat, darf man höhersteigen. Deshalb haben wir, bevor wir uns zu einer neuen Zuflucht aufmachten, allemal erst wieder hinabsteigen müssen, um die inzwischen erworbenen Erfahrungen anderen Suchern mitzuteilen . . .«

# ›Drama‹

## Philippe Sollers und der konkrete Roman

Eigentlich wahr von allen Geschichten ist nur die eine, die es wirklich gibt; jeder schreibt sie, indem er lebt, durch all sein Tun und Lassen; sie ist der konkrete Roman. Der Mensch, das luzide Tier, haust in einer Geschichte, die er fortwährend selbst erzeugt; doch er wird auch von ihr gelebt, ist ihr zwangsläufiges Erzeugnis. Während er, von innen gleichsam und wie jene Schrift, die auf der Filmleinwand von selbst sich schreibt, seinen bewundernswerten oder banalen Text entwirft (wer schreibt, wer ›spurt‹ auf dieser weißen Seite, die man Hintergrund des Lebens nennen könnte?), spiegelt er ihn, von außen sozusagen, in seinem Denken wider. Hier beginnt das Paradox und mit ihm das Drama; denn der Mensch ist zugleich innen wie außen, und auf jeder dieser beiden Positionen befindet er sich *gegenüber*. Wem? Sich selbst? Sich selbst als dem anderen? Ewige Schizophrenie des Ausdrucks, ewiges Verdammtsein zum Voyeur. Von der Außen-Position her und gleichnishaft betrachtet, wird das Ich zum Schauspieler oder zur Figur einer Bildtafel; von der Innen-Position her ›der andere‹ (haben die Philosophen ihn früher nicht metaphysisches Subjekt geheißen, die Romanciers wohlweislich dessen Stellung personell unbesetzt gehalten?) zum unpersönlichen Er, der einem Pronomen zum Verwechseln ähnlich sieht.

Nun beginnt die Geschichte, die eigentlich wahre, mit dem augenblicklichen Entschluß, dem Leben keinen Sinn mehr zu erfinden (nicht mehr Regie von irgendeinem Stuhl aus zu führen), sondern die Kongruenz von Ich und Er, des Bewußtseins im Fleisch mit dem Bewußtsein in der Sprache, zu leisten. Dieser Entschluß begreift sich keineswegs als willkürlicher; er pocht auf die gebieterische Tatsache, *daß es Bewußtsein gibt*; er verpflichtet sich diesem Blitz, der ein unvorstellbares Tiersein zur Klarsicht des Menschengeschlechts begabte. Mit einem Wort: er ist ebenso konstitutionell wie konstitutiv. Im Namen der Gattung sprechen heißt für ihn, den Menschen als sprachbildenden Organismus verwirklichen. Nicht *von*, nicht *über*, ganz einfach nur *sprechen*.

Denn die eigentliche Geschichte meint nicht; sie lebt. Ihre Wahrheit ist eine syntaktische, insofern sie unmittelbar aus ihrem eignen Baugesetz folgt, das seinerseits immer von neuem zu verabschieden bleibt. Indem Ich und Er als streng geschiedene Positionen zur Deckung gelangen wollen, entfaltet sich das unmögliche Spiel, Drama und Schachpartie in einem. Die Dialektik von Fleisch und Sprache wird nämlich nur dadurch und in dem Maße erlitten, als sie Zug um Zug zielstrebig betrieben wird. Die Geschichte kann Geschichte nur als Drama sein, und das Drama wird als Schach gespielt. Da sich beide in der idealen Gegenwart des Bewußtseins, im ›Plusquam-präsens‹, zutragen, das erst durch den Akt des Schreibens Ereignis wird, stellt sich das Ganze etwa so dar: die Geschichte erscheint als Projektion des gespaltenen Bewußtseins, verwandelt sich dort in das Drama von Ich und Er, das als Schachspiel getätigt und Zug für Zug notiert wird. Ihre Schauplätze sind der Projektionsschirm, die Bühne der Realität, die Bildtafel als Momentaufnahme des szenischen Geschehens sowie das sprachliche Bild als beispielsweise Repräsentation verschiedener Seinszustände, das Schachbrett und die weiße Seite. Alle diese Schauplätze wechseln nicht nur miteinander ab, sondern werden auch übereinander kopiert, wobei Abfolge und Überlagerung gedanklichen oder psychischen oder tatsächlichen Handlungsverläufen entsprechen, wenn sie nacheinander oder gleichzeitig von verschiedenen Standorten aus beobachtet werden. Auf der Ebene der dramatis personae können die Akteure faktisch oder lediglich in der Vorstellung einander doubeln bzw. die Gangarten der Schachfiguren bis zu einem gewissen Grade durcheinander ersetzt werden bzw. die auf der Bildtafel in Momentaufnahme Erstarrten einander vertreten – was auch dadurch zum Ausdruck kommen kann, daß die Worte oder Wortarten, die sie alle abbilden, im Satz verschiedene Funktionen auszuüben vermögen. In der Sprache ergibt dies ein an- und abschwellendes Parlando, das vom isolierten Ausdruck über den organisierten Satz bis zum emotional gesteuerten Prosodiezerfall reicht. Die Sprachlogik wird bis zum gezielten Un-Sinn (Tautologie, Ellipse) bemüht, weil sich die Sachverhalte ineinander spiegeln und, in die Linearität allen Sagens projiziert, Unter-,

Innen- und Übersätze erzeugen, die den ostinaten Hauptsatz polyphon umspielen. Folgerichtig können, teils aus anekdotischen Belangen, teils aus erkenntnistheoretischen Zwecken, Texte des sechzehnten Jahrhunderts mit ihrer scheinbar primitiven, jedoch höchst subtilen Grammatik in die eigene Sprache eingebaut werden, was unter anderem ein Hinweis darauf sein mag, daß die vorklassische Sprachlogik unsrer heutigen Bewußtseinslage besser zu entsprechen vermag.

Wichtiger, weil für den Textablauf durchgehende Ordnung stiftend, ist ein regelmäßiges Umspringen der Perspektive, das nicht bloß den Wechsel vom Ich zum Er gewährleistet, sondern durch einen – allerdings konsequenten – Kunstgriff dem Ich noch eine andere, menschliche Alternative eröffnet als die Selbstbespiegelung. Das Ich kann nicht neutral sein, es ist männlich oder weiblich; seit allem Ursprung stehen die beiden getrennten Hälften der Menschenfrucht miteinander im Dialog. Dialogisch aber ist auch die Beziehung von Gemeinsamkeit und Einsamkeit. Drama also auch hier, auf zwei Ebenen mit verteilten Rollen gespielt und daher höchst dialektisch: liebende Gegnerschaft, Partnerschaft in der Einsamkeit. Im Text lösen zu diesem Zweck zwei stets etwa gleichlange Passagen einander fortwährend ab. Die eine ist jeweils dem Bereich des Er vorbehalten, der Zone unauflösbarer, ja unpersönlicher Einsamkeit; in der andren gerät das Ich in Form von Briefen (dies der echte Kunstgriff, denn der Brief meint Nähe aus der Ferne, erzeugt durchs Schreiben) in einen unaufhörlichen Dialog mit dem Du, das nichts andres ist als das weibliche Ich auf *seiner* Seite der Einsamkeit.

In der Sprachführung bewirkt die zwiefache, im eigentlichen Wortverstand zwiespältige dialektische Spannung zwischen Ich und Er und Ich und Du eine bemerkenswerte Polarisation der semantischen Spracheigenschaften. Das alte Schema der chinesischen Grammatik heranziehend, das einen Unterschied trifft zwischen sogenannten ›vollen‹, das heißt Materielles bezeichnenden Worten und sogenannten ›leeren‹, die grammatische Partikel oder logische Begriffe bedeuten, könnte man sagen, die Sprache der eigentlich wahren Geschichte verdingliche sich einerseits zu Kuben und verflüchtige sich andrerseits in pure Abstraktion. In der Tat wird die Außenwelt auf unüberbietbare, undurchdringliche Kürze und Dichte reduziert, während sich das Innen des Geistes und der Seele zur ätherischen Ungreifbarkeit und, was mehr sagen will, Unverständlichkeit ausdehnt. Dort die Welt der einfachen Gegenstände, der reinen Farben, der anspruchslosesten Handlungen; hier der klare Nebel bloßer Relationen, sich selbst aufhebender Bilder und erbitterter Widersprüche. Nutzlos, darüber zu rechten: dies gehört zur Konzeption; und im übrigen verdankt diese Prosa ihre eigentümliche Sinnlichkeit ebendieser Divergenz. Am eindrucksvollsten beweist sie sich dort, wo die Pole sich paaren und, wenn man einen Vergleich aus der Malerei heranziehen darf, wahrhaft manieristische Bildtafeln zeugen. An ihnen läßt sich, wie an phantastischen Thermometern, das Klima der Geschichte ablesen oder vielmehr: in ihnen gerinnt die Geschichte zur Chiffre.

Hat nun die Geschichte Inhalt, kennt sie Handlung, Schürzung des Knotens und endliche Lösbarkeit in der Zeit? Nichts von alledem kann ihr zwangsläufig eignen; wohl aber lebt sie aus Motiven, und sogar ein Ereignis geistert durch sie. Bezeichnenderweise ist es ein Unfall. Doch wäre es müßig, über eine mögliche Hinterbedeutung zu philosophieren angesichts einer Geschichte, die sich unmöglich macht, um zu guter Letzt in sich selber zu münden. Ohne Zweifel verschlingt dieser Roman sich selbst. Und ohne Zweifel tut er es – voll Trauer, Anmaßung, Bescheidenheit und Lust – mit dem besten Gewissen; denn indem er, der sich das Leben restlos einverleibt hat, Selbstmord begeht, gründet er von neuem das Leben, das nun, aus ihm, dem unmöglichen Roman hervorgegangen, nichts andres ist als die eigentlich wahre Geschichte.

Eine kunstmörderische, lebenspendende Dialektik, ein Drama, das diesen Roman mit dem eigensinnigen Titel auf einem bestimmten historischen Ort ansiedelt. Wer zu lesen versteht, findet reiche Spuren. Da ist der Kampf mit dem Zufall, den einst Mallarmés Igitur geführt, da ist der Mythos der weißen Seite aus dem *Coup de Dés* und vor allem die dialektische Umdeutung der Vorstellung, die Welt sei dazu da, um in ein schönes Buch zu münden. Diese Spur führt über Einsamkeit und Schweigen, über das Widerspiel von Warten und Vergessen und die ins Absolute gerückte Er-Sie-Problematik zu Blanchot, der ja unter anderem aus der Auseinandersetzung mit Mallarmé seine Theorie der im Sprachkunstwerk immanenten Transzendenz entwickelt hat. Einer solchen Linie entspricht folgerichtig die Tendenz zu immer größerer Durchsichtigkeit der Sprache, zum Ausscheiden aller Wirklichkeitselemente, zum Kult der sich selbst widersprechenden Raffinesse im Geistigen, die stolz und verzweifelt erlitten wird. Auf der anderen Seite gibt es da die schmerzliche Erfahrung Antonin Artauds, wie sie etwa in der *Nervenwaage* oder im *Theater und sein Double* niedergelegt ist. Dorther stammen die Vorstellungen einer ›Poesie im Raum‹, der Versuch, viel mehr von der *Notwendigkeit* des Wortes auszugehen als vom bereits gebildeten Wort, die Auffassung des Sprachbildes als eines Schattens, der die Wirklichkeit doubelt, vor allem aber das Leiden daran, daß die Eigentlichkeit des Lebens durch die Sprache verfälscht wird. Diesen Erfahrungen verdankt die Sprache ihre Heftigkeit, ihren nervösen Glanz, ihre Irrealität, das Absinken ins Desartikulierte, um zu bedeuten, daß jedwede Beschreibung uneigentlich sei.

Entsprechen die Spuren Mallarmé–Blanchot einerseits und Artaud andrerseits sich sozusagen spiegelverkehrt, stellen sie das poetische Martyrium von zwei entgegengesetzten Seiten her mit den Konsequenzen höchster Bewußtheit und sprachlosen Wahnsinns ins Licht, so gibt es noch eine andere Spur, die solcher Gefährdung entgegenwirkt. Sie ist verbunden mit dem Namen Francis Ponge. Die Auffassung der Realität als einer Sprache, das Festhalten an der Materialität, an der Dichte und Kompaktheit der Dinge, das sich in einer unverblümten, höchst einfachen Sprache niederschlägt, die Heranziehung der Objektwelt als einer Verkörperung innerer Zustände, gelegentliche Biologismen und Entlehnungen von Denkmodellen, vor allem aber der Grundsatz von der *non-signification* der Welt, von ihrer Freiheit von jeglicher Bedeutung – dies alles geht fraglos auf Ponge zurück.

Eine solche Tradition mag auf den ersten Blick in zweifacher Hinsicht befremdend wirken; einmal, weil sie so wenig unmittelbar mit dem Roman zu tun hat, und zum andern infolge ihrer Zwiespältigkeit. Nun ist aber Philippe Sollers – und es soll gleich erläutert werden, warum der Name des Autors gerade hier und erst so spät fällt – einer der jüngsten Vertreter des Nouveau Roman; er gehört bereits zu dessen zweiter Generation. Robbe-Grillet, sein ehemaliger Protektor und neuerdings sein bevorzugtes Angriffsziel, war für ihn nur ein Durchgang. Schon in seinem letzten Roman *Der Park* macht sich eine lyrische Reflektion bemerkbar, die – so ephemer und fragmentarisch der Mensch im Nouveau Roman sowieso schon sein mag – die Figuren zu Silhouetten reduziert und die Gedanken- und Dingwelt hervorhebt. Diese verdeckten Tendenzen sind nun zutage getreten mit einer Klarheit, mit einer Schärfe, denen man allen Respekt zollen muß, zeigen sie doch, daß Sollers die Möglichkeiten und Konsequenzen des Nouveau Roman durchdacht hat wie kein andrer. Er hat begriffen, wohin die Entfernung des Romanhelden, ob er nun von einem fiktiven oder textimmanenten Standort aus gesteuert wird, führen muß. Die Abwesenheit dieser Puppe wird von ihm durch deren lebendigen Stellvertreter, den Menschen, ersetzt und der Roman durch den Lebensentwurf, durch eine nicht formal zu definierende Gestaltung zwischen Tagebuch, Brief und Selbstreflexion. Die Anonymität, die hierbei paradoxerweise eintritt, ist nun aber keine solche äußerer Umstände; sie folgt aus der zumindest zeitweiligen Aufhebung der Personalität, ja der Individualität. Zu diesem Zweck greift Sollers auf jene vor ihm getätigten Erfahrungen über die poetische Natur des Menschen zurück, denen, so verschieden sie sein mögen, doch ein Wesentliches gemeinsam eignet: der Versuch, die *poiesis* jenseits jener ideellen Verdinglichung, als welche der Mensch durch die Deklarierung zur *res per se una* lebte, ins Werk zu setzen und auf ihr den Menschen zu gründen. Nicht als Fertiges, sondern als Zu-Verfertigendes. Denn wenn Poesie soviel wie Machen heißt, setzt sie die Zeugung fort und mit ihr deren Anonymität. Alles Schreiben aber wird namenlos poetisch sein müssen, soll es Bestand erlangen.

Erst hier sollte daher der Urheber eines so kühnen Vorhabens genannt werden; sein Name sollte nur sichtbar werden, um wieder zu verschwinden in die Anonymität seiner eigentlich wahren Geschichte. Wenn aber auch der Name verschwindet, wenn mit ihm die Person zurücktritt ins Dunkel, so bleibt doch die Stimme, die spricht, bleibt doch das laute Gerücht, das vom *wesen* handelt.

# III

# Reduktion

## Zur Dialektik der konkreten Poesie

Zwischen konstellatorischen Anfängen, die unwiederholbar sind, und dem fraglichen Übergang zu Großformen behauptet die konkrete Poesie eine Stellung, die um so schwieriger wirkt, als Ansätze oder Alternativen zum Engagement gleichermaßen von neuen Entwicklungen unterhöhlt werden. Im Widerspruch zu ihrer Problemlage hat die Bewegung den Höhepunkt öffentlicher Geltung erlangt: Die Medien stehen ihr offen, Anthologien und gesammelte Werke erscheinen, sie hat Eingang ins Lehrbuch gefunden, die Sekundärliteratur steigt. Allerdings führt die Ausweitung im Produktiven wie Reproduktiven zu einer Verunklärung des Standortes; denn um die Pioniere gruppiert sich eine Schule, die dokumentarisch-engagierte Spielarten entwickelt oder die konkreten Sprachverfahren mit herkömmlichen Schreibweisen verbindet. Umgekehrt zur Ausuferung widerfahren der konkreten Poesie in wachsendem Maße Anleihen von außen; auf engagierter wie literarischer Seite wird sie ohne Rücksicht auf ihre Grundlagen genutzt. Beide Tendenzen entsprechen einander um so folgerichtiger, als Reinkulturen derzeit geringe Überlebenschancen haben und sich vermischen. Einst gegensätzliche Positionen durch Austausch von Verfahren gegen Ideologie zu retten, gelingt jedoch nur durch gemeinsame Verdrängung eines Grundes, der sich in zunehmender Frustration meldet. Beim Versuch einer Rechenschaft stellt sich der konkreten Poesie die Frage, welche erweiterte Bedeutung ihren bislang rein logisch-linguistisch aufgefaßten Sprachverfahren zukommt und ob Ausuferung bzw. Entlehnung nicht erste Schritte zur Reintegration darstellen, insofern sie ihre eigenen geschichtlichen Entstehungsgründe verkürzt und im umgekehrten Richtungssinn wiederholen. Denn im Verlauf reduzierenden Denkens, der Ersetzung von Substanz durch Funktionalität, wie sie in Philosophie, Wissenschaft und Literatur sich vollzieht, kommt es zu periodisch fälliger Vakuumbildung, sobald das Bewußtsein zur Tautologie gerät; im Umschlag saugt die Bedeutungsleere dann unter- wie überbewußte Ströme ein, die auf neuer Stufe surrationale Verbindungen herstellen, um die Gefahr eines Stillstands zu beheben. Verdrängt das wissenschaftliche Selbstverständnis der konkreten Poesie auch diese Möglichkeit, enthält es sie doch untergründig; nicht umsonst findet sie ihren Gegenpol in jenen geistigen Formen, die auf irrationale Weise die konkrete Macht der Sprache genutzt haben: in Zaubersprüchen, Mantras, kabbalistischen und alchemistischen Formeln, überhaupt aller Sprachmagie, die sich über Manierismus, Symbolismus und gewisse Dadaformen bis hin zu ihr säkularisiert hat. Die im engeren Wortsinn konkrete Poesie ist selbst ein Teil dieses Vorgangs, indem sie mit seiner Selbstbewußtwerdung zugleich seine Reindarstellung innerhalb unsrer geschichtlichen Sprachschicht leistet. Folgerichtig daher ihre Ausklammerung jeglicher Psychologie zugunsten einer ästhetischen Reproduktion von Logik und Linguistik, in der nicht nur zwangsläufige Frontstellung gegenüber vorwiegend irrationalen Auffassungen von Poesie wie Expressionismus und Surrealismus zum Ausdruck kommt; der objektive Grund liegt darin, daß die Tiefenpsychologie wissenschaftstheoretisch hinter Logik und Linguistik herhinkt und nur in Ansätzen zu Grundlagenkritik und Formalisierung ihrer Denkformen gelangt ist, wodurch der konkreten Poesie von vornherein die Möglichkeit einer Einarbeitung genommen ist. Zwei Gefahrenmomente belegen es. Zum einen wird der Übergang zu Großformen behindert, wie Franz Mon und Helmut Heißenbüttel sie versucht haben. Ihre Beispiele zeigen, daß es mit einer kombinatorischen Wucherung des Systems nach allen Seiten, mit einer flächigen Bewegung unter Einbezug von gesellschaftlicher Wirklichkeit in Zitatform nicht getan ist, daß es vielmehr auf Überführung in eine qualitativ neue Sprachdimension durch Einschluß innerer Zeit ankäme, was der konkreten Poesie ohne eine strukturale Psychologie unmöglich sein dürfte. Zum andern führt mangelndes Durchdenken der eignen, wenn auch verschütteten historischen Abkunft zur Verkennung anthropologischer Möglichkeiten, die zweifellos in konkreter Poesie ruhen. Erst eine wechselseitige Vermittlung von esoterischer und funktionalistischer Sprachauffassung könnte den logisch-linguistischen

Sprachverfahren wie Reduktion, Kombination, Metonymie, Variation u. a. aus ihrer geistigen Verfügbarkeit zu seelisch-körperlicher Wirksamkeit verhelfen; ihre konkrete Poesie bleibt beliebig, solange ihre Technik den Impuls verdrängt, aus dem sie sich durch Ausklammerung verselbständigt hat. So sehr diese Distanzierung vom Impuls auf die Überwindung beschreibender Psychologie abzielt, so sehr steht in Frage, ob seine Gängelung in projektierter Sprache sie leistet. Allein schon die ausgrenzende Haltung gegenüber seelischer Wirklichkeit weist darauf hin, daß eher ein Hohlraum als ein Freiraum entstanden ist, daß die Grenzen der Sprache in schützendem Mißverständnis die Grenzen der Welt *sind*, statt sie zu *bedeuten*. Entschärft werden kann der herrenlose Impuls, der als Sprache des Unbewußten überlebt, zwar als sprachliche Projektion; doch solche Versprachlichung führt, wie alle rationale Meditation, nur bis zu jener Paradoxie, in welcher der ausgeschlossene Ursprung sich meldet. Ebendies zeigt die beispielhafte Konstellation Eugen Gomringers:

das schwarze geheimnis
ist                              hier
hier                              ist
das schwarze geheimnis

Die symmetrische Überkreuzstellung zweier syntaktisch entsprechender Sätze, die in der Aussage identisch sind, gelangt im Viereck aus umrandender Schrift und leerer Mitte zu bildlichem Ausdruck; dem tautologischen Chiasmus antwortet die ideogrammatische Struktur. Wird die Figur zugleich gesehen und gelesen, also ideogrammatisch erfaßt, spiegelt sich auf graphischer Ebene, was sprachlich geschieht: Der Umkehrung des Aussagesatzes entspricht das Umspringen der schwarzen Schrift ins weiße Zentrum. Die ganze Konstellation ist ein umgestülptes Modell jeder beschriebenen bzw. bedruckten Seite, die ja aus schwarzer Mitte und weißen Rändern besteht. Die Zusammenschau von optischer und sprachlicher Form zeigt, daß Sprechen und Schweigen gleichsam durch Umstülpung in einer imaginären Dimension zur Deckung gelangen und Schwarz dann schweigen, Weiß sprechend werden kann. Vermittlung finden beide in der Schrift, die sowohl schweigende Sprache wie sprechendes Schweigen ist und diese Ambivalenz durch das Wechselspiel von Grund und Form zum Ausdruck bringt, falls sie konkret gelesen, d. h. beim Lesen *gesehen* wird. Umgekehrt ist es dann möglich, den weißen Grund zu *lesen*, statt ihn zu übersehen. Aus ihrer Funktion gelöst, Stellvertreter der Sprache bzw. Träger der Schrift zu sein, zeigen Schrift und Grund, was sie »an sich« sind; ihre konkrete Realität erweist sich als Transzendenz der Mittel. So schlägt Reduktion ins Numinose um.

Diese Dialektik hat denknotwendige Verwandtschaft mit derjenigen Wittgensteins am Ende des *Tractatus Logico-Philosophicus*: »Es gibt allerdings Unaussprechliches. Dies *zeigt* sich, es ist das Mystische.« Die aus Verantwortung vor rationaler Erkenntnis im undefinierbaren Bereich zum Schweigen gebrachte Sprache zeigt sich in ihm als Unaussprechliches, das nicht zur Antwort auf eine Frage werden kann, die sich stellen ließe. Auf der symbolischen Ebene der bedruckten Seite mit weißen Rändern müßte die Aussage »das schwarze geheimnis ist hier« die unaussprechliche Ergänzung »die weiße offenbarung ist dort« finden; allerdings könnte nicht gesagt werden, worin sie bestünde, sie würde sich schweigend zeigen, als Grund. Immerhin erfordern Schrift und Grund, Sprache und Schweigen sich wechselseitig, was eine informationstheoretische Überlegung klarmacht. Wäre Sprache als Medium überhaupt nicht von Schweigen durchsetzt, würde sie sich zu vollkommenem »Rauschen« verdichten, wodurch totaler Informationsverlust einträte; damit Sprache sich nicht selbst zum »Rauschen« wird, bedarf sie des Schweigens als Redundanz. Auf philosophische Ebene übertragen: Logik und Mystik schließen sich zwar aus, aber gerade dadurch bedingen sie einander, wie im Kreis aus zwei Fischblasen, der in der chinesischen Philosophie Yin und Yang darstellt, ein schwarzer Punkt im weißen und ein weißer Punkt im schwarzen Teil der Figur die virtuelle Anwesenheit beider Prinzipien ineinander symbolisiert. Nicht umsonst erinnert Wittgensteins Methode indirekten Philosophierens an indische und zen-buddhistische Verfahren; nicht umsonst verweist Gomringers Konstellation aufgrund ihres ideogrammatischen Baus und ihrer alogischen Aussage in gleiche Richtung. In der radikalen Reduktion erinnert sich das Denken seiner Herkunft aus dem Universalen. Weil die tautologische Wahrheit des Identitätssatzes nichts sagt als sich selbst, zeigt sich mystische All-Einheit in dem Satz »alles ist eins« und seiner Umkehrung »eins ist alles«. Solche Kongruenz von All- und Existenzaussage ist alogisch; alogisch ist aber auch der Satz »das schwarze geheimnis ist hier«. Ihm bloße Unsinnigkeit vorzuwerfen, hieße seine semantische Paradoxie verkennen. Um konkret zu werden, darf Schrift-Sprache nur sich selbst vorzeigen; da sie aber, solange Konstanten in ihr enthalten sind statt Variable, stets etwas anderes sagt als sich selbst, wird das Dilemma nur durch ein neues lösbar: indem ihre Information auf sie selbst als Medium bezogen wird. Diese Rückkoppelung in Form des Russellschen Paradoxes kann Poesie mit logischen Mitteln nicht darstellen; will sie das Paradox konkret machen, muß sie die paralogische Metapher bemühen. Auf sich selbst angewendet, wird Schrift-Sprache sich selbst zum schwarzen Geheimnis: nichtssagend zeigt sie sich. Als gestische Metapher, die sie nun ist, verkörpert sie den stummen Ursprung schwarz auf weiß.

Rückkoppelung von Sprache zwecks Konkretion ihrer Geltung liegt schon im Identitätssatz; die logische Bewegung entfaltet sich als operative Variation ihres Ursprungs. Noch einmal vollzieht sie die Genesis, im Bereich der Funktion. Der ins Synchrone übersetzte Ursprung vermittelt sich durch die Allegorie der Sprachstruktur, so in folgender Konstellation Gerhard Rühms:

die nacht
und die tochter der nacht
und die tochter der tochter der nacht
und die tochter der tochter der tochter der nacht

der tag
und der sohn des tages
und der sohn des sohnes des tages
und der sohn des sohnes des sohnes des tages

der sohn

und
die tochter

und alle ihre verwandten alle verwandten

sie blicken auf das geschwisterpaar

sie blicken auf den sohn und die tochter
des sohnes und der tochter
des sohnes und der tochter

und es wird tag
und es wird nacht

Im Zeichen der Konjunktion vermehrt sich die grammatische Allegorie des Ursprungs durch fortlaufende Genitivmetaphorik zur Wortfamilie; das Modell reiht, wiederholt und kombiniert gleiche Einheiten. Da sich der Informationsgehalt umgekehrt zur Wahrscheinlichkeit ändert, die Bedeutung einer Einheit demnach um so geringer ist, je größer ihre Voraussagbarkeit wird, tendiert die ästhetische Wirkung gegen Null, d. h., das Gebilde wird um so banaler, je länger es währt. Dieser Effekt kann sich unter der Voraussetzung, daß ein solches Modell lang genug ist, derart steigern, daß beim Sprecher völlige Sinnentleerung in konkretes Sprachbewußtsein umschlägt. Dieser Punkt ist erreichbar, doch nicht zu halten. Je mehr die semantische Tiefe abnimmt, desto größer wird zwar die phonetische Oberfläche, doch genau in dem Augenblick, wo sie ausschließlich wird, wo der Kehlkopf zu denken scheint, springt das mechanische Memorieren in Wiedererkennen um, bekommen Wort und Sequenz wieder Sinn. Wie bei konkretem Lesen führt bei konkretem Sprechen das Überschreiten des Gebrauchs während des Gebrauchs zu einer neuen Realität; durch Wegfall des Bezugs bei anhaltender Funktion entsteht so etwas wie surrationales Bewußtsein, eine äußerst reduzierte Erfahrung jenes Überbewußtseins, das gewisse religiöse Sprachübungen des Orients zum Ziele haben. Ein Beispiel gibt die Mândûkya-Upanishad des Atharva-Veda. Dort wird die Brahman-Silbe *om* in die symbolischen Laute a – u – m zerlegt, denen ein tonloses Ausklingen, das sogenannte *amâtra*, folgt. Nach Deussen meint es »mit Bewußtsein vollbrachte Auslöschung der Weltausbreitung«, was als Sprachverfahren begriffen soviel wie Aufhebung von Bedeutung hieße. Überhaupt vollzieht das Memorieren von Mantras die Aufhebung des Ontischen durchs Prozessuale, worin man eine Parallele zur fortschreitenden Umwandlung von Substanz in Funktionalität durch rationales Denken erblicken kann, mit der gewichtigen Einschränkung, daß Leere als Freiheit vom Sein dort und Leere durch Verfügbarkeit hier nicht dasselbe sind, weil letztere die psychische Besetzung des Seins herrenlos macht, statt sie aufzuheben. Trotzdem ist ihnen Machbarkeit gemeinsam und der entscheidende Unterschied einer der Tendenz, kein struktureller. Beide Aspekte verbindet konkrete Poesie, weil nicht mehr ästhetisch zu gebrauchen und ebensowenig als transzendierende Sprachübung, im Mittelweg *nach*übenden Memorierens, das in der Welt als Text festhalten soll, wie Heißenbüttel in der Selbstinterpretation seines *Gedichts über die Übung zu sterben* sagt: »Dies nachübende Memorieren bewährt sich nicht an der Stille und im Abseits, sondern mittendrin, zwischen den Ansprüchen, in der Wendung von einem zum andern. Übung wie Text, indifferent zäsiert, führen nicht in eine Stellung, die dem, was benannt wird, gegenüberliegt, sondern mitten in ihm drin ist, und nur durch die Übung des Memorierens erkennbar.«

Indifferent zäsiert, das heißt unstetig im Ablauf, keiner Regel unterworfen, die durch Wiederholung des immer Gleichen einen akkumulativ sinnentleerenden Effekt haben und vom Benannten in einer überschreitenden Bewegung entfernen würde. Zwar verlagert Nachüben den Akzent von der Signifikanz auf die autokommunikative Rückwirkung, doch ist das Ergebnis nicht Leere sondern halluzinatorischer Art, weil die mittels synthetischer Sprachverfahren erzeugte Textwelt unmotiviert widerspiegelt, was sie verdrängt hat. Zwischen meditativem und ästhetischem Bezug, allerdings beide Male in ausgrenzendem, wird die Textwelt zum Symptom der Entfremdung; ihre zwanghafte Wucherung von der Konstellation zur Großform verrät, daß sie weder ihre formelle Annäherung an Spiritualität behaupten noch zu literarischer Fiktion zurückfinden kann. Entfremdung meint hier psychische Distanz zur Sprache infolge Bewußtmachung ihrer Struktur, Handhaben ihrer generativen Mechanismen ohne Besetzung der Denk- und Sprechakte, wodurch deren Meinungsprodukte veräußert statt verinnerlicht werden. Durch seelischen Entzug verdinglicht sich Sprache, daher ihre Faszination als scheinbar objektive und die bloß halluzinatorische Teilhabe an ihr. Schreibender wie Nachübender befinden sich in einer unauflösbaren Vervielfachung der Welt, einer sprachlichen Wiederkehr der Besetzung, die als verselbständigte Aura von Bedeutung reflektiert wird. Durch fortwährende Verschränkung der in lexikalische Verfügbarkeit entlassenen Wortbezüge bei gleichzeitiger Vermehrung ins potentiell Unendliche tritt eine Art Warhol-Effekt ein, die Bedeutung löst sich allmählich vom Gegenständlichen ab und erlangt Dichte und Leere zugleich. Diese Bewegung entfaltet sich in einem überlappenden, mehrdeutigen Satzbau von anakoluthischem Verbund; kombinatorische Folgen setzen ein, brechen ab, tauchen leitmotivisch irgendwo wieder auf und zersplittern, wobei ihre Glieder sich mit denen anderer Verläufe zu neuen Reihen oder Verknotungen ordnen. Wachsender Verstrickung in die Textwelt, im Selbstverständnis hieße es Engagement für sie, kommt überall dort, wo Sprache subjektiv zu werden droht, also auf kommunikativer Ebene, eine Tendenz zur Neutralisierung möglicher Impulse entgegen. So verweisen einmontierte Gesprächs- oder Monologfetzen in Form von Zitaten und Sprachhülsen auf intersubjektive Denkvorgänge, deren Inhalte jedoch ausgespart werden. Wenn den konkreten Dichter, wie Gomringer sagt, die Sprache mehr interessiert als der Redefluß, so folgerichtig ihre funktionalen Abläufe mehr als deren mögliche Aussagen. Um diese auszuschalten, gäbe es nur einen konsequenten Weg, die Wiedergabe der Grammatik. Nun verfährt aber auch die Grammatik beispielhaft, sie zitiert Formen, um das Funktionieren einzelner Klassen oder Mengen zu belegen, die sie zuvor nach den Gesetzmäßigkeiten ebendieses Funktionierens gesondert hat: die Grammatik ist ein tautologisches Zitat des Sprachgebrauchs oder, umgekehrt, in der Grammatik zitiert der Sprachgebrauch sich selbst. Soll Sprache beim Sprechen gezeigt werden, muß die konkrete Poesie den Sprachgebrauch während der Verwendung zitieren; das Gesprochene muß aufzeigen, wie es funktioniert, indem es die Abhängigkeit der Aussage von ihrer Form und der Form von ihrem Gebrauch klarmacht. Hier entscheiden sich Art und Folgen des Engagements. Je beliebiger nämlich die Aussage wird, je größere Unabhängigkeit sie von Intention und Bedeutung gewinnt, desto mehr tritt ihre konkrete Form hervor, desto allgemeiner wird ihr Gebrauch. Die Sprachhülse suggeriert alles- und nichtssagend, was sie ausgestoßen hat; ihre konkrete Allgemeinheit denunziert den Inhalt als Füllsel. Solche präfabrizierten Elemente ohne Ausdrucks- oder Informationswert haben um so größere gesellschaftliche Bedeutung, als sie eines consensus omnium bedürfen, der unbewußt erfolgt, und zwar durch die Praxis der Rede und ihrer Reproduktion durch Medien. Werden diese Leerformen außerhalb ihres täglichen Kontextes herausgestellt, etwa in Montage- oder Tabellenform, die ihre Sprachverfahren durch Vereinzelung und künstliche Wiederverknüpfung verfremden, erhalten sie eine kritische Funktion, die unabhängig von der Wahrheit oder Falschheit ihrer möglichen Aussage ist. Die synthetische Anwendung zielt vielmehr auf Kritik an der Sprache selbst, sie demonstriert den Widerspruch zwischen der Konkretheit der Sprach*form* und der Konkretheit des Sprach*gebrauchs*.

Ohne Zweifel liegt in dieser doppelten Auffassung von Konkretheit ein Grund für das zwiespältige Engagement der konkreten Poesie, die für erstere den Wittgenstein des *Tractatus*, für letztere den der *Philosophischen Untersuchungen* in Anspruch nimmt, ohne zu bedenken, daß der Begriff der allgemeinen Satzform und der Begriff des Sprachspiels auf einer stetigen bzw. unstetigen Auffassung vom Funktionieren der Sprachlogik beruht. Wie bei Wittgenstein der Übergang von formallogischer zu gebrauchslogischer Sprachphilosophie durch Drehung der Betrachtungsweise »um unser eigentliches Bedürfnis als Angelpunkt« erfolgt, so bei der konkreten Poesie ein gleichsam enharmonischer Wechsel von der funktionalistischen Sprachform zum formalistischen Sprachgebrauch. Die Zweideutigkeit solchen Engagements folgt aus dem Bedürfnis nach innersprachlicher Aufklärung statt nach sprachüberschreitender Veränderung. Wie im Falle der Annäherung an die Meditation, nur in entgegengesetzter Richtung, geschieht die Wendung zum Engagement formell; Impuls wie Geschichtlichkeit werden einer paradigmatischen Versprachlichung unterworfen; die Präsentation rhetorischer Figuren zu kritischen Zwecken verdächtigt die Aufklärung durch denselben formalen Schein, der das Bestehende glaubwürdig machen soll. Sehr deutlich wird diese Rückkoppelung, wenn Handke im *Kaspar*, dessen Konzept ja auf Wittgensteins Begriff des Sprachspiels zurückgeht, die gesellschaftliche Einübung in die Sprachformen als unausweichliches Verfangen in ihrem Gebrauch darstellt: »Der Raum ist klein, *aber* mein. Der Schemel ist niedrig, *aber* bequem. Das Urteil ist hart, *aber* gerecht. Der Reiche ist reich, *aber* leutselig. Der Arme ist arm, *aber* glücklich.« Schon im ersten Satz wird die scheinbar objektive Aussage über die Größe des Raums durch das antithetische Anhängen der Eigentumsmarke als Ausdruck heuchlerischen Besitzerstolzes entlarvt. Rhetorisch gesehen handelt es sich um ein Zeugma, bei dem die Kopula ein unzulässiges Junktim zwischen zwei logisch voneinander unabhängigen Prädikatsnomen herstellt. Bei richtiger Formulierung »Wenn der Raum auch klein ist, so ist er doch mein«, würde die falsche Implikation, wonach Besitz aus Dimension folgt, ohne weiteres erkennbar. Der anscheinend nur syntaktische Fehler hat jedoch ideologischen Belang, sein Understatement verrät Stolz und schlechtes Gewissen zugleich. Ebenso verhält es sich mit den Sätzen »Der Reiche ist reich, *aber* leutselig. Der Arme ist arm, *aber* glücklich.« An eine jeweils tautologische Aussage wird eine andere gehängt, die scheinbar von der Tautologie impliziert wird, in Wahrheit nichts mit ihr zu tun hat. Die Absicht ist klar: Leutseligkeit soll über Reichtum hinwegtäuschen, Armut angeblich glücklich machen. Die Tautologie bekräftigt zudem die Besitzverhältnisse; der Reiche wird mit seinem Reichtum, der Arme mit seiner Armut identifiziert. Der Gebrauch des Identitätssatzes erweist sich als gesellschaftlicher Mißbrauch, die Selbstbestätigung als Klassenegoismus. Der aufklärerische Effekt solcher Schulbeispiele wird mit einem Glaubensbekenntnis an die fatale Allmacht der Sprache bezahlt; selbst dort, wo sie richtig gebraucht wird, beherrscht sie den

Menschen unabänderlich. Einzig mögliche Revolte ist die Aufklärung dieses Schicksals durch die Marionette selber; doch ihr Engagement bestätigt, indem es enthüllt. Wo mit rein synthetischen Verfahren Aufklärung geleistet werden soll, besteht die Gefahr einer rückkoppelnden Wirkung, weil das bewußte Sprachspiel den Sprachgebrauch zwar durch immanente Kritik aufdecken kann, aber keine Impulse zu seiner Veränderung liefert. Wiederum liegt der Verweis auf Wittgenstein nahe: »Die Philosophie darf den tatsächlichen Gebrauch der Sprache in keiner Weise antasten, sie kann ihn am Ende also nur beschreiben. Denn sie kann ihn auch nicht begründen. Sie läßt alles, wie es ist.«

Zwischen Philosophie, die den Sprachgebrauch aufklären mag, und Poesie, die ihn verändern sollte, herrscht kein Widerspruch, wohl aber ein Unterschied, der in restriktiver Fassung besagt, daß erstere kognitiv verfährt, letztere dagegen nicht, weil sie die gesamte, also undefinierbare Sprache umfaßt. Die positivistische Nachfolge der Poesie führt dazu, daß der Gebrauch der ganzen Sprache insofern formelhaft wird, als ihre außerlogischen, unbewußten Impulse zum Schweigen verurteilt werden. Erst psychische Reduktion führt den Sprachgebrauch in konkrete Poesie über; es ist nicht die Reinkultur von Sprachverfahren, auf die es ihr ankommt, es ist das Außerkraftsetzen ihrer Motivation. In strengem Sinne erkenntnishafter Sprachgebrauch, wie konkrete Poesie ihn allerdings nur gleichnishaft nachzuvollziehen vermag, erfordert den Verzicht auf Überschreitung von Sprache; paradoxerweise erklärt gerade ihr bloßes Analogieverhältnis zu wissenschaftlichem Denken, warum sie logizistisch und zugleich engagiert wirkt. In seinem Anspruch auf Totalität unterwirft wissenschaftlich beglaubigtes Engagement den gesamten Sprachgebrauch nämlich gleichfalls logischen Erfordernissen; die psychische Spracharbeit zumindest utopisch erstrebter Aufhebung von Entfremdung im gleichen Maße wie Bewußtseinsveränderung einsetzt, wird durch eine Sprachökonomie verdrängt, welche die Logizität der Lehre auf die Sprache als Ganzes überträgt. In beiden Fällen schlägt die Reduktion des Logos auf Vernunft in falsche Universalität um; der Rückzug auf einen Wahrheitsbegriff, der nur im Bewußtsein gründet, zwingt zur Verallgemeinerung, die jede Dialektik mit dem Unbewußtsein meidet, um sich nicht zu gefährden. Doch je strenger der Purismus, desto schicksalhafter die Rückbindung; der Zwang zur Ausschließlichkeit überantwortet indirekt dem Ausgeschlossenen. Keine wirksamere Ausschließlichkeit aber, als wenn solches Engagement die Poesie unterwirft, um sich des Unbewußten als Sprache zu bemächtigen, während umgekehrt eine Poesie, die aus Enthaltung vom Sein lebt, das Engagement auf kritisches Sprachbewußtsein verkürzt. Daß beide sich halbwegs begegnen, als engagierte Poesie mit konkreten Mitteln, besagt weniger für die Möglichkeit legitimer Vermittlung von Marx und Wittgenstein als für eine gemeinsame Vernunfthaltung zur Sprache infolge Verdrängung ihrer psychischen Dynamik. Schlechtes Gewissen gegenüber der Poesie und die Ohnmacht, sich dessen zu entledigen, wofür sie steht, diese Ambivalenz, die im Todeswunsch gipfelt, gerade weil die Hermetik der Vernunft moralisch einwandfrei funktioniert, verdeckt und enthüllt ein Trauma, das sich als Haßliebe fortwährend wiederbelebt. Hier der Wille zu radikaler Veränderung, dort die Behauptung reiner Sprachlichkeit – zwischen diesen Extremen, welche die Spannweite unsrer Generation abstecken, herrschte kein Anlaß zur Verbindung, wenn nicht beide auf Kosten des ausgeschlossenen Dritten ihren Anspruch, alternativ für Poesie einzustehn, verabsolutierten. Wie verschiedenartig begründet, läuft er auf moralische Abwehr dessen hinaus, was Poesie notwendig macht; die programmatische Enthaltsamkeit gegenüber allen unter- wie überbewußten Strebungen, sobald sie Recht auf Gestaltung fordern, statt sich abreagieren zu lassen, ist Ausdruck eines Schuldgefühls, das Poesie jener Innerlichkeit gleichsetzt, die der Verführung durch den Faschismus erlag. Noch weitergehend verdankt der Entwurf, durch Abbruch aller Bindungen an Dichtung, die auf Unbewußtes gründet, durch Verzicht auf jede surrationale Überschreitungsmöglichkeit eine Poesie zu leben, deren Wahrheit konkret wäre, weil sie Sprache als letzte Vernunft ausweist, seine Anziehungskraft insgeheim dem Willen, von Schicksal überhaupt loszukommen. Unfehlbar wie der Wille zu radikaler Veränderung, teilt er auch dessen Intoleranz; denn die zum Äußersten gehärtete Absage darf nicht zugestehen, sie könne erleiden, wovon sie befreien will. Doch unterdrückt Reduktion auf Sprache an sich, die als Text erfahrene Stellung, nicht gerade die Zwänge, statt sie aufzulösen? Aller Vielfalt zum Trotz, welche die Ausgangspunkte der konkreten Poesie eher verdunkelt, statt sie zu bereichern, zeigen äußere Verhärtung wie innere Leere ein Vakuum auf, dessen Bedeutung erst im Umschlag erkennbar sein wird.

# Die Provokation der Stille

## John Cage als Schriftsteller

Begnügte sich John Cage, wie andere Komponisten, mit der Rolle des Musikschriftstellers in eigner Sache, so erforderten seine Schriften lediglich Einverständnis oder Widerspruch gemäß den Regeln der Fachwelt; da aber seine Konzeption die Musik überschreitet und das Leben selbst erfaßt, sollten gerade wir Unberufenen sie mitvollziehn. Vergleichbar dem Entwurf Lautréamonts, könnte diese Konzeption dahingehend zusammengefaßt werden, daß die Musik von allen gemacht werden muß, nicht von einem; was nur möglich wäre, wenn sie nicht länger als Kunst, vielmehr als Klangorganisation zu meditativen Zwecken geschähe. Mit diesem Willen, dieser Einsicht, Musik dürfe weder Begabung noch Geschmack, weder Kulturkreis noch Geschichtlichkeit verhaftet sein, um Kommunikation im weitesten, fast religiösen Sinn zu leisten, steht John Cage nicht allein; er realisiert, repräsentiert gleichsam im Positiv, was eine ganze Generation von Künstlern und Laien deutlich im Negativ spürt: daß unsre hinsichtlich Material und Instrumentarium, Ausübung und Funktion zugleich überentwickelte und altvörderliche Musik ihre Daseinsberechtigung nicht mehr auf Kunst zu gründen vermag. Im Positiv, weil diese Grundtatsache, weniger durch Nachdenken erfahren als im Beruf, ihn keineswegs unglücklich macht, sondern dem Selfmademan, dem Mann des Fernen Westens, der nach Fernost blickt, die Chance des Neubeginns gibt. Zu diesem Start gehört der Bruch mit der Tradition europäischen Künstlertums, aber auch die Entschlossenheit, sich der Landesmusikindustrie zu verweigern, um nicht das Schicksal jener Musikgrößen zu teilen, die nach wilden Erfinderjahren schließlich im Samtjackett abkassieren. Der Ausgangspunkt des Weder-Noch ist für Cage bezeichnend, auch die Konsequenz, aus doppelter Verneinung eine Position aufzubauen, die den europäischen Individualismus in der Musik ebenso aufhebt wie die amerikanische Vermassung, beide zugunsten echter Demokratisierung, welche die Unbilden des einzelnen in der Masse, seine Verfügbarkeit und Anonymität, seine Besitz- und Geistlosigkeit, zum Rang musikalischer Prinzipien aufwertet. Wiederum nicht kraft Intellekt wie ein Abendländer, der guten Willens, weil aus schlechtem Gewissen, sein Volk mit Kunstrevolutionen beglückt. Cage befindet sich, manchem Anschein zum Trotz, jenseits polit-ästhetischer Lösungen. Sein Denken greift anders. Es opfert sich. Ohne zum Irrationalismus zu verführen, wird Musik zum Schauplatz des sacrificium intellectus; ihr Klangfeld befreit sich von allem Interesse, wird nackte Struktur. Daß Musik keine eigentliche Bedeutung kennt, höchstens numinose, entspricht solchem Hang zum Absoluten; doch im Gegensatz zu sogenannt absoluter Musik, die ihren Antrieb, zwar gefiltert, insgeheim zum Programm verklärt, erfolgt die Loslösung bei Cage auf allen Ebenen. Ausgehend vom Klangmaterial, erfaßt sie das Instrumentarium, verändert und erweitert es zu Klangerzeugern jeglicher, zuletzt beliebiger Art, während die Organisation, zunächst von herkömmlicher Bestimmtheit, immer variabler, offener wird, bis sie als strenger Zufall geschieht. Folgerichtig macht die Rolle des Menschen, der Musik entwirft, aufführt und hört, eine parallele Wandlung durch. Die Dreiteilung in Urheber, Spieler und Hörer wird zumindest potentiell zunichte, die Rollen sind austauschbar, jeder vermag alles. Geht die Aktivität dabei anfangs vom Komponisten aus, verlagert sich ihr Schwerpunkt im Verlauf der Entwicklung erst auf den Interpreten, der selbständig jene Möglichkeiten des Werkes realisiert, die der Komponist offenhält, dann auf den Hörer, der die spontanen Klangereignisse selbstlos, nur um ihretwegen, aufnehmen soll. Cages Tätigkeit als Schriftsteller, an den drei Sammelbänden *Silence*, *A Year from Monday* und *M* ablesbar (allerdings fehlen wichtige Texte, die jetzt in der Monographie von Kostelanetz enthalten sind), weist in gleiche Richtung. Abgesehen von wenig veränderbaren Gebrauchsformen wie Interviews, Leserzuschriften, Katalogtexten und anderen, die er seit jeher nutzt, bis auf letztere aber nicht in die Sammlung aufgenommen hat, läßt sich eine Entwicklungslinie erkennen, die von diskursiven Arbeiten über Musik aus den dreißiger und vierziger Jahren über die musikalisch komponierten Vorträge des folgenden Jahrzehnts zu polyphonen Prosaformen der sechziger und frühen siebziger Jahre wie den Tagebüchern und dem *Mushroom Book* führt. In den späten Sechzigern beginnt eine neue, obgleich in den früheren Schriften schon vorgebildete Entwicklung. Einerseits gipfelt die motivisch-syntaktische Mehrstimmigkeit in der Zitatencollage vom Typus *Mureau*, andrerseits entstehen punktuelle Gebilde wie die *Mesostics* sowie reine, von Lettern- und Partiturgraphik beeinflußte Buchstabenkonstellationen. Dazwischen gibt es auch Kurzformen wie die verschiedenen Künstlern gewidmeten *Statements* oder die Stories vom Typus *Indeterminacy*. Selten löst ein Ausdrucksmittel das andre völlig ab, dagegen kommt es öfters zu wechselseitigen Durchdringungen. Insgesamt verläuft die Bewegung, wie bei Cages Musik, von geschlossenen zu offenen, zufallsbedingten Formen immer größerer Unbestimmtheit, die nicht bloß äußerlich wirkt, sondern einen inneren Prozeß in Gang setzt, insofern sie vom ›tonangebenden‹ Komponisten bzw. Autor wegführt zum Hörer oder Leser einer freiheitlichen Rezeption. Gleichzeitig weitet sich die Thematik von einer innermusikalischen zu einer die Außenwelt einbeziehenden. Wie Cages praktisches Bestreben, Klang und Bild im Raum zu verschwistern, zum Environment führt, so sein ideelles Bedürfnis zur Gesellschaftsutopie: beide sind Welttheater. Im Scheitelpunkt dieser schriftstellerischen Entwicklung stehen, sachlich wie zeitlich, die *lectures* genannten Vorträge; hier übersetzt Cage die geistige wie formale Konzeption seiner Musik in den Akt des Schreibens bzw. Sprechens selbst. Während seine früheren Arbeiten, als musiktheoretische, keine eigenständige Form kennen und nur auf Aussage bedacht sind, geschieht in ihnen Sprach-Musik aus dem Geiste des Zen. Nicht daß Sprache ihrem Klang nach verwendet würde wie bei gewisser Poesie, vielmehr gliedern sich Wortmaterial und Syntax gemäß Operationen, denen auch Cages Musik gehorcht. Sprache und Musik verweisen auf ein anderes, und die Form des Verweisens, ihre Struktur, erweist beide als etwas, was nichts bedeutet, um dieses andere zum Vorschein zu bringen. Auf seine Erfahrung kommt es an. Cage war sie nicht von vornherein zu eigen. Ihre unbewußte Vorwegnahme, die Ausbildung einer musikalischen Konzeption, die fähig war, sie zu verwirklichen, ihre

Selbstbewußtwerdung in einer entscheidenden Begegnung und die Übersetzung ins Wort, ja ins ganze Leben – diese Entwicklung erstreckt sich über Jahrzehnte. In der Verschränkung geistiger Gegensätze, der Verbindung von Systematik und Experiment, der Mischung von Intensität und Belanglosigkeit, Überraschung und Monotonie, stellt sie eins der notwendigen Abenteuer unsres Jahrhunderts dar, dessen Vollzug, wesentlicher als seine Ergebnisse, die Vorstellung des abendländischen Menschen von sich selbst verändert.

## *Präfigurationen*

Im Jahre 1927 fand in der Hollywood Bowl, Kalifornien, ein Redewettbewerb für Schüler statt, den ein gewisser John Cage als Vertreter der Los Angeles High School gewann. Das Thema des Wettbewerbs lautete *Andere Völker denken.* Der Fünfzehnjährige behandelte die problematischen Beziehungen zwischen den Vereinigten Staaten und Südamerika, wobei er ein verblüffendes Rezept zur Überwindung der gegenseitigen Spannungen empfahl: »Es wäre eine der größten Segnungen, die den Vereinigten Staaten in naher Zukunft widerfahren könnte, wenn sie ihre Industrie anhalten würden, wenn ihre Wirtschaft aussetzte und dem Volk das Reden verginge, wenn in der Geschäftswelt eine große Pause eintreten und schließlich alles stillstehen würde, was läuft, bis jeder das letzte Rad sich drehen und das letzte Echo verhallen hörte ... Dieser Augenblick vollständiger Flaute und ungetrübter Ruhe wäre dann die günstigste Stunde für die Geburt eines panamerikanischen Bewußtseins. Dann könnten wir die Frage beantworten ›Was sollten wir tun?‹ Denn wir wären schweigsam und still und hätten Gelegenheit zu erfahren, daß andere Völker denken.«

In dieser Wunschvorstellung des Halbwüchsigen, immerhin einer Vorwegnahme der Weltwirtschaftskrise, stecken bereits Denkansätze des späteren Avantgardisten: seine Gesellschaftsutopik, der freiwillige Verzicht auf Produktivität einschließlich der mentalen, die Provokation der Stille zwecks Erfahrung eines anderen um seiner selbst willen. Diese Momente gehorchen einer gemeinsamen Bewegung. Die Utopie geschieht als Rede, die bis zu völligem Stillschweigen verebbt, in dem anderes Denken erscheint. Sprechen wird Schweigen, die Geräuschwelt zur Stille, der Vorgang zum eigenschaftslosen Zustand, der in neues Bewußtsein umschlägt. Dieses hier panamerikanisch genannte Bewußtsein wird für Cage später eine Doppelrolle spielen; es ist der Ort, an dem abendländische Traditionen im gleichen Maße abgebaut werden, wie umgekehrt orientalische Überlieferungen neue Geltung erlangen. Während der europäische Geist in einer zweieinhalb Jahrtausende umfassenden Entwicklung etwas aus nichts schuf, reduziert der amerikanische Geist dieses Etwas zu nichts, wobei er seine beiden obersten Postulate, Gesellschaftlichkeit und Technizität, mit östlicher Spiritualität zu verbinden sucht, damit diese verändernd in die moderne Welt eingreifen kann. Rund dreißig Jahre nach seiner Rede in der Hollywood Bowl präzisiert Cage im *Vortrag über Etwas**:

»Wenn wir von nichts auf etwas zugehn, haben wir die ganze europäische Musik- und Kunstgeschichte, der wir uns erinnern, und da können wir sehn, daß dies wohlgetan ist, das andre aber nicht. So–und–so trug dies und das dazu bei und Kriterien. Aber jetzt gehen wir von etwas auf nichts zu, und da gibt es keinen Weg, von Erfolg oder Fehlschlag zu sprechen, da alle Dinge in gleichem Maße ihre Buddha-Natur haben. Diese Tatsache nicht zu kennen, ist das einzige Hindernis vor der Erleuchtung. Und erleuchtet zu sein, ist kein irgendwie spukhafter, unirdischer Zustand. Bevor man Zen studiert, sind Menschen Menschen und Berge sind Berge. Während man Zen studiert, verwirren sich die Dinge. Nachdem man Zen studiert hat, sind Menschen Menschen und Berge sind Berge. Kein Unterschied, außer daß man nicht länger dran hängt; hin und wieder habe ich beim Diskutieren dieser Gedanken festgestellt, daß manche Leute sagen: ›Das ist alles recht schön, aber es eignet sich nicht für uns, denn es ist orientalisch.‹ (In Wirklichkeit kann nicht länger von Orient und

* Alle Cage-Zitate können hier, wie problematisch das auch ist, nur diskursiv wiedergegeben werden.

Okzident die Rede sein. All das verschwindet sehr rasch; wie Bucky Fuller gern aufzeigt: die Bewegung mit dem Wind des Orients und die Bewegung gegen den Wind des Okzidents treffen sich in Amerika und erzeugen eine Bewegung aufwärts in die Luft – den Raum, die Stille, das Nichts, das uns hält.)«

Die Utopie des Fünfzehnjährigen ist jetzt, zumindest in geistiger Hinsicht, greifbarer geworden. Das Anhalten der Welt geschieht mittels zen-buddhistischer Meditation; dem Antagonismus von Sprechen und Schweigen entspricht derjenige von etwas und nichts; anstelle des panamerikanischen Bewußtseins wird Amerika zum Inbegriff des Ausgleichs zwischen Orient und Okzident. Der Hinweis auf den Technologen und Futurologen Buckminster Fuller, häufig auch auf Marshall McLuhan, steht für den Anteil der Neuen Welt an dieser Synthese. Gerade in der Verbindung des anscheinend Unvereinbaren, von Meditation und Technizität, noch dazu mittels Musik, besteht die Irritation, die Cage hervorruft. Aufhebbar wird sie erst durch Einsicht in die Weiterungen, die aus der Dialektik von Freiheit und Zwang im Allklangfeld sich ergeben; negiert doch die Erweiterung des Tonmaterials durch technische Klangerzeugung nicht nur den Kunstcharakter von Musik. Indem Cage anstelle von Kunstformen zwar solche der Organisation setzt, die der Statistik, also dem Zufall Rechnung tragen, sie aber mythisch, im Sinne der Orakeltechnik auffaßt, überwindet er die Negation der Kunst. Daß Technik in deren Dienst, sie überschreitend und verneinend, selber zum nunmehr falschen Mythos gerät, hatte Europa schon erfahren; aber sein demiurgisches Verständnis von Mythos, durch Aufklärung zwar säkularisiert, doch nicht aufgehoben, ließ keine Öffnung der Rückkoppelung zu. Cage dagegen, mit der Unschuld des Barbaren, der alle Schicksalslogik verkennt, empfand den Materialzwang der modernen Musik als Chance zur Befreiung von Kunst, indem er ihr Medium, die technische Klangerzeugung, als Mittel zur Meditation begriff. Allerdings nicht von vornherein. Doch wie die allgemeine Konzeption präfigurativ erscheint, als Widerstand gegen bornierte Gesellschaftlichkeit, so die ans Metier gebundene als Trotz gegen Kunst. »Als Schönberg mich fragte, ob ich mein Leben der Musik widmen wolle, sagte ich: ›Aber gewiß.‹ Nachdem ich zwei Jahre lang bei ihm studiert hatte, sagte Schönberg: ›Um Musik schreiben zu können, müssen Sie ein Gefühl für Harmonie haben.‹ Ich erklärte ihm, daß ich kein Gefühl für Harmonie hätte. Darauf erwiderte er, ich würde stets auf ein Hindernis stoßen, als käme ich an eine Wand, durch die ich nicht hindurch könnte. Ich sagte: ›In diesem Fall will ich mein Leben der Aufgabe widmen, mit dem Kopf gegen diese Wand zu schlagen.‹«

## *Die musikalische Konzeption*

Zweifellos hat Cage es vermocht, mit dem Kopf durch die Wand von Harmonie und Melos ins Freie der Allklangmusik zu gelangen, und zwar, um im Bild zu bleiben, dank dem Rhythmus, mit dem er sich alle Ästhetik aus dem Kopf schlug. Instinktiv zielt sein Gleichnis auf die größte Schwäche der Schönbergschen Musik, ihre rhythmische Armut, eine indirekte Folge der Gleichwertigkeit aller Töne innerhalb der Reihe, aber auch Ausdruck der eher spekulativen als impulsiven Veranlagung seines Lehrers. Welche Bedeutung Cage dem Rhythmus beimißt, zeigt andrerseits, daß er sogar den Jazz, bei Anerkennung vieler Verdienste, wegen des regelrechten *beat* ablehnt. Solche Wertung ist nicht bloß subjektiv, sie gründet auf einer Überlegung, mit der Cage sich radikal von der abendländischen Musiktradition unterscheidet. Während diese, in welcher Form immer, einzig auf Ordnung des Tonmaterials bedacht ist, bezieht Cage von vornherein den Partner des Tons, die Stille, gleichberechtigt in seine Konzeption ein. Die Relation zwischen Ton und Stille, Erschaffenem und Nicht-Erschaffenem, wird ihm zum Ausgangspunkt aller klanglichen Organisation. Diese Relation aber beruht auf dem Prinzip der Zeitlänge. Es ist für Cage insofern zum Parameter geworden, als jeder Ton durch Höhe, Farbe, Lautstärke und Dauer gekennzeichnet ist, während die Stille nur Dauer, also Zeitlänge, aufweist. Als gemeinsames Grundmaß von Ton und Stille gliedert die Zeitlänge jene Klangkontinuität, die wir Musik nennen; sie ermöglicht überhaupt erst Rhythmus, in dem Cage logischerweise das Urelement der Musik erblickt, wogegen er Form und Abfolge der Klanggebilde, Harmonie und Melos, der Improvisation überantwortet, wie es in östlichen Musikkulturen, vor allem der indischen, geschieht. Zu Recht sieht Cage in der strengen Anwendung des Prinzips der Zeitlänge den Bruch mit unserer Musiktradition, die in dem Maße rhythmisch verarmt ist, als sie Harmonie und Melos den Vorrang einräumte. Was sie dadurch an Reichtum, an geistig-sinnlicher Mannigfaltigkeit gewann, verlor sie an Leben; denn Spezialistentum, Trennung in Macher und Hörer, kommerzielle Ausbeutung waren die Folge. Die Reproduktion der Musik durch Medien kompensierte das Aussterben der Musikübung durch Laien. Musikindustrie, Musikkonsum wurden zum Kreis- und Leerlauf. Dagegen setzt Cage, im Rückgriff auf den Ursprung der Musik, den Rhythmus als Impuls zur Befreiung. In einem schon 1937 verfaßten Text *Die Zukunft der Musik – Credo* bezeichnet er die Schlagzeugmusik als »zeitgenössischen Übergang von einer aufs Klavier bezogenen Musik zu einer Allklangmusik der Zukunft« und spricht von der »Gruppenimprovisation einer ungeschriebenen, aber kulturell bedeutsamen Musik«. Tatsächlich findet der Rhythmus seine reinste Verwirklichung durchs Schlagzeug, das außerdem zwischen Geräusch und Ton vermittelt und deshalb für das erweiterte Klangmaterial der modernen Musik, das vom Geräusch über den Ton bis zum elektronischen Klang reicht, eine Schlüsselstellung einnimmt. Wohl nicht zufällig entsteht ein Jahr nach dem *Credo* das erste Stück für präpariertes Klavier; die Klangdestruktion gerade des Instruments, das zwischen Saiteninstrument und Schlagzeug vermittelt, bedeutet den Ansatz zur Allklangmusik. In der Nachfolge Weberns wird hier, allerdings auf technischem Wege, die innere Zusammensetzung der Töne beeinflußt und verändert, was Cage später in *Mureau* auf die Sprache überträgt. Folgerichtig kommt es spieltechnisch zu den *clusters*, den Tonballungen mit ihren Schwebungszonen, die bei verallgemeinerter Anwendung auf den ganzen Tonbereich des Klaviers durch simultanes Niederdrücken der gesamten Tastatur zum ›weißen Rauschen‹ führen. Diese Nivellierung des Hörbereichs, mehr Happening als musikalisches Geschehen, verabschiedet die

Kunstmusik, indem sie ihre äußerste Tonfülle als Krach denunziert, erschließt aber auch, im wahrsten Sinne mit einem Schlag, das Allklangfeld. Die summarische Karikatur des Klaviers entpuppt sich als Ideenskizze der Klangorganisation von morgen. Mag Schönberg im Hinblick auf solche Demonstrationen von Dadas Gnaden gemeint haben, Cage sei kein Komponist, sondern ein Erfinder mit Genie (vielleicht unter Anspielung darauf, daß sein Vater Elektro-Ingenieur und Erfinder war), so hat Cage seinerseits recht, wenn er Schönberg vorwirft, er hätte bei der Emanzipation der Dissonanz auch gleich die Musik von den Noten befreien sollen. Zwar gehorcht der *cluster* im Prinzip noch der Notation, da er aber die Dissonanz total macht und somit ihre Geschichte, als welche die europäische Musikgeschichte apostrophiert worden ist, auf die Spitze treibt, schlägt in ihm die vorgeschriebene Komposition in Spontaneität um. Die sukzessive Entfaltung des Tonmaterials zieht sich zu punktuellen Gebilden zusammen, zu von Tontrauben umwundnen Säulen gleichsam, in deren Zwischenräumen die leere Zeit als Stille spürbar wird; man soll, wie Cage sagt, durch solche Musik hindurchhören können, wie man durch Glasarchitektur hindurchsieht. Diese Rücknahme der musikalischen Bewegung auf statische Klangereignisse naturalisiert die Harmonik zum Konglomerat und bringt die verdrängte, höchstens als Pause begriffene Stille voll zum Bewußtsein. Da beim Tongeschehen Transparenz weithin fehlt und Entwicklung zum Stillstand kommt, erlangt es fast Dinglichkeit, wogegen die Stille, meist übermäßig lang, um ihre Macht zu beweisen, sich je nachdem, ob der Hörer versagt oder nicht, als Langeweile oder Dauer zeigt. Klang und Stille, frei von Gedanken, Gefühlen, überhaupt jeder Absichtlichkeit, erreichen Objektivität, erscheinen in ihrem So-sein, ihrer So-heit (*suchness* ist die Entsprechung des Zen-Ausdrucks *tathata*): »Am klügsten ist es, wenn man schlagartig die Ohren öffnet und plötzlich einen Klang hört, bevor das eigene Denken Gelegenheit findet, ihn in etwas Logisches, Abstraktes oder Symbolisches zu verwandeln. Klänge sind Klänge, und Menschen sind Menschen. (...) Da Einmaligkeit eine besondere So-heit hat, ist sie mit Hier-und-jetzt-Sein nahe verwandt.« Diese meditative Haltung des Hörers setzt auf seiten des Komponisten eine nicht-individuelle Kompositionsweise voraus, die den Spielenden bei der Wahl der Klangerzeuger wie hinsichtlich der Aufführungspraxis soviel Freiheit als möglich läßt, eine weitgehend undeterminierte Musik, die gelenkten Zufall an die Stelle der einst vor-geschriebenen Ordnung setzt. Im Allklangfeld versagen die Kompositionsmethoden der Harmonik und des Kontrapunkts, weil sie mit fixierten Tonhöhen arbeiten; sie rechnen mit einem Determinismus, der nur für einen bestimmten Tonbereich zutrifft. Da die Tonhöhen von Geräuschen und elektronischen Klängen um einen statistischen Mittelwert schwanken, also nicht determiniert sind und sich schlecht zu Skalen ordnen lassen, hat Cage für seine Stücke, je nachdem aus welchem akustischen Material sie bestehen, komplizierte Verfahren zur Klangorganisation entwickelt: Zufallsoperationen nach dem *I Ging*, Ausnutzung von Unregelmäßigkeiten des Notenpapiers, Verwendung von Kunststoffolien zwecks verschiedener Kombination von Zufall und Auswahl, mehrspurige Aufführung ein und desselben oder mehrerer Stücke zugleich und andere mehr. Alle diese Verfahren, die zahlenmäßig unbegrenzt sind und zudem noch miteinander verbunden werden können, wirken insofern flächig, als sie ein kombinatives Operationsfeld abstecken, innerhalb dessen die Zufälligkeit individueller Verwirklichung, d. h. Improvisation stattfinden kann. Zwar ist keine Übereinstimmung bei der Wiedergabe ein und derselben Komposition gegeben, dafür ihr potentieller Rahmen, zumal stets ein rhythmischer Raster vorhanden ist, der das Klanggeschehen minuziös gliedert. Vom indischen Tala-Raga-System, das sie zweifelsfrei im Ansatz beeinflußt hat, unterscheidet sich diese Verfahrensweise durch das Denken in absoluter Zeit und die Ausschaltung der psychischen Motivation von Zufall und Auswahl. Das hat erhebliche Konsequenzen. Die Musik der Unbestimmtheit kennt keine durch Ideen oder Emotionen vermenschlichten Klanggebilde; sie läßt den Klang ohne Rücksicht auf Kriterien bei sich selbst; für sie gelten weder richtig noch falsch, weder schön noch häßlich. Sie steht jenseits des abendländischen Dualismus mit seinem Dies-oder-Das und gehorcht eher dem von Cage öfters zitierten neti-neti, dem Weder-Noch der indischen Philosophie. Überhaupt nähert sich solches Denken östlichen Meditationsprinzipien: Abbau der Verstandestätigkeit mit ihren Kontrollen und Kriterien, Aufhebung des zielgerichteten Willens, Umwandlung der an etwas haftenden Lust oder Unlust in Spontaneität, die allem und nichts sich öffnet. Nach einer Begegnung mit einer indischen Musikerin schrieb Cage: »Bevor sie nach Indien zurückkehrte, erfuhr ich von ihr den Grund, warum man nach indischer Tradition ein Musikstück macht: ›Um den Geist zur Ruhe zu bringen und ihn auf diese Weise den göttlichen Einflüssen zu öffnen.‹ (...) Wir haben vom östlichen Denken gelernt, daß jene göttlichen Einflüsse tatsächlich nichts anderes sind als die Umwelt, in der wir uns befinden. Ein nüchterner und ruhiger Geist ist ein solcher, bei dem das Ich das Fließen jener Dinge nicht behindert, die durch unsere Sinne in uns herein- und durch unsere Träume in uns heraufkommen. Unsere Aufgabe im Leben ist es, mit dem Leben, das wir leben, ins Fließen zu kommen, und dazu kann Kunst uns verhelfen.«

## *Zen in Musik und Sprache*

Als John Cage 1948 sein *Plädoyer für Satie* hielt, in dem er seine Konzeption von der Stille als gleichwertigem Partner des Tons entwickelte, hatte er ein Jahr zuvor bei Daisetz Teitaro Suzuki das Studium des Zen begonnen, und erst vor dem Hintergrund des Zen erhält das Kräftespiel zwischen Sprechen und Schweigen, Klang und Stille, Etwas und Nichts seinen Sinn. »Mein Lieblingsstück ist jenes, das wir immer dann hören, wenn wir ruhig sind.« Cage hat es beispielhaft verwirklicht. Es heißt nach der Aufführungsdauer *4′33″* und besteht daraus, daß ein Pianist die genannte Zeit über still vorm Flügel sitzt und nur durch dreimalige Handbewegung andeutet, daß das Stück drei Sätze hat. Diese Provokation der Stille, ebensogut von einem Dichter vor einem weißen Blatt Papier aufführbar, wirkt auf uns als dadaistisches Happening; aus östlicher Tradition betrachtet, rückt sie in die Nähe jenes Aktes, durch den Buddha die Übung des Zen begründet haben soll: statt zu predigen, zeigte er seinen

Jüngern eines Tages schweigend eine Blume. Zen wie Dada wurzeln in tiefem Mißtrauen gegenüber allem Denken, deshalb sprechen sie die Wahrheit nicht aus, sondern zeigen sie auf spontane, paradoxe Weise, der jedes Mittel, jede Form recht ist, um die Verstandesroutine zu sprengen. Gewiß, ihr Wahrheitsbegriff schließt sich aus, doch daß er in beiden Fällen, ob metaphysisch oder nihilistisch, nichts beinhaltet, zeigt die geheime Verwandtschaft der Gegensätze. Wenn aufgeklärte Kunst, sich selbst negierend, zu nichts als letzter Wahrheit führt, kann dieses Nichts auch in Erleuchtung umschlagen; solche Dialektik, wörtlich in *enlightenment* angelegt, vollzieht den Umschlag vom Ontologischen ins Prozessuale; der Akzent springt von ›*nichts* machen‹ auf ›nichts *machen*‹. Solange Denken, an Sprache haftend, noch vom Nichts handelt, substantiviert es die eigne Abwesenheit zum Begriff; denn Sprache gehört zur Welt des Etwas, kann also weder Stille noch Nichts ausdrücken. Weil beide unaussprechlich sind, können sie nur schweigend oder, wie ein Gerücht, das von der Wahrheit handelt, durch Sprache hindurch erfahren werden. Deshalb gründet Zen nicht auf Schriftzeichen und nur indirekt auf Sprache. Musik erweist sich als durchlässiger, weil ihr Material nichts bedeutet und die Stille, die ihm korrespondiert, schon ihr Ordnungsprinzip enthält. Cage beruft sich hier auf die Erfahrung, daß selbst im schalltoten Raum noch der eigne Herzschlag, der Rhythmus schlechthin, zu vernehmen ist. Es gibt keine absolute Stille, es sei denn im Tod, dessen Anerkennung für Cage zur Quelle des Lebens wird. »Jedes Etwas ist ein Echo von nichts. Und keine Stille gibt es, die nicht trächtig wäre mit Klang.« Schwieriger wird es, Stille durch Sprache zu zeigen. Suzuki formuliert dieses Paradox folgendermaßen: »Die Aussage ›leer‹ ist bereits eine Verneinung ihrer selbst. Aber man kann nicht stumm bleiben. Das Problem ist, die Stille mitzuteilen, ohne sie zu verlassen.« Und er gibt, Asvaghosa zitierend, einen Wink zu seiner Lösung: »Bedienten wir uns nicht trotzdem der Sprache, gäbe es keinen Weg, andere mit dem Absoluten bekanntzumachen. Daher müssen wir unsere Zuflucht zur Sprache nehmen, wir müssen sie als Keil gegen die gebräuchliche Sprache verwenden, als Gegengift, das jener entgegenwirkt.« Demnach muß die Signifikanz der Sprache, auf der ihr Gebrauch beruht, durch geeignete Techniken wenn nicht aufgehoben, so doch gegen sich selbst gekehrt werden. »Ich habe nichts zu sagen, und ich sage es, und das ist Poesie, wie ich sie brauche«, stellt Cage im *Vortrag über Nichts* fest. Aber wieso Poesie? Weil sie in ihrer allgemeinsten Form durch Übertragung des Urelements der Musik, nämlich des Rhythmus, auf die Welt der Worte zustande kommt. Die Poesie gehorcht, wie die Musik, dem Prinzip der Zeitlänge, deshalb verweist auch sie letztlich auf Stille. Poesie als Kunst widerspricht Cages Auffassung von Kreativität. Während unser Begriff von Dichtung, weil christlich-antiker Herkunft, auf der Analogie des Urhebers mit Gott dem Weltschöpfer beruht, ist Cages Poesie, zu nichts statt etwas führend, mittels Sprache vollzogene Meditation. Keine Reproduktion des Ursprungs also, keine urheberrechtlich geschützte Originalität, die im Werk den eignen Ton pflegt, sondern Verwirklichung der So-heit von Sprache, Bei-sich-selbst-Lassen der Worte, die ebensowenig wie die Klanggebilde der Musik mit Gedanken und Gefühlen vergewaltigt werden. »Unsere Poesie heute ist die Einsicht, daß wir nichts besitzen. Alles ist daher ein Vergnügen (da wir es nicht besitzen und deshalb seinen Verlust nicht fürchten müssen).« Wie sein Freund Marcel Duchamp im ready-made den Schöpfungswahn der Kunst entlarvt, zugleich aber demonstriert, daß jedes beliebige Objekt durch den Akt bewußten Hervorhebens, durch Anerkennung als solches, zu dem avanciert, was früher Kunstwerk hieß, so zeigt Cage durch die Struktur, die er seiner jeweiligen Textmenge auferlegt, daß Poesie gerade als nichtssagende Sprache geschieht. Im *Vortrag über Nichts* und *Vortrag über Etwas*, wo er zum erstenmal musikalische Verfahren auf die Sprache überträgt, ist der Text in jeweils vier Kolonnen gedruckt, wobei zwischen einzelnen Wörtern, Ausdrücken, Satzteilen und Sätzen mehr oder weniger große Abstände bzw. Pausen eingelegt werden, so daß ein stockendes Lesen bzw. Sprechen gleichsam gegen den Strich, gegen den diskursiven Sinnzusammenhang möglich wird. Die rhythmische Struktur entspricht in beiden Fällen dem Prinzip der Zeitlänge. Beim *Vortrag über Nichts* beruht sie auf insgesamt 48 Einheiten zu je 12 Zeilen, wobei jeweils 7, 6, 14, 14,

7 solcher Einheiten einen großen Teil, insgesamt also 5, bilden. Zwei der Einheiten bestehen aus Stille. Im *Vortrag über Etwas*, der nicht so streng gegliedert ist, nimmt die Stille wesentlich größeren Raum ein, so daß der Vortrag zwischendurch abzubrechen scheint. Diese Leerstellen im Text erfüllen eine doppelte Funktion. Im gleichen Maße, wie Leser bzw. Hörer durch Stille provoziert werden, tritt die provozierte Stille durch die Sprache hindurch. Im Verlauf ihrer Befolgung *macht* die Struktur nichts, der eingehaltene Rhythmus führt zu wachsender Leere. Auf der Sinnebene findet ein vergleichbarer Vorgang statt; es wird nur gesprochen, um nichts zu sagen. Da dies auf direktem Wege unmöglich ist, wendet Cage eine Wiederholungs- und Kombinationstechnik gleicher Einheiten an, welche die Intentionalität vom Sinn abzieht und allmählich einschläfert. Eine dieser Einheiten lautet: »Langsam, während der Vortrag weitergeht, langsam haben wir das Gefühl, wir gelangen nirgendwohin. Das ist ein Vergnügen, das andauern wird. Sind wir irritiert, ist es kein Vergnügen. Nichts ist kein Vergnügen, wenn man irritiert ist, aber plötzlich ist es ein Vergnügen, und dann, mehr und mehr, ist es nicht irritierend (und dann mehr und mehr und langsam). Ursprünglich waren wir nirgendwo; und nun haben wir wieder das Vergnügen, langsam nirgendwo zu sein. Wenn jemand schläfrig ist, soll er schlafen.«

Natürlich widerspricht gerade die diskursive Form des Zitats dem Anliegen Cages; denn sie unterdrückt die Stille, die Leere zwischen den Worten und ermöglicht Synopsis. Um den Geist zur Ruhe zu bringen, wie jene indische Musikerin es ausgedrückt hatte, muß er sich selbst aufheben; er darf nicht haften, nicht besitzen, muß fließen und verfügbar sein. Dazu gehört, daß er akzeptieren lernt. Solange er selbst bestimmt, vertraut er auf jene Sicherheit, die ihm die eigene Ordnung verbürgt; erst wenn er sich der Unbestimmtheit des Zufalls überläßt, wird er von sich selber frei. Aber wie soll er legitime Zufälligkeit hervorrufen, wo doch sein Wesen im Ordnen zu bestehen scheint? Letztlich durch einen Akt des Glaubens, indem er die Ordnung der Elemente, mit denen er arbeitet, einer Entscheidungsinstanz überantwortet, auf die er, nachdem sie einmal angerufen worden ist, keinen

Einfluß mehr besitzt. Eine solche Instanz ist das Orakel. Damit seine Antworten unmißverständlich sind, müssen die ihm vorgelegten Fragen formalisiert, das heißt im Falle Cages auf Quantität bezogen werden, weil das Prinzip der Zeitlänge, auf dem seine Konzeption beruht, quantitativ verfährt. Nun läge wenig an solcher Auskunft, wenn der Zahlbegriff, mit dem sie operiert, auf Quantität fußte; soll der Zufall die Vernunft außer Kraft setzen, muß die Quantifikation, das Mittel zur Ordnung schlechthin, in ihr Gegenteil verkehrt, die Zahl also qualitativ, als Emblem gebraucht werden, wie es zum Beispiel im alten China geschah. Wenn Cage die Zufallsoperationen, die er zur Bildung jeweiliger Strukturen verwendet, nach dem *I Ging* vornimmt, greift er auf diesen emblematischen Gebrauch der Zahl zurück, der im Gegensatz zum wissenschaftlichen eine kreative Teilhabe am Zahlsymbol erlaubt. Genauer gesagt, nutzt er die Ambivalenz der Zahl, ihren einerseits mythischen, andrerseits szientifischen Aspekt, um die notwendigerweise numerische Struktur seiner Kompositionen und Vorträge emblematisch auffassen zu können. Nirgends zeigt sich die Dialektik seines Denkens zwingender. Das quantitative Prinzip der Zeitlänge, zwecks Aufnahme der Stille in Musik und Sprache unabdingbar, schlägt in das qualitative Zahlprinzip des Mythos um; denn Stille, im Leben endlich, ist zwar als Zeitspanne meßbar, zu erfahren aber nur als Qualität, als Dauer. Umgekehrt wird dadurch, daß von den vier Charakteristika des Tones eben die Dauer, die er mit der Stille gemeinsam hat, zum Grundmerkmal erhoben wird, die Qualität von Tonhöhe, Farbe und Lautstärke zugunsten der nur als Quantität meßbaren Stille ausgehöhlt. Der exakte Umgang mit Stille, dem Emblem des Todes, lockt aus den Klanggebilden ihr Nicht-Sein hervor. Gleiches gilt für die Sprache. Nur muß hier die Stille im Zuhörer, der potentieller Sprecher ist, als Disziplin hervorgerufen werden. Solange der Verstand arbeitet, gibt es kein Stillschweigen. Da Cage bei der Komposition seines *Vortrags über Nichts* voraussah, daß seine wißbegierigen oder irritierten Zuhörer Fragen stellen würden, bereitete er sechs Antworten auf die ersten sechs Fragen vor, die möglicherweise aufgeworfen würden, und zwar ungeachtet ihres Inhalts. Eine dieser Antworten lautete: »Das ist eine sehr gute Frage. Ich möchte sie nicht durch eine Antwort verderben.« Und eine andere: »Nach dem Bauernkalender ist das ein Scheinfrühling.« Die unsinnige Methode, Fragen zur Sache mit vorgefertigten Antworten abzuspeisen, soll dem Fragenden bedeuten, daß seine Neugier, hinter die Dinge zu kommen, unsinnig ist. Die Frage wird auf ihre Stelle verwiesen, den Verstand, der immer nach Erklärungen, das heißt Grund-Folge-Beziehungen sucht, die eins aufs andre zurückführen, statt die Dinge in ihrem So-Sein zu belassen. Andrerseits stellt Cage seinem Publikum selber Fragen. Nach dem Vorbild des zen-buddhistischen *Koan* sollen sie den Geist ad absurdum führen und dadurch aus seiner Vernünftigkeit wecken. Ein *Kommunikation* betitelter Vortrag enthält ganze Sequenzen solcher Fragen, die in listiger Paradoxie, etwa ob ein vorbeifahrender Lastkraftwagen Musik sei, den Zuhörer verunsichern, um ihm die Ohren zu öffnen. Wie Akupunktur das Nervensystem durch Reizung bestimmter Zentren anspricht, erzeugt das Muster stichelnder Fragen oberflächlich zwar Unbehagen, aktiviert jedoch Tiefenschichten, die von Ästhetik verschüttet lagen, zu frischem Leben. Dem gleichen Zweck dienen die *statements*. Obwohl vereinzelt in Texte eingebettet oder zu Gruppen thematisch zusammengefaßt, verleugnen sie ihre Herkunft aus der Rede nicht. Zwischen Aphorismus und Aperçu beheimatet, geben sie verblüffende Anleitungen zum Verhalten oder Handeln; ihr Sinn ergreift, wie Suzuki vom Zen sagt, alle Arten des praktischen Seins. Wenn Cage beispielsweise sagt: »Theater findet stets dort statt, wo man sich gerade aufhält«, darf dies als Wink verstanden werden, jede noch so unscheinbare Situation als Welttheater zu erleben, in dem Dinge, Wesen und Ereignisse nicht symbolisch für Ideen auftreten, sondern in dem alles gemäß seiner So-heit geschieht. Dieses *statement* ist ein gutes Beispiel dafür, wie Cages Konzeption, durch sprachliche Vermittlung, von der Musik aufs Leben übergreift. Den Klanggebilden, die um ihrer selbst willen gehört werden sollen, entsprechen nun Begebenheiten in Raum und Zeit. Weil Theater ebensowenig Kunst ist wie Musik, wird die Welt zum Theater und, soweit sie akustisch tätig ist, zur Zufallsmusik. Denn die stumme Musik von *4′33″* demonstriert ja nicht nur, daß Stille ihr Material sei; sie läßt die Geräusche, die im Konzertsaal passieren, genauso als zur Musik gehörig gelten, wie Cage die während seiner Vorträge auftretenden, teilweise bewußt von ihm selbst erzeugten Geräusche – Husten, Schneuzen, Pfeifen in *45' für einen Sprecher* – als deren Bestandteile ansieht. Auf welchen Hintergrund solche Lautpoesie verweist, zeigt wiederum Suzuki: »Im Lankavatara-Sutra wird uns von vielen Buddha-Ländern berichtet, wo Buddha-Gedanken auf andere als nur sprachliche Weise weitergegeben werden, durch Bewegen der Hände oder Beine zum Beispiel, durch Lächeln, Husten oder Niesen usw. Offenbar können Buddhas einander verstehen, gleich welche Mittel sie anwenden, um auszudrücken, was in ihnen vorgeht, weil sie alle durch die gleiche Erfahrung geworden sind, was sie sind.« Sogar Auto- oder Flugzeuglärm sind für Cage nur dann Umweltstörungen, wenn man sich selbst so wichtig nimmt, daß man der Umwelt gegenüber sich behaupten möchte, statt sich ihr einzuordnen. Begreift man Umwelt dagegen, selbst in Gestalt jener technischen Zweitnatur, zu der wir sie entstellt haben, als jene göttlichen Einflüsse, von denen Cage spricht, so erscheinen ihre akustischen Äußerungen als Ausdrucksformen des überall gegenwärtigen Allklangfeldes, von dem Sprache und Musik nur Ausschnitte sind. Cages umstrittenste Veranstaltungen, die Environments aus gemischten Medien, stellen Umweltsituationen künstlich her, indem sie disparate Beispiele von Wirklichkeit, die von Tonbändern und Filmen erinnert werden, durch audio-visuelle Collage in Raum und Zeit zu einer synthetischen Superwirklichkeit vergegenwärtigen. Die Gefahr eines Gesamtkunstwerkes von Techniks Gnaden liegt nahe, aber Cages Absicht dürfte eher sein, den Teilnehmern an solchem Multimix zum Bewußtsein zu bringen, daß die Umwelt, die auf uns wirkt, von uns aus steuerbares Welttheater ist. Gerade die Absichtslosigkeit, das Sich-Öffnen gegenüber der belanglosen Umgebung steuert auch die Begebenheiten herbei, die unsre Lebensgeschichte ausmachen. Um Aufmerksamkeit für sie zu wecken, gebraucht Cage ein in der Zen-Praxis unter der Bezeichnung *hua-t'ou*, d. h. Geschichten, bekanntes Mittel, die von ihm sogenannten *stories*. Die meisten von ihnen spiegeln Alltagsbegebenheiten aus Cages Leben wider, manche hat er direkt aus der Zen-Literatur übernommen, andere haben ihm Freunde erzählt. Eine Reihe von ihnen ist unter dem Titel *Indeterminacy* auf Schallplatte aufgenommen worden; Cage spricht sie, ob kurz oder lang, jeweils im Zeitraum einer Minute. Natürlich bestehen qualitative Unterschiede hinsichtlich ihrer Treffsicherheit, aber in jeder *story* siegt spontanes Erfassen des Hier-und-Jetzt über geistige oder gesellschaftliche Konvention. Unbestimmtheit bedeutet hier, daß situationsgerechtes Verhalten sich nicht planen läßt, sondern ständiger Wachheit entspringt, wie das folgende Beispiel zeigt: »Eines Tages war David Tudor in Black Mountain College gerade beim Frühstücken. Ein Student kam zu seinem Tisch herüber und begann, ihm Fragen zu stellen. David Tudor frühstückte weiter. Der Student fragte weiter. Schließlich sah David Tudor zu ihm auf und sagte: ›Wenn Sie's nicht wissen, warum fragen Sie dann?‹« Vielleicht mag ein so vereinzeltes Beispiel anekdotisch wirken, ihre Summierung tut es sicherlich nicht, weil sie alle von exemplarischem Verhalten Zeugnis ablegen, das auf verwandte Erfahrung verweist. Diese Erfahrung will *gemacht* werden, nicht nur für sich selbst, auch mit andern, und damit sie nicht abstumpft, nicht Routine wird, muß sie methodisch gesteigert werden, daher die wachsende Unbestimmtheit auch in den Vorträgen. *Wohin gehen wir? Und was tun wir?* (1961) ist nach dem Vorbild von *Cartridge Music* vierspurig, d. h. für vier gleichzeitig und unabhängig voneinander vortragende Sprecher komponiert. Überläßt sich der Zuhörer dieser Simultaneität, statt von vornherein oder abwechselnd einen der Texte festzuhalten, so kommt es zu Satzüberschneidungen und Wortballungen. Die Signifikanz wird uneindeutig, dann mehrdeutig und schließlich unbestimmt; aus Verballhornungen entstehen Wortungetüme, die assoziativ funktionieren und bei hoher Sprechgeschwindigkeit in Agglomerate von ›wilden Lauten‹ übergehen, die den *clusters* vergleichbar sind. Den Schwebungszonen entspricht dabei das durch Interferenz hervorgerufene Schwanken und allmähliche Verschwimmen der Bedeutung bis hin zur Ununterscheidbarkeit eines Stimmengewirrs, das den Stellenwert des ›weißen Rauschens‹ hat. Eine solche Sprachwildnis erzeugt Cage später mit anderen Mitteln und anderem Material in *Mureau*. Hier geht es ihm um die Aufopferung der angemaßten menschlichen Überlegenheit gegenüber der Natur und, ein echter Zen-Gedanke, um Brüderlichkeit mit den sogenannten Schwachen im Geist. »Nicht unsre ganze Vergangenheit, sondern nur diejenigen Aspekte von ihr, die man uns beibringt, führen uns zu der Annahme, wir befänden uns auf dem Fahrersitz. Nämlich was die Natur betrifft. Und daß das Leben keine Bedeutung hat, wenn dem nicht so ist. Nun besteht aber das Großartige am menschlichen Geist gerade darin, daß er den eignen Spieß umdrehen und Bedeutungslosigkeit als letzthinnige Bedeutung erkennen kann. Ich habe deshalb einen Vortrag gemacht, bei dem, infolge verschiedener Mittel, der Bedeutung schwer beizukommen ist, obgleich Klarheit meine ständige Täuschung war. Ich habe mir das nicht etwa durchgehen lassen, weil ich Sie, die hier anwesend sind, mißachte. Sondern in Anerkennung der Art und Weise, wie die Natur meiner Meinung nach verfährt. Unter diesem Gesichtspunkt sind wir alle gleich – selbst wenn sich unter uns ein paar Pechvögel befinden sollten: mögen sie nun lahm, blind, dumm, schizoid oder einfältig sein. Hier sind wir. Wir wollen ja sagen zu unsrer gemeinsamen Anwesenheit im Chaos.«

## *Wie die Welt verbessern*

Kollektives statt individuelles Denken steckt sowohl in Cages musikalisch-poetischem wie zen-buddhistischem Ansatz, folgerichtig streben beide, zumal sie moralischen Anspruch bergen, nach gesellschaftlicher Verwirklichung. Hier entfaltet die Technik, die beide vermittelt, ihre eigentliche Dynamik. Die Aufhebung von Bedeutung durch Simultaneität des sprachlichen Geschehens erfolgt nämlich, wie Cage in *McLuhans Einfluß* sagt, gemäß dessen Grundthese von der Gleichzeitigkeit allen globalen Geschehens durch Veräußerung unsres Zentralnervensystems in Form des elektronischen Medienverbunds zu weltumspannenden Diensten. Die Erweiterung der Sinnesorgane Auge und Ohr, ihre Verselbständigung durch Instrumentalisierung, ihr immer engeres Ineinandergreifen zu einer synthetischen Superwirklichkeit macht die Außenwelt zum Environment aus gemischten Medien, wobei das Medium insofern die Botschaft ist, als jedes Medium ein andres beinhaltet. Tatsächlich beruht die Faszination, die vom Medium ausgeht, erst in zweiter Linie auf Mitteilung; sein unausgesprochner, sich zeigender ›Inhalt‹ ist der eigne Prozeß: die Verallgemeinerung desjenigen Mediums, an dessen Stelle es tritt. Die weltumspannende Nachrichtentechnik führt gewissermaßen zum Welt-Ersatz, zum allgegenwärtigen Ritual der bereits vorhandnen Realität, in dem die Menschen zu Zeichen werden, mit deren Hilfe sie, die nur noch Bezugspersonen sind, untereinander kommunizieren. In der reinen Diesseitigkeit wird der veräußerte Mensch zur Nachricht von sich selbst. In einer Art Rückkoppelungseffekt schlägt die totalitäre, weil total gewordene Medientechnik in Mythisierung der Wirklichkeit *als solcher* um. Die Reproduktion, die tautologische Überschreitung, erweist die Selbstidentität des Vorhandenen. Indem Cage sie als So-heit begreift, versucht er diesen Punkt äußerster Entfremdung zu überwinden. Gegenüber allem künstlerischen Bemühen, die Verdinglichung des Menschen partiell zu halten, um die eigne Überlegenheit zu retten, unterwandert er das Böse auf zenbuddhistische Weise; er leistet keinen Widerstand, sondern unterwirft sich der einst dienenden, jetzt herrschenden Technik bis zum Umschlag von totaler Verdinglichung in Entdinglichung. Das willenlose Sich-Überlassen, verbunden mit der Aufhebung der Vernünftigkeit, vollzieht die Dialektik von Herr und Knecht insofern, als die revolutionäre Technik, im Falle der elektronischen Medientechnik also das verselbständigte Zentralnervensystem, den ihr unterworfenen Menschen als den Besitzer von Geist enteignet. »Wir schaffen uns das Eigentum vom Hals und ersetzen es durch Gebrauch. Beginnend mit den Ideen«, heißt es gleich am Anfang des bisher siebenteiligen Tagebuches *Wie die Welt verbessern (du wirst alles nur verschlimmern)*. Eine polit-ästhetische Nutzung von Medien, also auch von Musik und Sprache, im Zuge revolutionärer Kritik oder Agitation liefe für Cage ebenso auf ideologische Verführung hinaus, wie sie seitens der Besitzer an elektronischen Medien erfolgt, die den Geist der Massen für ihre

Zwecke manipulieren. Erst das Opfer an Signifikanz, die Herstellung leerer Realität, ermöglicht eine Freiheit, die vom Ich bzw. Wir nicht genutzt werden kann, weil mit dem Geist auch die Scheinalternative Individualismus–Kollektivismus aufgehoben wird. Das der Unbestimmtheit überantwortete Do-it-yourself des Zufallsspiels mit Medien, diese subversive Zweideutigkeit, welche das Selbst-Machen in Automatik umsetzt, stürzt die Meinungsdiktatur, die der Geist über seinen menschlichen Inhaber ausübt: das nichtssagende Spiel erweist die Nichtigkeit von ›Sinn‹. Cage hat die Chance erkannt, daß das totale Unterrichtetsein, welches die Medienwelt in greifbare Nähe rückt, zur Sinnlosigkeit führt, weil es sich gegenüber dem Interesse verselbständigt und dieses abtötet; die Wucherung des Informiertseins bis zur Perfektion einer allumfassenden Öffentlichkeit ohne Intimität schaltet das Subjekt aus. Wenn die Verdinglichung zur Nachricht, der Ware aller Waren, total wird, schlägt ihre Sinnleere in Entdinglichung um: in Freiheit vom Geist und seiner Herrschaft. Dieser Zustand wäre innerhalb Cages eher funktionalem als geschichtlichem Denken kaum als dauerndes Reich der Zukunft, vielmehr als spontanes Eintreten von So-heit zu verstehen, dem allerdings disziplinäre Vernichtung von Bedeutung vorauszugehen hätte. Mit Recht darf sich Cage als Anarchist bezeichnen – als erkenntnispraktischer. »Sind Sie Marxist? Antwort: Ich bin Anarchist, dasselbe wie Sie, wenn Sie telephonieren, Licht an/ausmachen, Wasser trinken.« Worauf die zunächst überraschende Wendung folgt: »Private Vorwegnahme von Erleuchtung genügt nicht mehr. Nicht bloß Selbst-, sondern Gesellschafts-Verwirklichung.« Die im Wortspiel mit *lights* und *enlightenment* angezielte Wendung ins Praktische, die Zurückführung des geistigen Vorgangs der Erleuchtung auf die geist-lose Funktion des Lichtmachens, zeigt den Willen, Eigentum durch Gebrauch zu ersetzen. Nicht nur Ironie gegenüber der Möglichkeit individueller Erleuchtung, die im Rahmen unsrer Zivilisation zum Besitz degradiert werden könnte, ist dabei im Spiel. In einer Tagebucheintragung bekennt sich Cage zur »Lehre Bodhisattvas: Tritt erst ins Nirvana ein, wenn alle Wesen, fühlende und nicht fühlende, sich dazu anschicken.« Auch der anarchistische

Gebrauch von Licht hat seine Hintergründe, er ist praktisch in andrem Verstand als dem bloßer Nutzung; denn nach McLuhan ist elektrisches Licht »reine Information, Medium ohne Botschaft«, ein Widerspruch, der sich erst auflöst, wenn es erfahren wird als das, was es tagtäglich sein könnte: Erleuchtung ohne Sinn. Obwohl wir das Licht dienstbar gemacht haben, bewahrt es seine So-heit, die uns erleuchten würde, wenn sie uns aufginge. Genauso verhält es sich mit Telephonieren, Wassertrinken, überhaupt allen Dingen und Tätigkeiten, die alle geeignet sind für jene anarchistische Aktivität, die darin besteht, den Gebrauch während des Gebrauchs zu überschreiten, um durch Verzicht auf Herrschaft über Dinglichkeit ein schlagartiges Sich-Öffnen der entfremdeten Welt zu erreichen. Mehrere Momente unterscheiden solche Entdinglichung von der marxistischen. Statt endzeitlich und an eine bestimmte Gesellschaftsform gebunden zu sein, kann sie jederzeit und überall eintreten; dafür ist ihre Dauer keine reale, denn sie hebt Zeit nur punktuell auf; sie folgt nicht allein aus historischer Zwangsläufigkeit, sondern erfordert paradoxerweise die Eigeninitiative dessen, der kein Eigner mehr ist; sie verweigert sich der Ratio wie dem Willen und setzt im Gegenteil deren Aufgabe voraus; diese Aufgabe erfolgt als disziplinäres Spiel, das die Nutzung im gleichen Augenblick aufhebt, wo sie geschieht. Man könnte auch sagen, solche Entdinglichung erfordere eine andere Einstellung zur Arbeit. Wenn Arbeit, phylogenetisch gesehen, den Menschen durch instrumentelle Sicherung von der Natur absondert, dafür aber zu seiner Verdinglichung führt, die in letzter Instanz das Bewußtsein erfaßt, wenn dieser praktische Schutz vor dem Tod, der dessen Verdrängung bewirkt, in die Abtötung durch Verdinglichung und Ausbeutung des Menschen durch sich selbst umschlägt, so vermag Entdinglichung im Sinne von Marx, die ja Arbeit nicht abschafft, nur autonom nutzt, sie zwar durch erfüllte Freizeit zu kompensieren, nicht aber Souveränität ihr gegenüber herzustellen. Denn die Befriedigung aller Bedürfnisse vergütet zwar den Tod, den alle Arbeit verdrängt, durch wachsende Freiräume für Leben, in denen kollektive Selbst-Verwirklichung stattfinden soll; aber dieses Selbst ist nicht mehr vorhanden, die Verdinglichung hat es, als sie total wurde, aufgezehrt. Die marxistische Utopie der Entdinglichung, dem christlichen Erlösungsdenken getreu, dessen aufgeklärte Fortsetzung sie ist, versucht das von ausbeuterischer Arbeit gekreuzigte Subjekt der Geschichte, das Proletariat, über seine revolutionäre Aufhebung hinweg, die sein Tod ist, in ein klassenloses Jenseits zu retten, in dem es für erlittene Entfremdung mit der profanen Wiederkehr der Epiphanie in der Dingwelt belohnt würde. Freilich stünde dem Vernunft entgegen, jene im Gottesmord der Aufklärung vom Menschen an sich gerissene, die Befreiung von Geschichte ermöglichen soll, den erst als Individuum, dann kollektiv zum höchsten Wesen aufgerückten Menschen bei vollendeter Selbsterlösung, das heißt Selbstherrschaft, aber dazu zwingt, sich selber zu vergotten, also über die Dingwelt zu setzen und sich ihr dadurch, von oben statt von unten diesmal, von neuem zu entfremden. Nun bekennt sich auch Cage zur Revolution: »Unser eigentliches Werk, wenn wir die Menschheit lieben und die Welt, in der wir leben, ist heute die Revolution«, aber sein Augenmerk gilt bezeichnenderweise der chinesischen, die zwar gleichfalls den Zwang zu ökonomischer Akkumulation kennt, aber nicht auf einem Produktionsmythos beruht, der einen verdrängten Schöpfungs- und Erlösungsmythos monotheistischen Typs widerspiegelt. Es ist die Arbeit um ihrer selbst willen, das Phänomen von Millionen und Abermillionen von Menschen, die in ihr aufgehen, ohne Anspruch auf *entschädigende* Belohnung durch ihre Produkte zu erheben, was ihn fasziniert. Hier sieht er die Souveränität des Menschen nicht durch Selbstherrschaft, sondern durch Selbstaufgabe, durch gesellschaftliche Verwirklichung von So-heit mittels jeglicher, auch der demütigendsten Arbeit ausgeübt, eine Souveränität, die den in aller Arbeit steckenden Tod nicht verdrängt, indem sie ihn kompensiert, sondern dadurch entkräftet, daß sie Vernunft und Interesse, mit deren Hilfe der Mensch sich vor ihm zu bewahren glaubt, ausschaltet. Natürlich weiß Cage, daß dieser Weg für uns, die wir nicht in einer vorwiegend noch agrarischen Gesellschaft ohne ausgeprägte Entfremdung leben, kaum ohne weiteres gangbar ist. Deshalb entwickelt er im *Tagebuch* eine Doppelstrategie: »Wo es eine Geschichte der Organisation (Kunst) gibt, führe Unordnung ein. Wo es eine Geschichte der Desorganisation (Weltgesellschaft) gibt, führe Ordnung ein. Diese Direktiven widersprechen einander ebensowenig, wie der Berg dem Frühlingswetter widerspricht. ›Wie können Sie dies glauben, wenn Sie das glauben?‹ Wie kann ich es nicht? Langes Leben.« Das Bild vom Berg und vom Frühlingswetter geht, wie Cage im Vorwort zu *M* ausführt, auf eine Erörterung Suzukis über die Entstehung des nichtdualistischen Zen in China zurück. Bei der Übersetzung buddhistischer Texte aus dem Indischen ins Chinesische ergab sich die Schwierigkeit, daß Pali über eine Syntax verfügt, das Chinesische, so interpretiert Cage Suzuki, dagegen nicht. Indische Gegensatzpaare von Begriffen erforderten im Chinesischen eine Umschreibung. *Festigkeit* wurde zu *Berg-Berg, Beweglichkeit* zu *Frühlingswetter-Frühlingswetter.* Cage fährt fort: »Wenn ich Maos Text *Über den Widerspruch* lese, kommt er mir wie ein Ausdruck des nichtdualistischen Denkens im zwanzigsten Jahrhundert vor.« Genauso verfährt Cage im *Tagebuch*, wenn er amerikanisches und chinesisches Denken in seiner einander ergänzenden Gegensätzlichkeit aufeinanderprallen läßt, etwa Fullers Devise, man solle nicht den Menschen ändern, sondern seine Umgebung, und Maos Direktive, man solle das Denken des Volkes revolutionieren. Ebensowenig wie diese beiden Standpunkte widersprechen Ordnung und Unordnung einander, sie ergänzen sich vielmehr und treiben Entwicklung voran, daher Cages Anspielung auf langes Leben. Nichts würde er für abwegiger halten, als sie durch gedankliche Synthese zu versöhnen. Das Denken soll seine Spontaneität entfalten, der Wille zum Resultat darf den Augenblick des Vollzugs nicht entwerten. Deshalb ist das *Tagebuch* ein mosaikartig komponiertes Chaos von Ideen, Feststellungen, Geschichten und Zitaten, in dem Gesellschaftskritik, Bemerkungen über die Künste, persönliche Erlebnisse und Lesefrüchte kunterbunt, doch assoziativ verbunden durcheinandergehn. Jeden Tag ermittelte Cage durch Zufallsoperationen die Zahl der zu schreibenden Bausteine dieses Mosaiks sowie die Anzahl der in jedem von ihnen enthaltenen Wörter; nach dem gleichen Verfahren bestimmte er, welche der zwölf Schrifttypen seiner IBM-Schreibmaschine für welchen Stein zur Anwendung kam. Sogar die Anordnung der Zeilen und die Zeilenbrechungen unterwarf er dem gelenkten Zufall. Das Ergebnis ist eine äußerst vitale, trotz vielfältiger Mittel nicht überladene Typographie, die von einer geheimen, wellenförmigen Mittelachse im Flattersatz nach beiden Seiten ausgreift. Erinnerungen an Pounds *Cantos* stellen sich ein, zumal diese über Fenollosa ebenfalls auf China zurückverweisen, vor allem aber Ähnlichkeiten mit den *clusters*. Wie diese als polymorphe Akkorde angesprochen werden könnten, machen die Seiten des *Tagebuchs* den Eindruck, als sei ihre motivisch-syntaktische Mehrstimmigkeit gar nicht zur Entfaltung gekommen, so sehr zieht sich der Satzbau manchmal zusammen, verkürzt seine Teile und gerinnt zum Einzelwort: »Wörter ohne Syntax, jedes Wort polymorph.« Das flexionsarme, oft einsilbige Englisch, in dieser Hinsicht dem Chinesischen nahe, fördert dieses Bestreben, das Cage revolutionär aufgefaßt wissen will: »Wenn wir unsre Sprache ändern könnten, das heißt die Art und Weise, wie wir denken, wären wir wahrscheinlich imstande, die Revolution zu schaukeln.« Cage versteht dieses Ändern, wie seine Kritik an *Finnegans Wake* zeigt, durchaus technologisch: Er setzt nicht auf eine organische Desorganisation historischer Sprachstrukturen, sondern auf den kombinativen Entwurf, der vorgefertigte Teile von Texten, die nicht unbedingt von ihm selbst stammen müssen, nach den Gesetzen des Zufalls neu ordnet. »Die vom Menschen geschaffenen Strukturen müssen preisgegeben werden, wenn jene Wesen, zu deren Kontrolle sie bestimmt waren, ob es nun Menschen, Tiere, Pflanzen, Klänge oder Worte sein mögen, weiterhin auf der Erde dasein und atmen sollen.« Selbst Joyce' Spätwerk besitzt für ihn noch eine Starre, eine Strenge der Syntax, welche das Chinesische oder Japanische nicht aufweisen. *Mureau* ist Cages konsequentester Versuch, sprachliche Freiräume zu schaffen, die einem Auditorium, das allmählich zu einer Art Sprechchor wird, eingeübt werden sollen, damit es fähig wird, seine eigne Sprache neu zu sprechen. »*Mureau* geht von konventioneller Syntax aus. Es ist eine Mischung von Buchstaben, Silben, Wörtern, Sätzen und Sentenzen. Ich schrieb es, indem ich alle Bemerkungen Henry David Thoreaus über Musik, Stille und Töne, die er hörte, und die in der Dover-

Ausgabe des *Journal* indiziert sind, einer Reihe von Zufallsoperationen nach dem *I Ging* unterwarf. Das Personalpronomen wurde nach solchen Operationen variiert und die Typographie auf gleiche Weise ermittelt. Mureau ist die erste Silbe des Wortes Musik, gefolgt von der zweiten des Namens Thoreau.« Abgesehen vom andern Sprachmaterial und der im Endergebnis festgelegten Textgestalt, ähnelt die Wirkung dem vierspurigen Vortrag *Wohin gehen wir? Und was tun wir?* Es kommt zu Satzüberschneidungen, syntaktischen Zerfallserscheinungen, Wortballungen, Verballhornungen, Neologismen, sinnfreien Agglomeraten. Der optische Eindruck evoziert einen maschinenschriftlichen Palimpsest nicht nur äußerlich, treten doch Archaismen bei der Wortbildung auf. Überhaupt wächst der graphische Reiz bei solchen späten, auch zum Vortrag bestimmten Texten Cages, ähnlich wie bei den Partituren. – Was ihn bewogen haben mag, Mesosticha zu schreiben, ist vielleicht der Rückbezug auf die griechischen Orakel, unbewußt sicherlich die Möglichkeit, von einer festgelegten, magisch-buchstäblichen Mittelachse aus frei nach beiden Seiten ausgreifen zu können. So halten sich in den *Mesostics* über Merce Cunningham, Marcel Duchamp, Mark Tobey u. a. ein Minimum an skelettartiger Ordnung und ein Maximum an freiem Ausschwingen die Waage. Wie vereinzelte *clusters*, die sich in Ideogramme verwandelt haben, schweben diese punktuellen Sprachgebilde in der weißen Stille, die oft gar nicht mehr als Buchseite empfunden wird. Dieses Weiß, diese Stille zehrt die Mini-Strophen der Mesosticha von links und rechts aus, macht sie selbst dann lapidar, wenn ihre Aussage banal ist. Beim Lesen springt das Auge von langen zu kurzen und wieder langen Zeilen, es stolpert über die Majuskeln, welche die Mittelachse bilden und oft dem neuen Wort oder Wortteil einen Sinn verleihen, der dem Gesagten eine neue Dimension gibt wie in folgendem Beispiel aus den *36 Mesostics Re and Not Re Marcel Duchamp*, in dem Antworten zu Lügen werden:

questions i Might
hAve
leaRned

to ask Can
no longEr
receive repLies

Den äußersten, Syntax aufhebenden Grad der Verdichtung erreicht Cage in den Buchstabenkonstellationen der *62 Mesostics re Merce Cunningham.* »Die Länge von Cunninghams Name erwies sich als ein Hindernis. Plötzlich kam ich auf den Gedanken, daß diese Länge im Verein mit dem Träger des Namens die Mittelachse hinab das Hindernis in Brauchbarkeit umwandeln könnte, wenn die Buchstaben sich vertikal wie horizontal berührten. Das Gedicht würde dann ein Rückgrat haben und Cunningham, dem Tänzer, selber ähnlich sehn. Obgleich das nicht der Fall ist (diese Mesosticha ähneln eher Wasserfällen oder Ideogrammen), sind sie doch so entstanden. Ich benutzte über siebenhundert Schrifttypen und -grade, die in Letraset aufzutreiben waren, und unterzog sie, natürlich, Zufallsoperationen nach dem *I Ging.* Keine Zeile hat mehr als ein Wort oder eine Silbe. Silben wie Wörter stammen aus Merce Cunninghams *Notes on Choregraphy* und zweiunddreißig anderen Büchern, die Cunningham bei der Arbeit zu benutzen pflegte. Diese Wörter wurden einem Prozeß unterzogen, der in einigen Fällen einen Silbenaustausch zwischen zwei oder mehr von ihnen bewirkte. Dieser Prozeß brachte neue Wörter hervor, die in keinem Wörterbuch stehen, doch an Wörter erinnern, wie man sie überall in James Joyce' *Finnegans Wake* findet.« Streng genommen sind diese Konstellationen, in denen Buchstaben über Wörter dominieren, keine Mesosticha mehr; ihre Mittelachse ist nicht zu erkennen, geschweige denn zu lesen. Gerade dies Heraustreten aus ihrer Funktion wandelt die Buchstaben zu Lettern und macht den Symbolismus von Schwarz und Weiß bewußt. Zunächst besteht der Reiz im Graphischen, im Zusammenspiel und Kontrast verschiedener Schrifttypen und -grade, im konkreten Ausdruck der vereinzelten Letter, die bald fettgedruckt, bald zu Haarstrichen sublimiert die naive Freude am Buchstabieren wiedererweckt. Dann gewinnen die chaotischen Konstruktionen ein Eigenleben. Sinnvolle Wörter scheinen sich selbst zu stammeln, artifizielle bröckeln über mehrere Zeilenetagen ins Unartikulierbare ab. Andere Konstellationen werden zu Schrift-Molekülen, aus denen eine Form, ins Riesenhafte verfremdet, ins Auge springt und es bannt. Solche Gebilde schlagen ins Magische um, etwa wenn ein gigantisches O seinen Mund spitzt und die heilige Silbe *Om* zu intonieren scheint. In letzter Zeit, so bei der Aufnahme von *Empty Words*, gelangt Cage zu Meditationsformen, die mit sinnfreien Elementen arbeiten: einer Verschwisterung von Sprache und Musik zur Litanei. Tatsächlich wäre vorstellbar, daß die Konstellationen, welche den Sinn ganz oder teilweise aufheben, als Partitur aufgefaßt, nämlich als *clusters* aus Lauten intoniert würden. Lektüre bekäme dann den Sinn einer selbst-verständlichen Meditation. »Um die Temperatur der Sprache zu erhöhen, beseitigen wir nicht bloß die Syntax: wir widmen jeder Letter ungeteilte Aufmerksamkeit und setzen sie in einmaliger Schrifttype und -größe; *Lesen* wird zu einem *Singen* des Wortes.« Widerlegt solche Änderung der Sprache, indem sie Kommunikation aufhebt, nicht die Hinwendung zur Praxis? Verhindert die sprachliche Revolution nicht die Umgestaltung der Gesellschaft? Wichtiger als jede mögliche Antwort, die doch nur die Sackgasse bestätigen würde, in der wir leben, wäre die Einsicht in die Begrenztheit unsres Verständnisses von Kommunikation, Gesellschaft, Revolution, das auf einem Begriff von Gesetzmäßigkeit, von Logik beruht, den Cage denkend wie handelnd sprengt. Nicht zufällig ereignete Dada sich am Vorabend der russischen Revolution und begann Cages dadaistisches Zen zur Zeit der chinesischen. Zum zweiten Male im Abstand einer Generation hat die Vorwegnahme gesellschaftlichen Umsturzes die abendländische Vorstellung vom Logos erschüttert. Während aber die westeuropäische sich als unfähig erwies, bloße Verneinung zu überwinden, zeigt die amerikanische, die wir Cage verdanken, die Richtung zur Befreiung an: »Dort, außerhalb des Gesetzes, sagen wir die Wahrheit.«

# Das Andere und das Sein

## Octavio Paz als Essayist

Daß der Essay eine Kunstform ist, eine mittelbare zwar, doch analog zu Gedicht, Roman oder Drama, diese mühsam gegen den Mythos vom Schöpferischen erworbene Einsicht ist in Deutschland heutzutage nicht mehr gefragt. Wer bei uns einen Essay liest – falls es sich überhaupt um einen handelt –, tut es um der Information willen. Denk- und Sprachform einer essayistischen Arbeit, ihr innerer Aufbau, ihr Ausdruckswert interessieren kaum; vom mangelnden Bewußtsein des Unterschiedes zwischen Aufsatz und Essay ganz zu schweigen. Denken als Stil, als Sprachstil, das noch Entwürfe wagt, gilt seit einem Dezennium weithin als Formalismus, als elitäre Eigenbrötelei, welche die Wende zu Kollektivität und Sachlichkeit verpaßt hat. Ob in Zeitungen oder Büchern, Zeitschriften oder Rundfunksendungen, überall macht sich derselbe Konformismus breit: das Kuschen vor dem Abenteuer eigenständigen Denkens. Von Meinungsmache und Wissenschaftsbetrieb sanktioniert, schießt statt dessen ein Räsonieren ins Kraut, dessen Ideenlosigkeit um so hektischer sich gebärdet, je folgerichtiger es zum Jargon erstarrt. Im Selbstverständnis zwar kritisch und weltoffen, von Erfolg und Vereinsmeierei jedoch längst gegängelt, wagt solches Reflektieren nur, was ohnehin nicht Anstoß erregt. Angetan mit den Weihen der Vernunft wie weiland Nicolai, der Spätaufklärer, stelzt der deutsche Schriftsteller mit hoch erhobnem Zeigefinger einher, unterrichtend, warnend und notfalls – richtend. Denn endlich hat der vielgeschmähte Praeceptor Germaniae die Nation auf seiner Seite; endlich hört alles, vom Buchklub bis zum Kinderladen, auf sein Gebot. Das Verdienstkreuz auf der Brust und die Taschen voller Preise, von den Kulturverbänden der Industrie wie von den Gewerkschaften gleicherweise verhätschelt, hat der Musterknabe unsrer Demokratie und Exportschlager der Goethe-Institute jegliches Gespür dafür verloren, daß sein kritisches Gehabe allmählich zur Affirmation des geistigen Mittelmaßes verkommt. Wie soll unter diesen Umständen ausgerechnet der Essay gedeihen? Wie soll eine Literaturgattung, die ganz Entwurf, Versuch, Erprobung ist, die weder Basis noch Ziel kennt, auf keine gesicherte Methode baut und stolz eingesteht, daß ihr Wahrheitsideal unvereinbar mit Objektivität ist, wie soll diese Schreib- und Lebensform sich noch verwirklichen?

Die Ironie der Geschichte will es, daß gerade eine Generation von Intellektuellen, die bei so großen Essayisten wie Adorno und Benjamin gelernt hat, die für den Essay notwendige Freiheitlichkeit beim Denken und Schreiben nicht mehr aufbringt, schlimmer noch, sie zur Routine heruntergewirtschaftet hat, die am sprachlichen Klischee sich verrät. In Funk und Fernsehen, Presse, Verlag und Universität an die Schalthebel gelangt, ist der neuen Klasse von Intellektuellen jener kritische Impuls, mit dem sie die Macht eroberte, zum Dogma, zum Wert an sich verknöchert, damit aber auch die Sprache, die sie spontan einst gebrauchte, zum bloßen Zeichensystem verdorrt. Verschlingt die Dialektik der Aufklärung ihre eigenen Kinder? Schlägt Wahrheit als Akt der Befreiung ins Ritual einer Kaste um? Fraglich scheint, ob allein Selbstkritik, die stets im Bewußtsein befangen bleibt, die Gefahr beheben könnte. Zu lange wurde einseitig auf Vernünftigkeit gebaut, zu gründlich in selbst auferlegter Diktatur die Neugier, der Spieltrieb, die Begeisterung, überhaupt alles Spontane, das aus unter- wie überbewußten Quellen sich speist, den allein seligmachenden Geboten der Gesellschaft unterworfen, als daß unser Denken aus Lust, anders zu sein, noch tanzen möchte. Daß aber Denken keine Zwangsarbeit ist, die der Weltgeist uns aufoktroyiert, vielmehr ein Glück, eine Leidenschaft selbst dann, wenn Haßliebe es drängt, Gott und die Welt, ja sich selbst zu zerstören; daß diesem Trieb im Hirn, statt durch Logik ihn zu verschneiden, eine Kunstform entsprechen sollte, die ihn aufreizt, freisetzt und dennoch bändigt, damit wir *anders und zugleich wir selbst* wären –: um diese höhere Dialektik haben Essayisten seit jeher gewußt. Freilich, woher sollte in Deutschland eine solche Geisteshaltung kommen! Abgeschnitten von unsrer Geschichte, zweigeteilt in Demokratie und Sozialismus, spielen wir um so eifriger, hüben wie drüben, die Rolle des Moralisten, als unser Schuldbewußtsein, unsre Sehnsucht nach Reinheit und Identität, uns keine Ruhe läßt.

In diesen immerwährenden, allmählich zur Pflicht ergrauten Ernst der Stunde platzt für alle, die nach neuen Perspektiven suchen, der seltne Glücksfall einer Neuerscheinung von Rang, die unsrer deutschen Nabelschau, zumindest der Tendenz nach, Abhilfe schaffen könnte – die zweibändige Auswahl von Essays des mexikanischen Dichters Octavio Paz*. Schon Überblättern schafft, um mit Benn zu sprechen, einen leichten Rausch. So viel Klarheit im Text, wo immer man ihn anliest, so viel Grazie und Kraft! Ohne Partikelgestöber die Sätze, ohne syntaktische Mätzchen ihr Bau, der eher statisch als dynamisch wirkt, dabei locker, leicht, unprätentiös. Ein sicherer Instinkt für Ökonomie balanciert Begriffe und Bilder aus, macht den Sprachablauf durchsichtig. Keine Rhetorik, sondern lapidarer Stil. Und trotzdem singt die Sprache, man spürt ihre Musikalität, die nie falsch klingt, durch die vorzügliche Übersetzung hindurch. Man spürt sie – hört sie kaum. Nur in ein, zwei Arbeiten läuft Paz Gefahr, der Versuchung vieler Prosa schreibenden Lyriker nachzugeben, das heißt, die stumme Musik der Proportionen durch Wortreichtum zu überlagern. Ansonsten verläßt er sich auf die Kraft des Denkens, seine ihm innewohnende Fähigkeit, gleichsam von selbst Sprachgestalt und damit Stil zu schaffen, etwa durch parataktische oder antithetische Fügungen, die oft spruchartig Eigenwert gewinnen. Leicht könnte man aus den siebenhundert Seiten eine knappe Aphorismensammlung destillieren, meist kurze Sätze nur, die hochkarätig am Schluß einer Gedankenkette stehen. »Ohne Gott ist die Welt leichter geworden und der Mensch schwerer«, heißt es in *Atheismen*, und in *Übersetzung – Wortkunst und Wörtlichkeit*: »Dichtung ist, ohne aufzuhören, Sprache zu sein, ein Jenseits der Sprache.« Während unsere besten Essayisten die Geburt des Gedankens, sein sprachliches Werden vorführen, steht er bei Paz in vollem Bewußtseinslicht fertig da. Ohne sum-

* Octavio Paz: *Essays* I und II. Aus dem Spanischen von Carl Heupel und Rudolf Wittkopf. Nachwort von Carl Heupel. Suhrkamp Verlag Frankfurt/Main 1979 und 1980.

marisch zu verfahren, schreibt er aus der Vogelperspektive; seine Erkundungen gelten dem Panorama. Selbst Einzelprobleme oder Gestalten seiner Wahl durchdringt ein stets waches Bewußtsein für das Völker, Zeiten und Kulturen überwölbende Kontinuum. Seine Anfänge als kulturkritischer Essayist machen sich hier bemerkbar. Auch Anspielungen, Huldigungen, Polemiken, die selbstverständliche Nutzung fremden Wissens, das Ausgehen von Neuerscheinungen oder Ereignissen in Kunst und Politik suggerieren stets das Allgemeine im jeweilig Aktuellen. Sogar das Zitat gehorcht dieser Sicht. Sparsam der höheren Instanz des Textes sich unterordnend, verrät es den gestalterischen Willen, Einheitlichkeit über die Leuchtkraft des Belegs zu stellen.

Verführerisch wäre es, den Denkformen von Paz nachzuspüren, zumal er methodische Vielfalt liebt; ob Existentialismus oder Psychoanalyse, Marxismus oder Strukturalismus: mit allem hat er experimentiert. Aber Wissenschaft und Weltanschauung sind für den Dichter, der ins Offene reflektiert, nur als Idearium seiner Epoche von Belang; Paz' unumgänglichen Synkretismus gegen seine Einsichten auszuspielen, hieße den Essay selber verkennen. Genealogisches Forschen nach Herkunft seiner Denkformen verbietet ein andrer Grund; und dieser, ein Ungrund eher, steht im Zentrum seiner geistigen Erfahrung. Vom *Labyrinth der Einsamkeit* über die Teilhabe am Surrealismus bis zur fernöstlichen Selbst-Erkundung führt sie, sei's im Gedicht, sei's im Essay, als roter Faden durch Leben und Werk. Jener erste große Essay trug, von Antonio Machado, folgende Sätze als Motto: »Das ›Andere‹ gibt es nicht: so lehrt der ›vernunftgemäße Glaube‹, die unheilbare Überzeugung menschlicher Vernunft. Identität = Realität, als ob am Ende mit absoluter Notwendigkeit alles ›ein und dasselbe‹ sein müßte. Aber das ›Andere‹ läßt sich nicht aus der Welt schaffen: es besteht beharrlich fort, es ist der harte Knochen, an dem die Vernunft sich die Zähne ausbeißt.« In Octavio Paz' Versuch übersetzt, das Wesen der Mexikanität zu ergründen, lautet die Kritik am Identitätssatz: Ob Kreolen, Mestizen oder Indios, im Verlauf der Geschichte haben wir Mexikaner allesamt unsre Identität verloren; weder die präkolumbianische, neuspanische, liberale oder revolutionäre Epoche hat uns Selbstverwirklichung ermöglicht; wir sind die Entwurzelten einer Zeit, die sich selbst verschlingt. Alle malerischen Einzelzüge, die Paz zum Porträt mexikanischer Wesensart vereint, bilden trotz konkreter Eindringlichkeit daher nur eine Maske, hinter der Identitätsverlust, mithin Leere sich verbirgt. Und weil dieses Merkmal kein angeborenes ist, vielmehr historisch bedingt, ändert die für seinen Erwerb erforderlich gewesene Zeit ihren bislang linearen, zielstrebigen Charakter; mit der Verschmelzung von Kulturen und Rassen, der Durchdringung von Mythos und Aufklärung wird sie zur zyklischen, die in sich selbst mündet. Eine Generation zuvor hatte Europa, in *Monsieur Teste* und dem *Mann ohne Eigenschaften*, einen ähnlichen Erfahrungsstand erreicht, ohne ihn überschreiten zu können; in Mexiko beheimatet, dessen Küsten geographisch wie historisch nach West *und* Ost sich öffnen, sucht Paz im Bewußtsein, daß nichts wiederholbar ist, ihn zu transzendieren. Da Lateinamerika keine Aufklärung erfahren hat, fällt ihm dies insofern leichter, als jener vernunftgemäße Glaube, daß Realität durch Identität verbürgt sei, ihm weniger anhängt; andrerseits kennt sein neuspanischer Universalismus, durch Skepsis gegenüber Fortschritt verstärkt, nur eine Dialektik des Seins, nicht des Werdens, so daß Veränderung stagniert. Welche *andere* Realität beginnt, wenn Identität nicht bloß verlorengeht, sondern aus Einsicht aufgehoben wird, auf diese Schicksalsfrage gibt fernöstliche Spiritualität ihm zwar Antwort, in Gestalt einer Praxis jedoch, die er betrachtend nur teilt. Vielleicht ist in der gegenwärtigen Weltstunde überhaupt nur jener labile Gleichgewichtszustand erreichbar, den er mit der Lebensklugheit des Mestizen, der zwischen Rassen und Kulturen steht, als »Heteronymie des Seins« zu behaupten weiß. In der konsequenten Verfolgung des entscheidenden Ansatzes jedenfalls, der ihn zunächst Europa rekapitulieren ließ, dann nach Fernost führte (von wo der indianische Teil seiner Ahnen einst aufgebrochen war, um Amerika zu erobern), liegt Paz' exemplarische Bedeutung.

So zwingend muß die Nähe der Mexikanität zu diesem Teilursprung ihm erscheinen, daß er der Anfangsgruppe von Essays, die wiederum Mexiko gilt, einen Block von Asien gewidmeten Arbeiten folgen läßt. Bezeichnenderweise stellt die Verbindung ein tertium comparationis aus Europa her. Die erneut aufgeworfene Dialektik von Wesen und Maske, jetzt auf den Dichter, den Künstler bezogen, mündet in folgende Alternative: »Heute vermag die Maske nichts mehr zu verbergen, vielleicht weil der Künstler dieser Zeit Gegenwärtiges nicht mehr zu beschwören vermag. Es bleibt ihm jedoch noch der Weg, den Mallarmé schon vorgezeichnet hat: die Abwesenheit kundtun und die Leere verkörpern.« Über die Möglichkeiten des Dichters, dieses Paradoxon zu leben, gibt die Poetik Mallarmés Auskunft; ihr wird die Sprache zum Zaubermittel, um das Nichts, das die Wahrheit ist, zu beschwören. Indem die poetische Sprache ihren Bezug, das Seiende, aufhebt, bringt sie das andere zum Vorschein; das Gedicht wird zur Walstatt, auf der die Heteronymie des Seins zum Austrag kommt. Wie aber steht es um die Mehrzahl der Menschen, könnte man fragen, die künstlerischer Hervorbringungen nicht fähig sind? Zwar verkörpern sie die Leere insofern, als sie ihr Selbst durch Entfremdung verloren haben; aber es ist die Leere der Verfügbarkeit, nicht der Befreiung vom Sein. Aber streben sie überhaupt nach solcher Befreiung, die willentliche Aufhebung des Selbst voraussetzt? Sehen sie nicht eher in der Freiheit der Selbst-Verwirklichung ihr Ideal? *Person und Prinzip in Indien* sowie *Der Befreite und die Befreier*, zwei Arbeiten, die den heimlichen Höhepunkt des Bandes darstellen, weil sie unser abendländisches Lebensideal mit seinem Gegenpol konfrontieren, geben darüber Auskunft. Während unser Denken und Handeln auf die Affirmation von Person oder Kollektiv hinausläuft, strebt der Hindu nach Negation des Ich, das wie alles Seiende nur *mâyâ*, nur kosmische Illusion ist. Stellt seit der Neuzeit für uns der Revolutionär, ob in Kunst, Wissenschaft oder Politik, das menschliche Ideal dar, so für den Hindu seit jeher der Sadhu, der außerhalb jeder Gesellschaftlichkeit lebende Eremit und Weise. Wir Abendländer setzen auf absolute Freiheit, Hindus und auch Buddhisten auf Befreiung im Absoluten. Ein unterschiedliches Verhältnis zu Sein und Zeit drückt sich hierin aus. Unsre Metaphysik spricht dem Sein Fülle zu, der ihrigen bedeutet es Leere; unsre Zeit kennt Ablauf, Entwicklung, ihre ist Rundlauf in sich. Dem Problem der

Zeit, seinem großen Thema, begegnet Paz bei der Erörterung der Erotik von neuem. Allerdings gibt die Abhandlung *Sexualalchimie und erotische Courtoisie*, leider aus dem Kontext gerissen, im Vergleich von tantrischer und taoistischer Zeitauffassung nur begrenzt das her, was sie im ursprünglichen Essayband durch deren Gegenüberstellung mit der christlichen Zeit, insbesondere mit dem Protestantismus als erster Stufe der Aufklärung, leistet. Liest man sie jedoch parallel zu *Sexualität und Erotik* der folgenden Gruppe, wird ihr eigentlicher Wert klar. Der aufgeklärten Sexualität des Abendlandes, die in Sade ihre äußerste, das heißt zerstörerische Konsequenz fand, stehen dann jene meditativen Sexualpraktiken des Ostens gegenüber, die stets in die kosmisch-religiöse Ordnung eingebettet sind und aus ihr einen Sinn beziehen, der über den Menschen hinausweist. Ob zum Zwecke der Erleuchtung, wie für den Tantrismus, oder im Dienst der Unsterblichkeit, wie für den Taoismus, beide Male wird Sexualität zur Selbst-Veränderung des Menschen genutzt, wogegen sie bei uns, wie die Verhaltensforscher sagen würden, lediglich der Partnerbindung und damit, abgesehen von der Fortpflanzung, der Selbst-Verwirklichung innerhalb der reinen Immanenz dient.

Sexualität verweist daher, wie immer gebraucht, auf das metaphysische Grundproblem von Sein und Zeit zurück, das in keiner anderen Kultur so radikal auf den Menschen zugeschnitten, man könnte sagen: beschnitten worden ist wie in der unsrigen. Denn der Gottesmord, von der Aufklärung im Namen des Naturrechts vollzogen, säkularisierte die sakrale, auf Erlösung im Jenseits abzielende Zeit ebenso wie er Sein auf Immanenz einschränkte. Der Atheismus wurde zum Grundgesetz der profanierten Welt. Kann eine in sich geschlossene Menschenwelt aber, fragt sich Paz in *Atheismen*, auf Ausschluß und Negation gründen, wie sie am Begriff des Atheismus sich verraten? Ist eine ins Unendliche zielende Zeit, ohne Widersprüche heraufzubeschwören, überhaupt in reine Diesseitigkeit, einen Welt- und Geschichtsprozeß à la Hegel oder Marx, übersetzbar? »Die Schwierigkeiten des abendländischen Atheismus haben ihren Ursprung in der Zeit: die Wirklichkeit der Zeit erfordert die Wirklichkeit des Gottes, der sie schuf. Deshalb ist Gott vor der Zeit: er ist ihr

Erhalter und ihr Ursprung. Nietzsche versuchte, dieses Rätsel mittels der ewigen Wiederkehr zu lösen: der Tod Gottes ist ein Augenblick der kreisenden Zeit, ein Ende, das ein Anfang ist. Nur impliziert die zyklische Zeit einen weiteren Widerspruch: auf die Zeit des Todes Gottes wird die seiner Auferstehung folgen.« Lösbar wären beide Antinomien allein durch Vernichtung der Zeit selber, durch Erkenntnis ihrer Unwirklichkeit wie im Buddhismus, der infolgedessen eines Schöpfergottes nicht bedarf. Doch obwohl Paz fordert, wir sollten die Zeit töten, so wie wir Gott getötet haben, gibt er keine Anhaltspunkte für die Ausübung einer solch wahrhaft *re*volutionären Tat. Spinnt man seinen Gedanken weiter, so dürfte der Tod der Zeit keine Endstation sein, wo sie einfach aufhört (eine derartige Projektion in die Zukunft setzte ja wiederum Zeit voraus), vielmehr ihre Aufhebung durch geeignete Techniken, die unser Bewußtsein von ihr befreien würden. Aus guten Gründen zieht Paz diesen Schritt, der in anderen Kulturen getan wurde, nicht in Erwägung. Er hält es für unwahrscheinlich, daß der Mensch zu Metaphysik und Religion zurückkehrt, die besser als jene neuzeitlichen Ideologien, die mit linearer Zeit rechnen, utopischer Zeitlosigkeit entsprächen. Statt dessen wendet er sich *Nihilismus und Dialektik* zu, den beiden Formen, welche die Vernunft durch Säkularisierung angenommen hat. Im Vergleich von Nietzsche und Marx gewinnt Paz' Denken Geschichtlichkeit und geht unmerklich ins Politische über. In beiden Fällen sieht er die Gefahr in der Unterwerfung der Wahrheit; dort unter den Willen zur Macht, hier unter die Geschichte. Ihrer apriorischen Grundlage beraubt, wird Wahrheit zum Agens. Aber was sie an Kraft zur Veränderung gewinnt, büßt sie an Souveränität ein; Nihilismus wie Dialektik unterminieren sich selbst. Die Technizität des Denkens ruiniert seinen Gehalt. Der Übermensch entartet zur Bestie, der Sozialismus zum Stalinismus. Im *Schlußpunkt* versucht Paz eine Kritik des Marxismus. Leider verliert er sich dabei allzuschnell in bekannte Einwände, ohne seinen Ausgangspunkt konsequent zu entwickeln: »In dem Augenblick, da die Vernunft die Kritik ihrer selbst unternahm, nachdem sie die der Götter geübt hatte, hörte sie auf, die Mitte des Kosmos zu sein. Deswegen verlor sie nicht ihre Vorrechte: sie wurde zum revolutionären Prinzip par excellence. Als Agens, das imstande ist, den Lauf der Dinge zu ändern, wurde die Vernunft aktiv und anarchisch. Aktiv: sie war Bewegung, immer veränderlich und beständig aufsteigendes Prinzip; anarchisch: sie war das Instrument der Menschen, um die Welt zu verändern und sich selbst zu ändern.« Nur führte diese Änderung des Menschen nicht zum *Anderen* als Korrektiv der Vernunft, vielmehr unterwarf sie ihn ihrem Gebot, nichts als Homo sapiens zu sein, das heißt, zu ihrem Instrument zu verkümmern, das in Form anarchischer Technik die Welt zunehmend zerstört. Fruchtbare Kritik am Marxismus hätte an seiner mangelhaften Anthropologie anzusetzen, die der Heteronymie des Menschen nicht Rechnung trägt, sondern wiederum eine Wertordnung installiert, die bloß gesellschaftlich aufgefaßter Entfremdung mit Ideologie beizukommen sucht.

Paz übt solche Kritik anderen Orts, und zwar weniger im Diskurs als durch poetische Reflektion; der zweite Essayband steckt voller Antworten, tragischer wie utopischer, auf Grundsatzfragen des ersten. Begann dieser mit der Entfremdung des Menschen, des mexikanischen, von sich selbst, so hebt der zweite mit jener »anderen Stimme« an, welche wir *Die dichterische Inspiration* nennen. Gleichgültig, ob der bewußtseinshelle Ingenieur oder ein weltverlorener Mystiker am Werke ist, ob der Dichter einem Plan folgt oder ins Chaos sich versenkt: *»Immer ist er jenseits seiner selbst.«* Unzählige Male beharrt Paz auf der »Andersheit« des Menschen als der Grundlage aller Poesie, mehr noch, er hat sie zu leben versucht, indem er zeitweise am surrealistischen Abenteuer teilnahm. Wenn er zwar für das Engagement des Dichters eintritt (bekanntlich quittierte er 1968 aus Protest gegen die blutige Unterdrückung einer Studentendemonstration auf dem Tlaltelolco-Platz seinen Botschafterposten in Neu-Delhi), engagierte Poesie jedoch als falsche Ästhetisierung des Politischen ablehnt, so folgt er hierin der Synthese von Surrealismus und Trotzkismus, die Ende der dreißiger Jahre anläßlich des Besuchs von Breton bei Trotzki im mexikanischen Exil zustande kam. Dabei geht Paz über Breton hinaus. Er stellt Poesie nicht *au service de la révolution*, sondern sieht beide in einem dialektischen Gegensatz, der ihr Verhältnis seit der Auseinandersetzung zwischen deutscher Romantik und französischer Revolution bestimmt hat. Nur dieser dialektische Widerspruch, nicht wechselseitige Unterordnung, sichert beiden Universalität. Obwohl Paz in Impulsen und Denkanstößen dem Surrealismus verpflichtet ist – nicht weniger als drei Essays bezeugen es, von denen der Breton gewidmete sein persönlichster sein dürfte –, hat er ihn sehr eigenwillig umfunktioniert. In der Deutung der surrealistischen Inspiration als eines Versuchs zur Aufhebung des Subjekt-Objekt-Gegensatzes sowie in seiner auf Heidegger bauenden Kritik am Diktat des Unbewußten zugunsten der »Prä-meditation« spiegelt sich seine geistige Öffnung nach Fernost wider. Das geschieht nicht unproblematisch. Wenn Paz einerseits zurecht feststellt, daß für Breton »die Macht des Wortes nicht verschieden von jener der Leidenschaft« war und es andrerseits schade findet, daß er sich nicht für den Buddhismus interessiert habe, weil auch dieser »die Illusion des Ich« zerstöre, so spart er den unaufhebbaren Gegensatz von Libido und Askese ebenso aus, wie wenn er die *écriture automatique* für ein »neuzeitliches Äquivalent der buddhistischen Meditation« hält. Daß die Originalität des Surrealismus für ihn obendrein darin liegt, »daß er aus der Inspiration eine Idee gemacht hat, radikaler noch, eine *Idee der Welt*«, welche die einstige Stelle Gottes bzw. der Vernunft einnimmt, verrät sein Bedürfnis nach Rückbindung an einen theologisch-philosophischen Universalismus, in dessen Zentrum nunmehr ein heteronymes Prinzip herrscht. Im Übereinanderkopieren von Bereichen verschiedenartiger Herkunft, dem Zentrieren ihrer Wirkkräfte zu einem gemeinsamen Moment, das ihre Tendenzen teils gleichlaufend bündelt, teils gegenläufig aufhebt, so daß der Brenn- wie Nullpunkt eines vieldimensionalen Koordinatensystems zum Vorschein kommt, besteht die gleichsam leere Mitte jener Faszination, die Paz als Transformator zwischen Räumen und Zeiten, Geschichte und Gegenwart, Kulturen und Rassen ausstrahlt. Dieser Ort ist zugleich Gipfel der intellektuellen Macht wie tiefste Wunde, insofern er auf Ohnmacht an Existenz gründet; er stellt jenen Ungrund dar, Identifikation mit dem Aufgehobensein von Identität, von dem wir sprachen und der jetzt als kreisende Nabe jener »Rotation der Zeichen« erkennbar wird, zu denen laut Paz der Mensch gehört. Erkennbar im Sich-Verbergen paradoxerweise – das Sein wird zum Anderen, das Andere erlangt Sein. Im Gegensatz zu Blanchots ebenfalls von Mallarmé und Heidegger gespeister Metaphysik des Sprachkunstwerks jedoch enthält sich Paz' dialektischer Agnostizismus, weil aus tätiger Poesie geboren, des Umschlags in Dichtung mittels Begriffen; auf Ausgleich zwischen der Gesellschaftlichkeit von Literatur und ihrer Autonomie als Sprache bedacht, ist er sich – hierin Eliot verwandt – der mittelbaren Kunstform des Essays bewußt.

Diese Kraft zur Balance befähigt Paz zu Arbeiten von großer Ausgewogenheit, sei's über Einzelgestalten, sei's über lateinamerikanische Literatur bzw. Poesie insgesamt, wobei gewisse Strömungen, etwa *Der Modernismo*, hervortreten; die Essays über den französischen und angelsächsischen Sprachraum hingegen weisen manchmal perspektivisch bedingte Problemverschiebungen auf. Die besondere Vorliebe von Paz aber gilt den verkannten, den randständigen Figuren in der Poesie, Fernando Pessoa zum Beispiel oder dem Haiku-Dichter José Juan Tablada, seinem Landsmann. Solche Gestalten entpuppen sich als vorzeitige Verkörperungen von Erfahrungen, die Paz lebend wie schreibend gemacht hat. Eine geheimnisvolle Kongruenz ereignet sich; Paz spricht nicht *über* sie, sondern *aus* ihnen. Oder vielmehr, eine gemeinsame Schicksalsfigur hat sich in zwei Menschen auskristallisiert, die über Raum und Zeit hinweg miteinander kommunizieren. Im Falle Pessoas bezeichnet der Untertitel des ihm gewidmeten Essays, *Der sich selbst Unbekannte*, das gemeinsame Urerlebnis sehr genau. Paz leitet es aus seinem Namen ab: »Sein Geheimnis ist übrigens in seinem Namen beschlossen: *Pessoa* bedeutet im Portugiesischen Person und kommt von *persona*, der Maske der römischen Schauspieler. Maske, Scheinperson, niemand: Pessoa. Seine Geschichte könnte man reduzieren auf das Hin und Her zwischen der Irrealität seines täglichen Lebens und der Realität seiner Fiktionen.« Indem Pessoa sein unbekanntes Selbst aus drei verschiedenen Masken sprechen ließ, drei von ihm erfundenen, nur als Pseudonyme existierenden Dichtern, bekräftigte er auf andere Weise jenes Schicksal, das Paz als Mestize durch die conditio mexicana widerfuhr. Bleibt aber Pessoa im Spiel der Masken gefangen, erlangt er nur die Freiheit des ästhetischen Scheins, so reißt sich Tablada entschlossen die abendländische Charaktermaske vom Gesicht, um sich dem Haiku anzuvertrauen, einer spontanen dichterischen Methodik zur Überwindung des Subjekt-Objekt-Gegensatzes und damit zur Freisetzung des unbekannten Selbst. Die Essays über diese beiden Dichter stehen weit voneinander entfernt und sind unterschiedlich angelegt; der über Pessoa ist monographischer Natur, der über Tablada behandelt *Die Tradition des Haiku* insgesamt. Wüßten wir nicht, daß die Maske für Paz eine wichtige Chiffre ist und daß er selbst sich des Renga, einer dem Haiku verwandten Form, bedient hat, so würde die magnetische Anziehungskraft beider Figuren, ihr polarer Charakter in bezug auf ihn, kaum spürbar werden. Nun aber scheint durch beide, als seien sie Palimpseste, das geistige Profil ihres Urhebers, der in seinen Gestalten verschwand, um durch sie wiederaufzuerstehen. Bewirkt diese Hingabe, diese Selbstaufgabe zugunsten des andern, nicht erst den Essay? Markiert sie nicht seinen radikalen Unterschied zum Aufsatz, der seinem Verfasser das Wagnis der Selbstpreisgabe erspart, indem er objektiviert und damit auf Distanz hält? Sich verlieren, um anders zu werden; anders sein, um sich selbst zu finden. Es steht zu befürchten, daß dieses schweigende Ethos, das die Essays von Octavio Paz dennoch mitteilen, bei uns nicht ankommt. Und daß wir damit das Gastgeschenk ausschlagen, das er uns macht. Eigentlich müßte Paz für die Deutschen ein Skandal sein, weil er ihre Vernunftgläubigkeit, ihr selbstgefälliges Ausruhen bei sich, ungewollt durch sein Werk herausfordert: »Der *andere*, unser Doppelgänger, negiert die trügerische Kohärenz und Zuverlässigkeit unseres Bewußtseins, diesen Pfeiler aus Rauch, der unser stolzes philosophisches und religiöses Gebäude stützt.«

# Drucknachweis

## I

Zur Genealogie des schwarzen Humors. In: Neue Deutsche Hefte 110/13. Jg. Heft 2/1966

Manierismus als Kulturideologie. In: »Beispiele Manieristischer Lyrik«. Hrsg. von Gerd Henniger. dtv Sonderreihe Nr. 82, München 1970

Der blinde Fleck. In: »Speichen '68«, Jahrbuch für Dichtung. Karl H. Henssel Verlag, Berlin 1968

## II

Hommage für Apollinaire. In: Guillaume Apollinaire: »Poetische Werke / Œuvres poétiques«. Hrsg. von Gerd Henniger. Luchterhand Verlag, Neuwied und Berlin 1969

Inkubation. In: Protokolle, Bd. 3/1979

Im Namen der Dinge. In: Neue Rundschau, 89. Jg., Heft 2/1978

Nein ist mein Name. In: Protokolle, Bd. 2/1981

Drama. In: Philippe Sollers: »Drama«. Aus dem Französischen von Gerd Henniger. S. Fischer Verlag, Frankfurt/Main 1968

## III

Reduktion. In: Sprache im technischen Zeitalter, Heft 53/1975

Die Provokation der Stille. In: Sprache im technischen Zeitalter, Heft 58/1976

Das Andere und das Sein. In: Merkur, Heft 11, 35. Jg. 1981 (gekürzt)

Edition Akzente

Bettina Blumenberg: VorSpiegeln
*Erzählung*

Jorge Luis Borges: Geschichte der Nacht
*Neue Gedichte. Zweisprachige Ausgabe*

Roger Caillois: Steine

Italo Calvino: Kybernetik und Gespenster
*Überlegungen zu Literatur und Gesellschaft*

Elias Canetti: Der andere Prozeß
*Kafkas Briefe an Felice*

Rene Char: Rückkehr stromauf
*Gedichte. Zweisprachige Ausgabe*

Tankred Dorst: Der verbotene Garten
*Fragmente über D'Annunzio*

Lars Gustafsson: Eine Liebe zur Sache
*Prosastücke*

Gerd Henniger: Spuren ins Offene
*Essays über Literatur*

Felix Philipp Ingold: Haupts Werk. Das Leben

Dietmar Kamper: Das gefangene Einhorn
*Texte aus der Zeit des Wartens*

Jakov Lind: Eine Seele aus Holz
*Erzählungen*

Jürgen Manthey: Wenn Blicke zeugen könnten
*Eine psychohistorische Studie über das Sehen in Literatur und Philosophie*

Henri Michaux: Momente
*Durchquerungen der Zeit*

Czesław Miłosz: Das Zeugnis der Poesie

Oskar Pastior / Francesco Petrarca: 33 Gedichte

Juan Rulfo: Der goldene Hahn
*Erzählung*

Alfred Schmidt: Goethes herrlich leuchtende Natur
*Philosophische Studie zur deutschen Spätaufklärung*

Schuldt: Leben und Sterben in China
*111 Fabeln nach Lius Wörterbuch*

Marleen Stoessel: Aura
*Das vergessene Menschliche*
*Zu Sprache und Erfahrung bei Walter Benjamin*